GISELA RAU • BURKHARD RAU

Der richtige
Hufschutz
für mein Pferd

GISELA RAU • BURKHARD RAU

Der richtige
Hufschutz
für mein Pferd

KOSMOS

Bildnachweis

Fotos von Alternativer Hufschutz GbR, Kaltental (S. 52), W. Busch, Bissingen (S. 73, 93, 94, 95, 96), Gera Handels GmbH, Kaufbeuren (S. 57), J. Christen / Kosmos (S. 113), Einhorn GmbH, Lübeck (S. 100), Fischlein Design, Rotenburg (S. 50, 89), Mustad S. A., CH-Bulle (S. 45, 62, 98 oben), C. Salata / Kosmos (S. 114), H.-J. Schad, Auw (S. 80). Alle anderen von G. und B. Rau, Ahütte.
Alle Zeichnungen von M. Schad, Trier.

Impressum

Umschlag von eStudio Calamar unter Verwendung von 4 Farbfotos von R. Dünisch, Modautal (großes Motiv vorne) und G. und B. Rau, Ahütte (kleine Motive vorne).

Mit 117 Schwarzweißfotos und 22 Schwarzweißzeichnungen.

Die Deutsche Bibliothek – CIP-Einheitsaufnahme
Ein Titelsatz für diese Publikation ist bei
der Deutschen Bibliothek erhältlich

Informationen senden wir Ihnen gerne zu

Bücher · Kalender · Spiele · Experimentierkästen · CDs · Videos · Seminare
Natur · Garten & Zimmerpflanzen · Heimtiere · Pferde & Reiten · Astronomie ·
Angeln & Jagd · Eisenbahn & Nutzfahrzeuge · Kinder & Jugend

KOSMOS
Postfach 106011
D-70049 Stuttgart
TELEFON +49 (0)711-2191-0
FAX +49 (0)711-2191-422
WEB www.kosmos.de
E-MAIL info@kosmos.de

Kosmos Verlag
Mitglied in der

DVSP e.V.
Deutsche Vereinigung zum
Schutz des Pferdes e.V.
Wienkamp 11 rechts
46354 Südlohn

Gedruckt auf chlorfrei gebleichtem Papier

© 2001, Franckh-Kosmos Verlags-GmbH & Co., Stuttgart
Alle Rechte vorbehalten
ISBN 3-440-07631-8
Redaktion: Katja Metzler
Gestaltungskonzept: eStudio Calamar
Gesamtherstellung: Buch & Konzept, Annegret Wehland, München
Satz/Reproduktion: Uhl & Massopust, Aalen
Printed in Czech Republic / Imprimé en République Tchèque
Druck und Bindung: Těšínska Tiskárna, a. s., Český Těšín

DIE EXISTENZ GANZER LÄNDER HÄNGT AN EINEM NAGEL,
DENN DER NAGEL ERHÄLT DAS HUFEISEN,
DAS HUFEISEN DAS PFERD, DAS PFERD DEN RITTER,
DER RITTER DIE BURG, UND DIE BURGEN SCHÜTZEN DAS LAND.

(Mittelalterliches Sprichwort)

INHALTSVERZEICHNIS

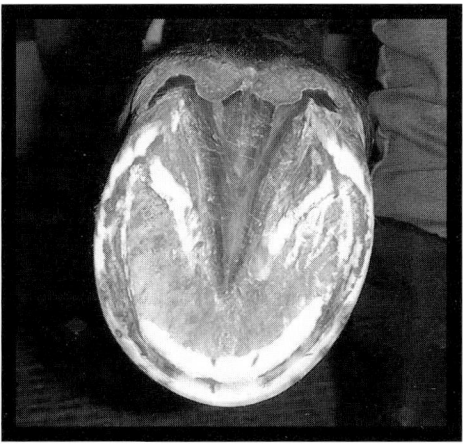

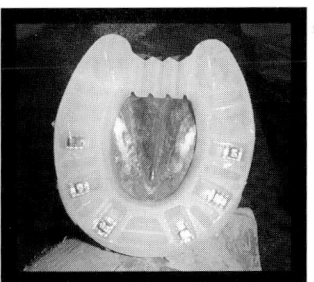

VERANTWORTUNG FÜR DAS PFERD

Liebe Leser,

viele Pferdefreunde, ob nun Reiter, Hufschmiede oder Tierärzte, sind in den letzten Jahren geradezu überrollt worden von den vielen Entwicklungen im Bereich Hufschutz. Einseitige Berichterstattung in der Fachpresse und oft rein persönliche und subjektive Erfahrungsberichte haben zur weiteren Verunsicherung geführt. Endlich liegt uns hier ein Buch vor, das nicht nur einen klaren Überblick über die lieferbaren Produkte gibt, sondern auch hilft, den jeweils richtigen Einsatz zu bestimmen. Der schwierige Spagat zwischen einem verständlichen und informativen Buch für den interessierten Laien und einem unentbehrlichen Fachbuch und Nachschlagewerk für Tierärzte und Hufschmiede ist gelungen. Zwar kann ein solcher Leitfaden keine Lösung für jeden Einzelfall finden und nicht jeder individuellen Situation gerecht werden, aber er lenkt das Denken in die richtige Richtung – zur kritischen und wohlüberlegten Auswahl des optimalen Hufschutzes, frei von jeglichem Vorurteil und von Verantwortung gegenüber dem Pferd geprägt. Wir Tierärzte wissen nur zu gut, wie wichtig gut versorgte Hufe für die langfristige Gesunderhaltung des Pferdes sind. Die hier vorgestellten und zum Teil neu entwickelten Denkansätze sind für jedermann nachvollziehbar; sie werden zur effizienteren Auswahl des Hufschutzes führen und das Vergnügen von Pferd und Reiter steigern.
Ich wünsche diesem Buch, dass es in die Hände möglichst vieler Reiter gerät und bald in jedem Kofferraum von Tierärzten und Hufschmieden mitfährt!

Hubert Peterek
Praktischer Tierarzt für Pferde

DER RICHTIGE HUFSCHUTZ
Die Qual der Wahl

Lange Zeit galt das Hufeisen als der Universalbeschlag für alle Pferde und alle Reitsportdisziplinen. In vielen Fällen bietet es auch heute noch die sinnvollste oder sogar einzig mögliche Variante eines Hufschutzes. Aber der Markt ist sehr viel bunter geworden, neue Produkte zum Schutz des Hufes wurden entwickelt oder manchmal auch nur wiederentdeckt. Bei sehr vielen Reitern und Pferdebesitzern hat sich das Bewusstsein für die Wichtigkeit von gesunden und belastbaren Hufen sensibilisiert, und das Interesse an alternativen Möglichkeiten des Hufschutzes ist gestiegen. Sowohl Schmiede als auch Reiter und Pferdebesitzer haben es nicht mehr so einfach – sie haben die Qual der Wahl.

Alle in diesem Buch vorgestellten Möglichkeiten des alternativen Hufschutzes haben sich in der Praxis bewährt und alle haben ihre Daseinsberechtigung. Wir haben im Übrigen nur solche Produkte berücksichtigt, die auf dem deutschsprachigen Markt erhältlich sind. Dabei sind wir von den Herstellerinformationen ausgegangen, die uns zum Zeitpunkt der Manuskripterstellung vorlagen. Wenn sich zwischenzeitlich Änderungen ergeben haben sollten, werden wir diese in der nächsten Auflage berücksichtigen.

In vielen Fällen sind die alternativen Hufschutzformen eine bessere Entscheidung als das Eisen, manchmal aber auch eine schlechtere. Wir möchten Ihnen helfen, zur richtigen Entscheidung zu finden – und die ist für jedes Pferd eine andere.

Nur zu oft werden Pauschalaussagen getroffen, die letztendlich viel mehr Schaden als Nutzen anrichten. „Eisen sind auf jeden Fall ganz schlecht!", ist genauso falsch wie: „Es gibt keine Alternativen zum Eisen." Welcher Hufschutz der beste für das Pferd ist, hängt von sehr vielen Faktoren ab. Wir haben uns bemüht, alle diese Faktoren zusammenzutragen und zu beleuchten.

Dabei sind wir davon ausgegangen, dass Sie, wenn Sie dieses Buch gekauft haben, sich der Notwendigkeit eines Hufschutzes für Ihr Pferd bewusst sind. Es geht deshalb hier nicht um die Diskussion, ob nicht vielleicht auch ganz auf einen Hufschutz verzichtet werden könnte. Diese Frage haben Sie für sich schon entschieden. Vielleicht haben Sie als Reiter erst deshalb begonnen, sich mit der Thematik auseinander zu setzen, und halten jetzt dieses Buch in den Händen, weil irgendwelche Probleme an den Hufen Ihres Pferdes aufgetreten sind.

Vielleicht gehören Sie auch zu denen, die durch die Vielzahl der Angebote und die manchmal vehement verfochtenen Argumente der Befürworter oder Gegner einzelner Hufschutztypen verunsichert sind.

Vielleicht sind Sie auch einfach neugierig, was es mit diesen exotischen Dingern denn nun auf sich hat. Sie haben in einer schweren Springprüfung ein Pferd mit einem Klebeschuh an den Hufen gesehen und sind dadurch darauf aufmerksam geworden, dass es nicht immer Eisen sein muss.

Wir möchten Ihnen gerne dabei helfen, den besten Hufschutz für *Ihr* Pferd zu finden. Wenn es uns gelingt, mit unserem Buch die Grundlage für eine differenzierte Betrachtungsweise rund um Huf und Hufschutz zu schaffen, sodass Sie am Ende kompetent entscheiden können, was ganz speziell für Sie und Ihr Pferd geeignet ist, haben wir unser Ziel erreicht.

Wenn Sie Schmied sind und sich bisher noch nicht mit Alternativprodukten zum Eisen auseinander gesetzt haben, entsprang das eventuell Ihrer Befürchtung, der vielleicht vom Reiter vorgeschlagene oder gewünschte Hufschutz werde nicht in befriedigender Weise funktionieren oder einfach nicht am Huf halten. Sie möchten vermeiden, dass man Ihnen nachsagt, Ihre Beschläge würden die normale Beschlagsperiode nicht überdauern.

Vielleicht haben Sie auch schon einmal dem Drängen eines Pferdebesitzers nachgegeben und beispielsweise einen Kunststoffbeschlag angebracht, der zu überhaupt keinem befriedigenden Ergebnis führte. Möglicherweise hat dieser Beschlag sogar dazu geführt, dass sich die Hufqualität verschlechtert hat.

Bitte lassen Sie sich von solchen Tiefschlägen nicht zu der Annahme verleiten, Kunststoffbeschläge würden nichts taugen. Der Beschlag war nicht schlecht, aber es war der falsche Beschlag für dieses ganz bestimmte Pferd. Vielleicht hatte der Pferdebesitzer einen sehr positiven Artikel über Kunststoffbeschläge in einer Reiterzeitschrift gelesen und wollte diesen nun auch haben. In dem Artikel stand aber leider nichts davon, wie sich so ein Beschlag beispielsweise auf ein Pferd mit weiten und weichen Hufen auswirken kann. Ihre Kompetenz als Fachmann (oder Fachfrau)

ist gefragt zu entscheiden, was in einem ganz speziellen Fall geeignet sein wird. Dazu sind Sie auch auf Informationen des Pferdebesitzers angewiesen, wie, wo, von wem und wie intensiv das Pferd geritten oder gefahren werden soll.

Neben der richtigen Auswahl hängt die Funktionalität jedes Hufschutzes, wie beim Eisen auch, von seiner fachgerechten Anbringung ab. Oft unterscheiden sich die Arbeitsgänge, die Sie zu tun haben, ganz erheblich vom Gewohnten und Sie kommen nicht umhin, dazulernen zu müssen. Die Verarbeitungstipps zu den einzelnen Produkten in unserem Buch bieten lediglich Hinweise.

Wir möchten Sie deshalb unbedingt ermutigen, sich mit den Herstellern der einzelnen Produkte in Verbindung zu setzen. Sehr viele von ihnen bieten zum Teil sogar kostenfreie Fortbildungsveranstaltungen speziell für die Verarbeitung ihres Produktes an und sind gerne bereit, Ihnen alles ganz ausführlich zu demonstrieren. Alles, was Sie mitbringen müssen, ist ein Tag Zeit und Ihr Interesse. Sie werden offene Türen vorfinden, denn an nichts sind die Hersteller mehr interessiert als zu verhindern, dass ihr Produkt nur deshalb einen schlechten Ruf erhält, weil die unsachgemäße Anbringung zu einem unbefriedigenden Resultat führte.

Ein Wort noch zum Schluss: Wenn wir in diesem Buch von „Schmied" sprechen, schließen wir die neuen „hufbearbeitenden" Berufe wie Hufpfleger oder Huftechniker natürlich mit ein. Der Einfachheit halber sei es gestattet, bei nur einem Begriff zu bleiben.

Burkhard und Gisela Rau

HUF UND HUFSCHUTZ
Eigenschaften und Aufgaben

Wir werden an dieser Stelle nicht all das wiederholen, was bereits in zahlreichen Standardwerken über die Anatomie und den Aufbau des Hufes im Einzelnen gesagt wurde.

Wir halten es aber für wichtig, auf einige Punkte näher einzugehen, die für die Diskussion zur Auswahl des individuell richtigen Hufschutzes wichtig sind. Ihr fehlendes oder falsches Verständnis führt oft zu einer völlig falschen Einschätzung der Lage.

ETWAS ANATOMIE MUSS SEIN

Das Pferd hat sich im Laufe der Evolution zu einem Zehenspitzengänger entwickelt. Wie Sie vielleicht schon wissen, war der

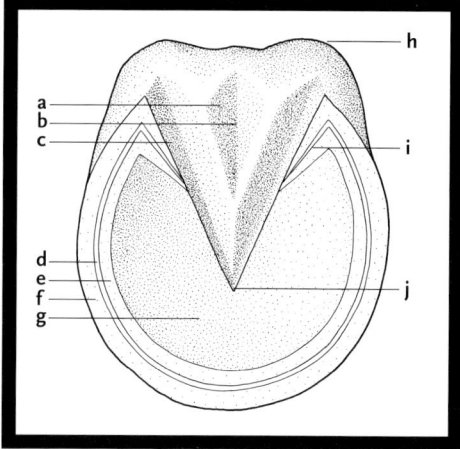

Huf, der Bereich, auf dem die Pferde heute laufen, einmal der vorderste Teil des Mittelfingers. In diesen vielen Tausenden von Jahren hat sich die Form des Knochens verändert und somit bis heute eine Form erreicht, die die Funktion, nämlich auf der Zehenspitze zu laufen, in idealer Weise erfüllen kann.

Bleiben wir einmal ganz kurz bei dem Beispiel unseres Mittelfingers:

Stellen Sie den Mittelfinger doch einmal so wie einen Huf, auf dem Sie gleich hinfortgaloppieren wollen, auf die Tischplatte. Wenn Sie Ihren Fingerhuf nun ein wenig belasten, stellen Sie vermutlich drei Dinge sofort fest:

1. Das vorderste Fingerglied wippt im ersten Scharniergelenk bei Belastung ein klein wenig nach hinten, so wie Sie es auch an der Fessel Ihres Pferdes beobachten können.

2. Die Fingerkuppe hat sich ein wenig verformt, je mehr Sie den Finger belastet haben. Die Fingerkuppe ist breiter und dicker geworden.

3. Die Spitze der Fingerkuppe hat sich weißlich verfärbt und ein Streifen von etwa einem Zentimeter darüber ist rötlich verfärbt worden.

Bodenansicht eines Hufes: a) Hornstrahl, b) mittlere Strahlfurche, c) seitliche Strahlfurche, d) weiße Linie, e) Teil der Hornschale in der Stärke der Hornwand, f) Tragrand, g) Hornsohle, h) Hornballen, i) Eckstrebe, j) Strahlspitze

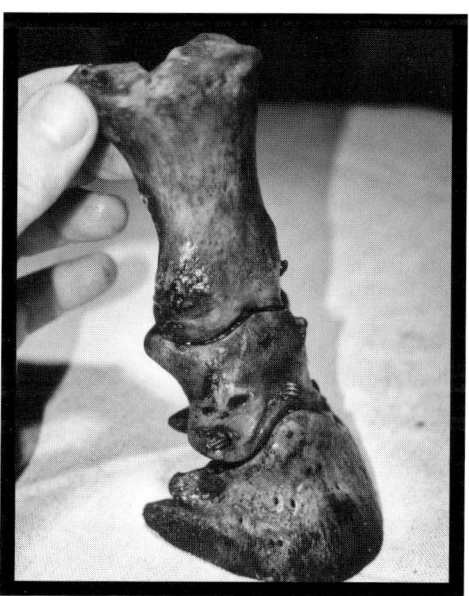

Von unten nach oben: Hufbein, Kronbein, Fesselbein

So banal wie Ihnen diese Spielerei erscheint, ist sie gar nicht, denn einige der wesentlichen Funktionen des Hufes werden hier deutlich.

Beim Menschen hat sich in diesem Fall die Hand zu einer im höchsten Maße spezialisierten Greifmaschinerie entwickelt, die fähig ist, schwere Dinge von 40 oder 50 kg zu greifen und zu heben, aber genauso einen kaum sichtbaren Nähfaden in ein nur wenig größeres Nadelöhr zielsicher hineinzuführen.

So spektakulär wie die Leistung unserer Hand erscheint einem die Leistung der Natur, das Lauforgan des Pferdes entwickelt zu haben, auf den ersten Blick nicht, aber schauen wir es uns einmal etwas genauer an ...

Das Pferd ist ein Pflanzenfresser, somit steht es in der Nahrungskette an einer Stelle, wo es als biologisch vorgesehene Mahlzeit für große Raubtiere positioniert ist. Das ist auf den ersten Blick grausam, hat aber zu dieser Entwicklung und Perfektionierung der Lauforgane des Pferdes geführt. Da immer nur die schnellsten Pferde überleben konnten, haben sich auch immer nur die aufmerksamsten und schnellsten der Tiere in der Herde fortpflanzen können. Ein Bestandteil der Evolution ist auch die Mutation: Missbildungen können etwas Schlechtes sein, sie können sich aber auch ganz toll auf das Überleben einer Rasse auswirken. Es kann sich herausstellen, dass eine „Missbildung" eine enorme Verbesserung der Überlebenschancen darstellt, und somit werden sich diese zufällig entstandenen, oft starken Veränderungen vermehrt fortpflanzen, da sie nun bessere Überlebenschancen haben und somit auch länger leben und mehr Nachkommen produzieren können.

Aufmerksam sein, Feinde früh bemerken, schnell reagieren und sehr schnell flüchten können waren neben der untergeordneten Fähigkeit, sich wehren zu können, also die Faktoren, die für das Pferd eine optimale Sicherung des Überlebens darstellten.

Haben Sie eigentlich mal einen Leichtathletikwettbewerb aufmerksam verfolgt? Während die Langstreckenläufer bei ihrem Lauf den ganzen Fuß benutzen, bewegen sich die Sprinter nur auf ihren Zehen und dem vorderen Teil des Ballens.

Die Zehenspitze des Pferdes ist inzwischen mit einer stabilen Hornkapsel umhüllt. In der Hornkapsel liegen das Huf-

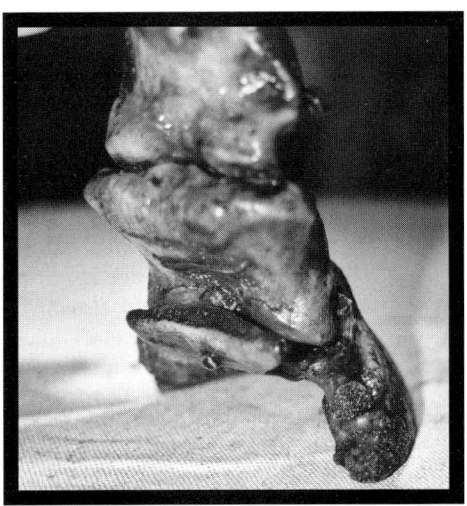

bein, das Strahlbein und ein Teil des Kronbeines.

Aus der Funktion als Lauffläche ergeben sich auch schon die ersten Anforderungen, die, da das Pferd ja nun seit einigen Jahrtausenden auf unserer Erde zu Hause ist, von der Hornkapsel wohl auch erfüllt werden.

Sie muss hart genug sein, damit das Pferd bei einer schnellen Flucht keine schwerwiegenden Verletzungen davonträgt, und sie muss abriebfest genug sein, damit auch ständige Bewegung und häufige Flucht möglich sind.

Da nun das Pferd in der Hornkapsel und auf dieser Lauffläche nicht nur schnell laufen muss, sondern auch bei Wind und Wetter darin herumsteht, sollte die Hornmasse auch in gesundheitsfördender Weise die Außentemperatur abschirmen können, um im Winter Erfrierungen und im Sommer Verbrennungen zu verhindern.

Erinnern Sie sich an Ihren letzten Urlaub am Strand und den langen Weg vom Liege-

stuhl zum beginnenden Wasser? Wie oft habe ich mir da schon einen Pferdehuf an den Füßen gewünscht, wenn ich, durch den heißen Sand gezwungen, zum jungen dynamischen Sprinter werden musste.

Nun gönnen Sie sich doch einmal etwas Sauerstoff und besuchen Sie Ihr Pferd. Stellen Sie sich seitlich neben das Tier und schauen Sie sich ganz bewusst die langen Beine des Pferdes von der Seite an. Da Sie ja nun ein vollkommen mustergültiges Prachtexemplar in Ihrem Stall stehen haben, werden Sie Folgendes erkannt haben:

So gerade sind die Pferdebeine gar nicht. Die gesamte Konstruktion des Pferdekörpers, besonders die des Bewegungsapparates, hat das Ziel, das Gewicht des Pferdes möglichst schnell zu beschleunigen und somit dem bösen Feind zu entkommen.

Natürlich soll das Pferd auch den ganzen Tag fressen können, aber wäre das ein vorrangiges Ziel der Natur gewesen, so wäre das Maul, das der Futteraufnahme dient, wohl dichter am Boden zu finden. Am Rande sei bemerkt, dass es mich im Moment wundert, warum mein Haflinger, der draußen vor der Türe frisst und auf neuen Nachschub wartet, ein Stockmaß von über 70 cm erreicht hat.

Mit der Flucht und der hohen Geschwindigkeit, die dabei erreicht wird, ist ein weiteres Problem für die Beine und die Hufe verbunden. Es entstehen sehr hohe Kräfte, sowohl beim Absprung als auch bei der

Landung. Versuchen Sie doch einmal, nur mit der Kraft der Zehenspitzen von der zweiten Treppenstufe auf den Boden zu springen. Automatisch werden sie bei der Landung ihre Gelenke einsetzen, um die Energie der negativen Beschleunigung aufzunehmen. Wenn Sie beim zweiten Versuch noch einmal abspringen und versuchen, mit geradem Körper und völlig durchgedrückten Beinen zu landen, haben Sie sich auf eindrucksvolle Weise klar gemacht, warum das Fesselbein nicht senkrecht zum Boden stehen kann und warum Pferde, die sehr steil gefesselt sind, oftmals deutlich härter und schwerer zu sitzen sind (das ist allerdings nur ein Grund). Die Winkelung der Extremitäten (natürlich auch die Aufhängung der Gliedmaßen in Brustkorb oder Becken) des Pferdes dient neben der Möglichkeit der schnellen Flucht auch zur Absorption der aufzunehmenden Energie bei der Landung und beim Bremsen. Die Winkelungen werden durch Gelenke erreicht.

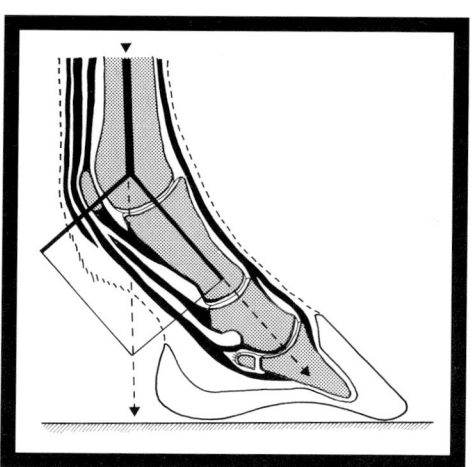

Gelenke sind Stellen, an denen zwei (oder mehr) Knochen aneinander liegen und eine Bewegung ermöglichen. Die Knochenenden sind nach dem biologischen Schlüssel-Schloss-Prinzip geformt und passen somit ideal zusammen. Sie werden durch Sehnen und Bänder zusammengehalten. Wenn die Knochenflächen ungeschützt aneinander reiben würden, wäre der Spaß der Beweglichkeit ein kurzer, denn der Knochenverschleiß an den Reibestellen würde nach kurzer heftiger Erkrankung zur Versteifung des Gelenkes führen. Vorsorglich hat die Natur diese Knochenenden also mit Knorpelschichten überzogen, welche den Verschleiß geradezu ganz aussetzen. Dazu kommt auch noch genug Schmierstoff aus den Gelenkschleimbeuteln.

Wie in der Natur nicht ganz selten, haben aber auch die Knorpel eine weitere Aufgabe: Sie sind deformierbar und somit auch geeignet, Energie wie beim Landen nach einem Sprung aufzunehmen.

Nach der Deformation sollten die Knorpel wieder ihre ursprüngliche Form einnehmen. Liebe Menschen des Büros! Wie ist es denn um Ihre Bandscheiben bestellt? Haben da alle Bandscheibenknorpel noch die Form aus ihrer Jugendzeit?

Einwirkung des Körpergewichts auf den Zehenbereich des Beins und den Huf bei Belastung. Der Druck wird im Fesselgelenk in zwei Komponenten zerlegt, zum einen über Fessel-, Kron- und Hufbein, zum anderen über die Hufbeinbeugesehne, den Fesseltrageapparat und das Hufbein. Es wird deutlich, wie wichtig die Winkelung der Gliedmaßen für die Stoßbrechung ist.

Sicher leuchtet ein, dass die Winkelung der Gliedmaße den größten Teil der anfallenden Energie absorbieren kann und die Knorpelflächen nur einen geringen Teil, aber nach der Addition dieser beiden Komponenten bleibt immer noch ein kleiner Energieteil übrig. Erinnern Sie sich an den Punkt 2 des Fingerbeispiels?

So wie die Fingerkuppe verformt sich auch die Hornkapsel und kann so ca. 4 % der aufzunehmenden Energie in Bewegung und Wärme umsetzen.

Und nun sind wir am Punkt Hufmechanismus angelangt.

DER HUFMECHANISMUS

Viele Produzenten von Hufschutz werben für ihre Produkte, indem sie die vorteilhafte Auswirkung ihres Hufschutzes auf den Hufmechanismus des Pferdes hervorheben. Für die Entscheidung über den Beschlag ist also eine genaue Kenntnis und die richtige Einordnung der Bedeutung des Hufmechanismus unentbehrlich.

Sicherlich haben Sie in einem Artikel oder in einem Buch schon irgendetwas zu diesem Schlagwort gelesen. In der bei allen Fachleuten anerkannten Literatur beginnt die Erklärung mit dem Satz: Es handelt sich hierbei um die Formveränderung der Hornkapsel bei Be- und Entlastung.

Die Erkenntnis, dass die Hornkapsel des Pferdehufes nichts Starres ist, gibt es schon sehr lange. Bereits im Jahre 1754 erschien die erste wissenschaftliche Abhandlung zu diesem Thema in Paris (C. Lafosse, Observations et Découvertes sur des Chevaux) und auch im 18. und 19. Jahrhundert haben sich die Wissenschaftler weiter mit diesem Problem beschäftigt. So wurde herausgefunden, dass sich der Trachtenbereich bei Belastung weitet.

Aber erst Knezevic hat Mitte des 20. Jahrhunderts mit Dehnungsmessstreifen gemessen, erkannt und nachgewiesen, dass es bei der Belastung Bereiche des Hufes gibt, die sich weiten, und andere Bereiche, die sich gleichzeitig einschnüren. Er fand auch Zonen in der Hornkapsel, die nach dieser Messmethode keine Formveränderungen zeigten.

Dieses war insofern eine große Neuerung, als man offensichtlich bis zu diesem Zeitpunkt vermutete, dass sich das Volumen des Hufes während der Belastung vergrößern könnte und bei Entlastung wieder in die Ausgangsform zurückfiele. Nach Knezevic war nun davon auszugehen, dass die Formveränderungen sich gegenseitig aufhoben und also Bewegungen der Hornkapsel bei konstant bleibendem Volumen geschahen.

Aber wie muss denn dieses Horn beschaffen sein, damit man ihm solche Eigenschaften zutrauen kann?

Die Natur hat bei der Konstruktion des Hufes ganz tief in die Trickkiste gegriffen. Das Hufhorn als ein Ganzes gibt es gar nicht, denn Hufhorn ist zusammengesetzt aus Schichten von verschiedenen Hornzellen mit grundverschiedenen Eigenschaften.

Es gibt drei Grundtypen von Hornzellen, die bei der Konstruktion des Hufes zur Verwendung kommen:

▸ **Das Horn des Strahls**
Der Strahl besteht aus einer extrem quellfähigen Hornart, einem Weichhorn. Die

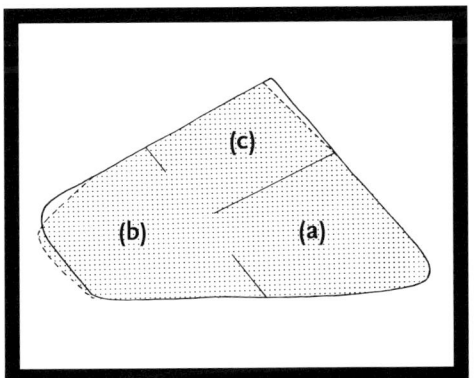

Hufmechanismus: Schematische Darstellung der Verformungen in der Hornkapsel. Im Zehenteil (a) findet keine Bewegung statt, hinter der weitesten Stelle eine Erweiterung (b) und im Kronrandbereich eine Verengung (c).

Zellen können große Mengen Wasser aufnehmen und werden dann weich und „gummiartig". In diesem Zustand kann der Strahl bis zu 80% aus Wasser bestehen. Genauso ist es aber jedem Pferdehalter bekannt, dass der Hornstrahl dieses eingelagerte Wasser wieder abgeben kann. Denn wenn das Pferd im Hochsommer auf der Wiese oder dem Sandplatz steht, haben Sie alle schon beobachtet, dass sich der Härtegrad des Strahlhornes von dem des angeschlossenen Sohlenhorns kaum unterscheidet.

▶ Das Horn der Hufsohle
Die Sohle besteht aus einem harten Horn. Es ist so genanntes Röhrchenhorn, da sich die Hornzellen zu einem röhrchenartigen Verbund zusammenschließen. Die einzelnen Hornröhrchen sind von Kitthorn umgeben, welche dann zusammen die geschlossene Hornplatte ergeben. Die Hornplatte der Sohle hat nur eine Stärke von ca. 12 mm. Trotzdem ist das Harthorn der gewölbten Sohle bei der Belastung geschmeidig genug, um sich in Richtung Boden abzuflachen.

▶ Das Horn der weißen Linie (Zona alba)
Die weiße Linie besteht aus Blättchenhorn. Dieses Horn ist die Verlängerung der Hornstrukturen des „Aufhängeapparates". Mit Hilfe dieser Konstruktion ist der Hufbeinknochen und damit das gesamte Gewicht des Pferdes mit der Hornkapsel verbunden. Dass es sich hierbei um eine ungeheuer feste, aber immer noch flexible Verbindung handeln muss, leuchtet ein. Auf dem Hufbein liegt die Wandlederhaut auf. Die Wandlederhaut ist nicht glatt, sondern hat sehr viele Aufstülpungen. Jede dieser Falten ist mit quer liegenden Plättchen besetzt, sodass eine sehr innige, aber in alle Richtungen bewegliche Verbindung entstanden ist. Die Ausläufer dieser beiden Schichten des Aufhängeapparates sehen wir als Zona alba an der gesäuberten Sohlenansicht des Hufes.

▶ Die Hornwand
Die Hornwand entspricht in den Hornteilen der Struktur der Hornsohle. Auch hier sind Hornröhrchen, verbunden mit Kitthorn, die Bestandteile der Hornwand oder der äußeren Schutzschicht.
Sie erkennen, dass bei dem Hornschuh weiche und harte Hornschichten abwechselnd auftreten. Interessant ist auch die Beobachtung, dass die äußere Hornschutzschicht nicht gleichmäßig dick ist,

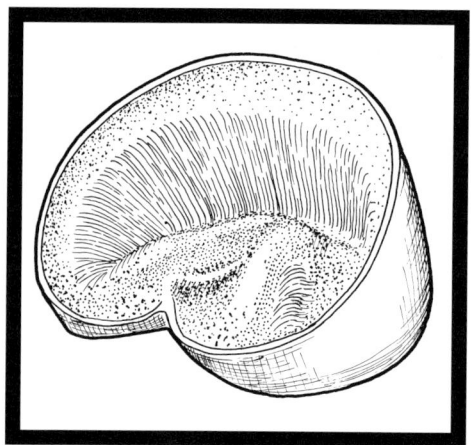

Entbeinte Hornkapsel in der Innenansicht. Die Blättchenstruktur des Aufhänge-apparates an der Hornwand ist sichtbar.

sondern sich von der Zehe zur Tracht hin verjüngt. Auch die Hornsohle wölbt sich individuell unterschiedlich 1–2 cm in Richtung Hornstrahl. Der Hornstrahl hat in der Vorderansicht die Form eines nach hinten offenen M.

Diese konstruktiven Merkmale ermöglichen die Formveränderung der Hornkapsel. Außerdem ist die Hornkapsel durch diese Konstruktion sehr leicht. Die Hornkapsel eines Warmblutpferdes wiegt nur ca. 420 g.

In vielen Tests wurde herausgefunden, dass das Maß der Formveränderung des Hufes von der Härte des Untergrundes abhängt. Auf hartem Untergrund war die gemessene Erweiterung der Trachten in der Ebene des Tragrandes maximal, in sehr weichem Geläuf allerdings wurde keine Formveränderung gemessen.

Des Weiteren wurde festgestellt, dass sich die Hornröhrchen auch im Maße der Nachgiebigkeit des Kitthornes gegeneinander verschieben können. Das heißt, dass sich das Hufhorn bei Bodenuneben-

heiten dem Relief anpassen kann. Von hinten gesehen ist eine minimale Verschiebung der Ballen gegeneinander möglich.

Im Bein des Pferdes sind ausschließlich Scharniergelenke zu finden, die nur sehr geringe seitliche Bewegungen zulassen. Seitliche Bewegungen in den Gelenken kommen nur dadurch zustande, dass der jeweilige Gelenkknorpel zusammengedrückt wird. Wenn das Pferd auf unebenen Böden laufen soll, so werden in erster Linie das Hufgelenk und das Fesselgelenk für den Ausgleich benötigt. Die Fähigkeit des Hornes, sich in kleinen Grenzen an das Relief anzupassen, entlastet also die Gelenkknorpel und überhaupt die Gelenke des unteren Beines.

Nun fragen Sie sich wahrscheinlich, wie stark die beschriebenen Formveränderungen in der Hornkapsel denn sind. Die Erweiterung des Tragrandes im Bereich der Trachten ist von verschiedenen Fachleuten gemessen worden. Sowohl die Messung in vitro (im Labor) als auch Messungen in vito (am lebenden Tier) ergaben Werte von bis zu 1,8 mm Erweiterung an der Trachte.

In der hinlänglich bekannten Literatur wird bei der Betrachtung des Hufmechanismus neben seiner Funktion als stoßbrechende Einrichtung vor allem auf dessen Funktion als Blutpumpe hingewiesen.

Sie erinnern sich, dass ein Pferdebein unterhalb des Sprung- bzw. Karpalgelenkes keine Muskulatur mehr besitzt. Muskeln sind in einem Organismus in der Regel wichtige Organe, die die Durchblutung un-

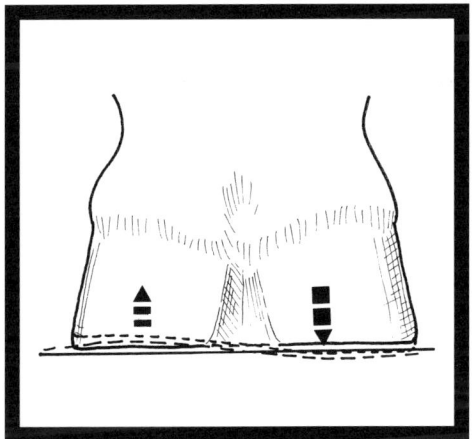

Die unbeschlagene Hornkapsel kann sich in geringem Maße horizontal verformen und so dem Bodenrelief anpassen. Zu starke Verformungen, wie bei harten, unebenen Böden und hohem Gewicht von Pferd und Reiter, können zu Zerreißungen der Hornballen führen und die Stabilität der Hornkapsel zerstören.

In der Tiermedizin wird daher dem Hufmechanismus in diesem Punkt eine Mithilfe der Entblutung des venösen Geflechtes oberhalb des Strahlpolsters zugestanden. Die einzige durchblutungsfördernde Hilfe, die sich in der Hornkapsel tatsächlich verbirgt, sind die so genannten A-V-Shunts (Rückschlagventile an dem Übergang von der Arterie in die Vene), welche die Fließrichtung des Blutes nur in eine Richtung ermöglichen.

terstützen. Lange galt die Vermutung, dass der Hufmechanismus eine Blut pumpende Funktion hätte. Das muss allerdings sehr relativiert werden, da die Formveränderungen der Hornkapsel zum einen bei nahezu gleich bleibendem Volumen geschehen und die an der Stelle der Tracht maximale Pumpbewegung von 1,8 mm selbst bei größter Phantasie keine große Bedeutung haben kann.

Formveränderungen der Hornkapsel beim Hufmechanismus. Von links nach rechts: Hornkapsel von der Seite gesehen, Hornkapsel von oben, Hornkapsel von unten.

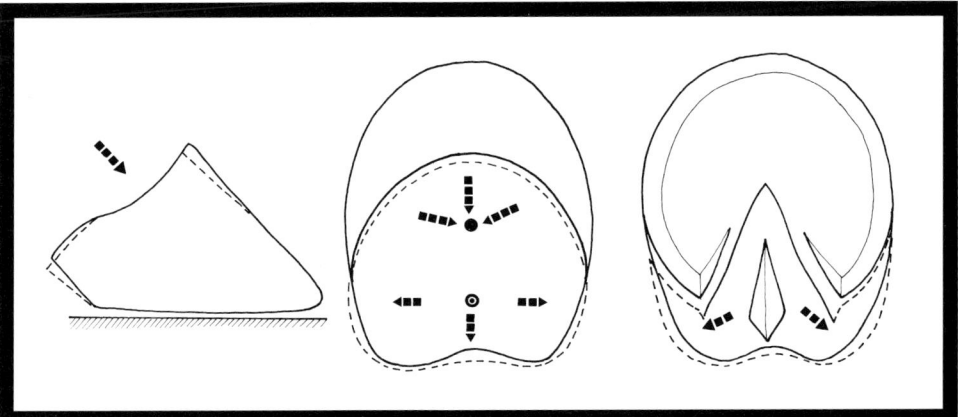

AUF EINEN BLICK

Die Aufgaben des Hufmechanismus

• Der Hufmechanismus ist ein Element der stoßbrechenden Einrichtungen. Neben der Aufhängung des Pferdebeines im Brustkorb bzw. Becken, der Winkelung der Gliedmaße und den Knorpelflächen der Gelenke nimmt der Hufmechanismus einen Teil von bis zu 4% der zu absorbierenden Energie, die beim Aufprall des Pferdebeins auf dem Boden entsteht, auf. Diese Energie wird in Bewegung der Hornkapsel umgewandelt. Eine starre und unbewegliche Hornkapsel würde zerbersten. Neben der Bewegungskomponente der Hornkapsel wird ein Teil der Energie in Wärme umgewandelt. Wärme ermöglicht eine gute Durchblutung im Kapillarsystem und damit eine ausreichende Blut- und Energieversorgung aller Lederhautbereiche des Hufes.

• Die Hornkapsel ist in ihrer Struktur geringgradig flexibel und kann Reliefunterschiede ausgleichen. Dies ist ein Element zur Schonung der Scharniergelenke des unteren Pferdebeines.

• Der Hufmechanismus unterstützt die Entblutung des Kapillarsystems der Vene, das sich oberhalb des Strahlpolsters befindet.

Die Intensität des Hufmechanismus ist von vielen Faktoren abhängig.

▸ Die Härte des Reituntergrundes: Je härter der Boden, desto mehr Formveränderung am Huf; je weicher der Untergrund, desto geringer ist die zu beobachtende Formveränderung der Hornkapsel, da die Energie vom nachgiebigen Boden absorbiert wird.

▸ Die Hufform: Während weite Hufe eine stärkere Tendenz zur Formveränderung haben, werden sich die engen Hufe geringgradiger verändern. Zwanghufe können anstatt einer Trachtenerweiterung unter Belastung eine Trachtenverengung zeigen.

▸ Die Härte des Horns: Während weiches Horn sehr heftig auf Belastung reagiert, wird die harte oder zu harte Hornqualität geringere Formveränderungen zeigen.

▸ Das Gewicht von Pferd und Reiter: Das erhöhte Gewicht erhöht die zu absorbierende Energie und kann die Aktivität der Formveränderung erhöhen.

▸ Das Reittempo: Die auftretende Energie, von der der Hufmechanismus 4% aufzunehmen hat, steigt im Quadrat der Geschwindigkeit.

▸ Die Steigung des Untergrundes: Bergauf werden höhere Dehnungen an den Hinterhufen, bergab höhere Dehnungen an den Vorderhufen gemessen.

▸ Die Fußung: Die Messungen zum Hufmechanismus bezogen sich alle auf regelmäßig, also plan fußende Pferde. Jede davon abweichende Fußung verändert die Abläufe der Formveränderung in der Hornkapsel.

▸ Die Gliedmaßenführung: Sie bestimmt die Heftigkeit des Auffußens und damit das Tempo der Formveränderungen der Hornkapsel. Daraus ergeben sich ebenfalls quantitative Unterschiede.

▶ Der Hufschutz: Er beeinflusst die Ausprägung des Hufmechanismus. Die geringste Veränderung zum unbeschlagenen Pferd sind bei nicht genageltem Hufschutz erkennbar (geklebte und geschnallte Hufschuhe).

Bei allen genagelten Hufschutzvarianten sind Verspannungen des Hufhorns in der Nagelzone erkennbar.

▶ Die Formveränderung der Hornsohle und die Aufgabe des Strahls bei Belastung

Bei der Belastung der Hornkapsel durch das von oben wirkende Gewicht verformt sich die Hornsohle, indem sie in Richtung Boden abflacht. Der Strahl wird mit der Sohle in Richtung Boden gezogen. Fälschlicherweise wird immer wieder behauptet, dass ein Bodenkontakt des Strahls eine Voraussetzung für einen funktionierenden Hufmechanismus ist.

Die Situation ist anders: Das Hufbein ist über den Aufhängeapparat mit der Innenseite der Hornkapsel innig verbunden. Die Gewichtsaufnahme des Beines wird über die Knochen des Beines zum Hufbein geleitet. Die Bewegung des Hufbeines gegen die Sohle führt zu verstärkten Zugkräften des Hufbeines über den Aufhängeapparat an die Hornkapsel. Die Hornkapsel wird also durch das Hufbein in ihre Formveränderungen gezogen. Das lockere Gewebe im Inneren des Hufes über dem Strahl wird in dieser Phase entlastet. Messungen haben ergeben, dass sich der Druck im Strahlpolster während der Belastung senkt.

Die Aufgabe des Strahls besteht in der langsamen Druckaufnahme und der damit verbundenen Limitierung der Sohlenauswölbung in Richtung Boden. Alle Befürchtungen der Reiter, die sagen, dass ihr Pferd beschlagen werden muss, weil es auf dem Strahl läuft, sind genauso unberechtigt wie die, welche sagen, mein Pferd muss unbeschlagen laufen, damit der Hufmechanismus funktioniert. Der Strahl hat also keine aktive Aufgabe im Hufmechanismus, denn er drückt den Huf nicht auseinander, sondern wird mit der Sohle nach unten geschoben.

Ein schlecht gepflegter, verkümmerter Strahl führt dazu, dass sich die Sohle zu weit abflacht. Andererseits kann der Strahl auch verkümmern, wenn er – wie bei Trachtenzwanghufen, die sich bei der Belastung zusammenziehen – seitlichen Druck bekommt. Ein Problem ist die Erhöhung des Tragrandes durch den Beschlag. Da der Hornstrahl auf harten Böden keinen Bodenkontakt aufbauen kann, ist die Sohlenabflachung nur durch die den Hufmechanismus beeinträchtigenden Hufnägel begrenzt. Der Hufmechanismus wird auf harten Untergründen durch die sich stärker aufbauende Verspannung der Hornkapsel durch die Hufnägel gebremst.

Beim Kunststoffbeschlag liegt ein breiter Steg über dem Strahlkörper. Dieser Steg initiiert nicht die Entstehung der guten Aktivität des Hufmechanismus, trägt aber zur Abbremsung der Sohlenabflachung bei. Die durch den Druck auf den Strahl entstehenden nekrotischen Veränderungen sind dauerhaft sehr schädigend. Das Beschriebene betrifft nur die Bewegung des Pferdes auf harten Böden wie Teer oder

Asphalt. Da diese Untergründe sicherlich nicht grundsätzlich die Hauptreituntergründe sind, muss das Gesagte aus dieser Sicht relativiert werden.

WIE DER HUFSCHUTZ AUF DEN HUFMECHANISMUS WIRKT

Die meisten wissenschaftlichen Messungen und Untersuchungen zum Thema Hufmechanismus enthalten einen grundlegenden Fehler. Man vergleicht die Vorgänge beim unbeschlagenen Pferd mit einem beschlagenen Pferd unter denselben Umständen. In den meisten Fällen wird der Hufschutz des Pferdes aber erst durch die Tatsache nötig, dass das Pferd genutzt und geritten wird. So sollten also die Vorgänge beim Hufmechanismus des naturnahen unbeschlagenen Pferdes mit dem gerittenen, also schwereren, beschlagenen Pferd verglichen werden.

Wie schon gesagt, spielen sowohl für das beschlagene als auch das unbeschlagene Pferd im Hinblick auf die Stärke des Hufmechanismus mehrere Kriterien eine Rolle (Härte des Reituntergrundes, Hufform etc.).

Sie sehen schon, dass der Hufschutz nur eine unter vielen anderen Einflussgrößen ist, die eine förderliche oder behindernde Auswirkung auf den Hufmechanismus haben. Auch wenn der Hufmechanismus für die Gesunderhaltung des Pferdebeines eine zentrale Bedeutung besitzt, so ist seine Funktion nicht nur über die Wahl des Hufschutzes zu erreichen, genau wie der Hufschutz nicht für alle Probleme zur Verantwortung gezogen werden kann.

Die alleinige Betrachtung der Beziehung Hufmechanismus – Hufschutz hat bei manchem Reiter, dessen Interesse am sinnvollen Hufschutz groß ist, in den vergangenen Jahren dazu geführt, dass er sich nun beinah als Tierquäler fühlte, bloß weil er, in seinem Fall sinnvollerweise, sein Pferd mit Eisen beschlagen ließ.

Genauso gilt es in diesem Zusammenhang aber auch, jeden Reiter, Pferdebesitzer oder Schmied dafür zu sensibilisieren, den Hufschutz als Faktor mit Auswirkungen auf den Hufmechanismus zu hinterfragen und über alle heute zur Verfügung stehenden Schutzformen nachzudenken. Der Hufschutz soll eine ausreichende Verformbarkeit der Hornkapsel zulassen, muss sie aber gegebenenfalls bei entsprechenden Dispositionen auch einschränken können.

Beispiel: Ein leichter Haflinger mit regelmäßigen Hufen, exakter Stellung und regelmäßiger Gliedmaßenführung wird von einem 15-jährigen Mädchen, das 45 kg wiegt und einen leichten Sattel benutzt, vorwiegend im Gelände auf weichen Feldwegen geritten.

Der Reituntergrund ist mäßig hart, die zusätzliche Belastung durch das Reitergewicht ist gering, bei guter Hornqualität wird die aufzunehmende Energie (4%) durch das Einsinken des Hufes in den Boden sowie die Aktivität des Hufmechanismus aufgenommen. Sowohl das Hufeisen wie auch jeder andere Hufschutz gibt dem Huf die ausreichende Bewegungsfreiheit.

Sollte derselbe Haflinger aber nun vom Papa, der den Westernsattel liebt und 80 kg wiegt, genutzt werden, so würde die Mehrbelastung eine zusätzliche Stoßbrechung durch den Hufschutz verlangen. Würde diesem Anspruch nicht Rechnung getragen, könnte es zu einer zu starken Spreizung des Hufes kommen und zu damit verbundenen Schädigungen. Ein zu stark stoßbrechender Beschlag verhindert ebenfalls den Hufmechanismus, da er durch seine leichtere Verformbarkeit die Notwendigkeit der Formveränderung der Hornkapsel herabsetzen würde.

Mein persönlicher Rat lautet deshalb: seien Sie sich über die Funktion des Hufmechanismus im Klaren, aber lassen Sie sich nie dazu verleiten, ihn zum alleinigen Auswahlkriterium für die Wahl eines Hufschutzes werden zu lassen.

▶ Die Wirkung der Hufnägel

Der in den Huf eingeschlagene Hufnagel verdrängt das ihn umgebende Horn. Zuerst wird er im Weichhorn der weißen Linie angesetzt und dringt dann durch die äußere Schutzschicht und gelangt nach außen. Der Hufnagel hält in den ersten Tagen nach dem Beschlag recht schlecht; nach etwa einer Woche ist der Sitz des Nagels sehr gut. Nach Ablauf von etwa sechs Wochen beginnt sich der Sitz des Nagels zu verschlechtern.

Ein in den Huf eingeschlagener Nagel bekommt seinen festen Sitz durch die Reibung zwischen dem Horn und dem Nagel. Eindringende Feuchtigkeit lässt das Metall leicht korrodieren, wodurch sich die den Nagel festhaltende Reibung verbessert. Je dünner und schmaler der Nagel ist, umso weniger Hornsubstanz wird verdrängt, was dem kleineren Nagel eine geringere Festigkeit des Sitzes gibt. Das Gewicht des Hufschutzes muss zur Größe des ausgewählten Nagels passen.

Die Hufnägel bewirken allerdings in der Hornkapsel auch einige Veränderungen. Von mehreren wissenschaftlichen Labors wurde die Auswirkung der Hufnägel auf die Verformungen der Hornkapsel untersucht. Hierbei wurden am belasteten Huf holographische Verformungsmessungen durchgeführt. Beim Versuchsaufbau wurden die Untersuchungen mit einem geklebten Hufschuh durchgeführt. Durch die prinzipielle Ähnlichkeit ist das Ergebnis in seinem Wesen aber auch auf den geschnallten Hufschuh zu übertragen. Die daraus erstellten Hologramme zeigen, dass ein mit einem Hufschuh geschützter Huf einen ähnlichen Verlauf der Interferenzlinien hat, wie es beim unbeschlagenen Pferd der Fall ist. Dieselbe Untersuchung bei einem mit Hufeisen beschlagenen Pferd zeigt einen deutlichen Knick der Interferenzlinien vom Tragrand bis in die Höhe der Nagelaustrittsstellen über den ganzen Seitenwandbereich des Hufes. Offensichtlich behindern die Nägel die normale Verformung der Hornkapsel. Obwohl diese Untersuchung an einem mit Eisen beschlagenen Pferd durchgeführt wurde, ist die Übertragung des Ergebnisses auf alle angenagelten Beschläge, also auch Kunststoffbeschläge, zulässig. Die störende Wirkung der Hufnägel wird bei Verwendung von Kunststoff etwas geringer ausfallen, da die Nagelung zumeist niedriger aus der Hornwand austritt und oftmals eine geringere Anzahl Hufnägel zur Verwendung kommt. Die unterschiedliche Stärke der Nägel wird sich auf den Verlauf der Kurve aber kaum auswirken.

Eine konsequente Umsetzung dieses Ergebnisses würde uns das Anbringen eines Hufschutzes mit Hufnägeln verbieten. Aber wie schon mehrfach erwähnt ist es nicht sinnvoll, sich bei der Auswahl des sinnvollsten Hufbeschlages nur auf einen Aspekt zu berufen und die Forderungen der Nutzung oder die Sicherheit für Reiter und Pferd zu vernachlässigen.

DER HUF IM WECHSEL
DER JAHRESZEITEN

Was haben Hufe und die vier Jahreszeiten miteinander zu tun? In der freien Natur sehr viel, in einer Stallhaltung, in der das Pferd das ganze Jahr über die gleichen Bedingungen vorfindet, weniger. Das Verständnis der Zusammenhänge zwischen Witterungs- und Bodeneinflüssen und der Konsistenz des Hufhornes ist wichtig für die Erkenntnis, welche Bedeutung Hufmechanismus, Stoßdämpfung, Hornbeschaffenheit und die Frage der Pferdehaltung für die Auswahl des Hufschutzes haben.
Wie wir schon gesehen haben, ist besonders das Horn des Strahls sehr quellfähig. Selbstverständlich können auch das Harthorn und das Blättchenhorn Wasser aufnehmen und wieder abgeben. Aus dieser Tatsache ergibt sich, dass der Härtegrad des Hufhornes in den Jahreszeiten abhängig von der Feuchtigkeit in der Umgebung variiert.

▶ Die Hufe im Sommer
Im Hochsommer, in einer Zeit, in der es manchmal wochenlang nicht regnet (oder wir uns wünschen, dass es wochenlang nicht regnen sollte) und selbst am frühen Morgen nur minimale Spuren von Tau zu finden sind, hat das Horn im Jahreszeitenwechsel seine maximale Härte.
Wenn Sie in dieser Zeit schon einmal versucht haben, die Hufe Ihres Pferdes zu beschneiden, oder Ihren Hufschmied aufmerksam beobachtet haben, dann erinnern Sie sich, wie verzweifelt der Mann/die Frau vor dem Huf kniete oder diesen zwischen den Beinen hatte und mit dicken Backen am Strahl schnitzend Flüche des Zornes gen Himmel schickte.
Wenn auch jeder Pferdebesitzer den Experten fragend anschaut, was hier verkehrt gelaufen sei, und der Schmied kopfschüttelnd den Pferdebesitzer fragt, warum denn die Hufe nicht ausreichend gewässert werden, so ist dieser Zustand von der Natur gewollt und durchaus sinnvoll. Diese harten Hufe sind, Sie können es sich schon denken, selbstverständlich auch abriebfester als geschmeidige und weiche Hufe. Die harten Hufe entsprechen also vollkommen dem Anspruch der Natur, den Huf zu befähigen, auf den harten, abriebintensiven Untergründen laufen zu können. Die Relation von abgeriebenem und nachgewachsenem Hufhorn ist gewahrt.
So ist das zumindest beim Wildpferd. Nehmen wir aber einmal als Beispiel folgenden Fall an: Ein Pferd namens Max wird im Hochsommer auf einer Bachwiese gehalten. Die Weide ist mit einem Unterstand bestückt und das Pferd hat eine große, saftige Wiese mit einem permanenten Zugang zum Bachlauf. Die Haltung ist im Grunde ideal, denn die Besitzer müssen kein Wasser auf die Weide fahren und das

Pferd lebt geradezu paradiesisch. Immer wieder steht es genüsslich längere Zeit im Bachlauf und planscht mit den Hufen im Wasser.

Dieses Paradies aber ist gleichzeitig auch ein Problem, denn obwohl Maxens Hufe wie gemalt aussehen, sind sie für die in der Jahreszeit überall anzutreffenden völlig ausgetrockneten, schon aufgesprungenen Böden und die knochenharten Wege viel zu weich. Wenn Max im Gelände geritten werden soll, braucht er einen Hufschutz, denn seine Hufe würden viel zu schnell abreiben und einen permanenten Hufschutz bedingen. Sicherlich ist Ihnen schon klar, dass dieser Hufschutz bei rechtzeitigem Eingreifen abnehmbar sein kann, denn der Maxe kommt auf seiner Wiese ja durchaus prima ohne Hufschutz zurecht.

Kehren wir noch einmal zum Phänomen des harten Sommerhufes zurück. Vielleicht haben Sie schon für sich überlegt, dass die harte Hornsubstanz auch weniger Hufmechanismus zulässt, als dieses bei weichem Horn der Fall wäre. Das stimmt genau. Obwohl die Böden sehr hart sind und doch im Abschnitt über den Hufmechanismus gesagt wurde, dass auf sehr hartem Untergrund ein Maximum der Formveränderung stattfinden würde, beschränkt die Härte des Hornes dies aber wieder.

Sie vermuten weiter richtig, dass Stoßbrechung bei diesen Untergründen aber doch besonders wichtig wäre, und auch diese Vermutung ist korrekt. Aber: Zu dieser Jahreszeit muss das Wildpferd (und für dieses hat die Natur ja den riesigen evolutionären Entwicklungsaufwand gemacht) im Grunde am wenigsten laufen. Es gibt Futter in Hülle und Fülle – und die natürlichen Feinde? Fast alle Tiere haben ihre Nachkommenschaft im Frühjahr geboren. Die Nachkommen der potenziellen Beutetiere

Im Sommer werden die Pferdehufe durch Austrocknung viel härter und spröder. Bei manchen Pferden machen jetzt oft schon die knochenharten Weideböden einen Hufschutz nötig.

sind nun vier bis fünf Monate alt, also unerfahren und weder so ausdauernd noch so schnell wie die ausgewachsenen Artgenossen. Im Sommer sind die Nachkommen die gesuchten Leckerbissen für die großen Jäger. An langsamen, aber auch schnellen Kilometern, die die Pferdeherden im Sommer zurücklegen, kommt gar nicht so viel zusammen.

Wenn der harte Sommerhuf also einen reduzierten Hufmechanismus und damit eine reduzierte Stoßdämpfung hat (der Hufmechanismus absorbiert bis zu 4% der auftretenden Stöße), mag das für ein frei laufendes Pferd, das niemanden zu tragen hat, deshalb noch schadlos ausgehen. Wenn aber Sattel und Reiter zum eigenen Körpergewicht hinzukommen, so muss bis zum Erreichen einer besseren und elastischeren Hornsubstanz der Hufschutz die Stoßabsorption übernehmen. Sie erinnern sich – die Belastung wächst im Quadrat der Geschwindigkeit. Da eine Komponente, die auf die einwirkende Kraft Einfluss nimmt, das Körpergewicht ist, kommt es in höherem Tempo auch zu einer progressiven Steigerung der Belastung durch das Reitergewicht. Wenn also das Pferd dreimal so schnell läuft, erfahren seine Beine und Hufe eine neunmal höhere Belastung durch das Reitergewicht.

Sie werden vielleicht aus Ihrer Erfahrung wissen, dass die Pferdehufe durch ihre trockene Hornsubstanz öfter zu Zusammenhangstrennungen (Hornrisse, Spaltungen) neigen als in anderen Jahreszeiten. Die meisten Risse in der Hornwand, wie sie im Sommer entstehen, sind von sehr oberflächlicher Natur. Sie liegen nur an der Oberfläche der Schutzschicht und gehen

selten durch bis an die weiße Linie. Hornspalten der harmlosen Art sind bei wild lebenden Pferden häufig und unbedenklich. Im Übrigen werden diese Hornspalten bei wilden Pferden oft durch einen zu lang gewordenen Tragrand ausgelöst, und da sie sehr oft nur 1–2 cm vom Tragrand in die Hornwand hineinreichen, kann man sie getrost als eine natürliche Form des kontrollierten Ausbrechens ansehen, also eine Methode, mit der nachgewachsenes, aber nicht abgenutztes Hufhorn natürlich gekürzt wird.

Bei unseren gerittenen Pferden ist das aus den oben schon genannten Gründen anders. Durch den Einfluss des erhöhten Gewichtes kommt es zu einer deutlichen Zunahme der Hufmechanismusaktivitäten. Das glasharte und spröde „Sommerhufhorn" reagiert darauf aber nicht mit elastischer Verformung, sondern mit Bruchstellen. Zusammenhangstrennungen des Hornes auch in höher gelegenen Wandbereichen können die unangenehme Folge sein. Auf der Weide entstandene, oberflächliche und an sich harmlose Hornspalten können sich in kurzer Zeit dramatisch verschlimmern.

▶ Die Hufe im Herbst

Die Pferdehufe der Wildpferde sehen nach der Trockenperiode recht mitgenommen aus. Viele Pferde haben Hornspalten, die Tragränder sind ausgefranst, und weggebrochene Hornstücke hängen an einem Zipfel noch am Huf. Ein Fall für den Tierschutz. Doch die Böden werden immer feuchter, es regnet ständig und die Pferde bewegen sich hauptsächlich mit gesenktem Kopf und kauend über die Weideflächen. Der Bauch wird zusehends dicker und die Hufe erholen sich. Die eingerissenen Stellen brechen in diesem immer tiefer werdenden Boden ab, die Tragränder werden langsam wieder so, dass man auch von einem Tragrand sprechen kann. Die Vorderhufe sind stärker belastet als die Hinterhufe, und die Zehen der Vorderhufe werden deutlich kürzer. Die Tragränder der Vorderhufe beginnen sich zu runden, die Hinterhufe sind scharfkantig und geben im Fluchtfall die ideale Traktion, um die Kraft sofort in Geschwindigkeit umsetzen zu können.

Was passiert nun mit dem Huf, wenn er ständig sehr großer Feuchtigkeit ausgesetzt ist? Er nimmt Wasser auf und wird weicher. Er wird sogar so weich, dass das Hufhorn im Hinblick auf die Aufnahmekapazität von Feuchtigkeit nahe an seinem Sättigungspunkt ist. Der Huf wird weniger abriebfest – kein Problem für das Wildpferd, das sich im Herbst auch über weichere Böden bewegt als im Sommer, ein Problem aber für das Reitpferd, das auch im Herbst mit seinen weicher gewordenen Hufen über Schotterwege und Asphalt laufen soll.

▶ Die Hufe im Winter

Es ist kalt, die Böden sind über viele Wochen hart gefroren und schneebedeckt. Sie wundern sich und Ihnen fällt zu diesem Szenario bloß so manch schönes Wintermärchen ein. Tja, so war es aber einmal, vor allem auch in Europa. Die Zeit, in der es im Winter gerade mal so um die null Grad hat und wir Schnee nur noch als eine sich schnell bewegende weiße Masse kennen, die Alpendörfer unter sich begräbt, ist

erst sehr kurz und die Evolution des Pferdes konnte darauf noch nicht reagieren.

Nun ja, da die Natur den Winter aus dem Märchen kennt, können wir vielleicht an den Hufen ablesen, wie er in der grauen Vorzeit wohl mal gewesen sein muss.

Im Winter wachsen die Hufe viel langsamer. Sie haben vielleicht in einem Pferdebuch schon einmal gelesen, dass die Hufe der Pferde ca. 1 cm pro Monat wachsen. Dieses Maß wird von vielen Pferden im Frühjahr, aber vor allem im Sommer bei weitem übertroffen, im Winter aber scheinen viele Pferde das gesamte Wachstum an den Füßen einzustellen.

Ich erinnere mich noch gut an ein Pferd, dem ich in der zweiten Novemberwoche einen neuen Beschlag gegeben hatte. Auf diesem Hof hatte ich regelmäßig einen Tag pro Woche zu tun, sodass ich in idealer Weise beobachten konnte, wie sich die Hufe entwickelten und sich meine Arbeiten bewährten. Die Auszubildende holte mir die Pferde zur Ansicht oder brachte die Pferde, die nach dem Zeitplan zum Beschlag fällig sein müssten. Ich sah mir somit dieses Pferd regelmäßig an, aber nach zwölf Wochen konnte immer noch nicht objektiv festgestellt werden, dass die Hufe gewachsen seien. Bei über das Jahr konstant bleibender Fütterung (mit Ausnahme des Wechsels von Heu zu gemähtem Gras) wuchsen die Hufes dieses Pferdes im Sommer in einem Tempo, dass das Beschlagsintervall dann auf maximal fünf Wochen zu legen war.

Auch diese reduzierte Wachstumsaktivität hat einen biologischen Sinn. Im Winter ist die Nahrungssuche mühselig und das Ergebnis niederschmetternd. Die Pferde-

Im Winter wachsen die Hufe viel langsamer als im Sommer.

Füßen tragen, das arme Wildpferd aber muss mit denselben Hufen und demselben Profil durch den Winter stapfen. Sind es wirklich dieselben Hufe wie im Sommer? Das Aussehen der Winterhufe ist in einigen Details sehr verschieden von dem der Sommerhufe. Die Sohle ist schön sauber und glatt. Es befinden sich sehr viel seltener die Abplatzstellen des Verfallshorns an der Sohle. Die Sohlenhornplatte wird im Winter etwas dicker. Die Kanten des Tragrandes sind rundlich abgeschliffen. Aber wie ist zu erklären, dass eine oftmals glatte Sohle entsteht?

Die einleuchtende Erklärung liegt im reduzierten Hufmechanismus. Egal ob das Pferd über den weichen Schnee oder eine Wiese mit hart gefrorenem Boden läuft – es tut das mit erhöhter Vorsicht, denn es hat eben keine Spikes an den Hufen und muss mit Rutschgefahr rechnen. Es setzt seine Füße mit erhöhter Vorsicht auf und federt den Lauf vermehrt in der Schulter oder dem Becken ab. Sicher haben auch Sie schon einmal beobachtet, dass Ihr Pferd im Winter über die tief gefrorene Matschkoppel ging, besser schlich, sodass Sie dachten, dass es auf allen Beinen lahm sei. Dieses Pferd hat zum Schutz seiner Beine, seiner Hufe und seines gesamten Bewegungsapparates bloß mit größtmöglicher Vorsicht einen Weg über die harte und unebene Fläche ertastet und versucht, schadlos die andere Seite der Koppel zu erreichen.

Das Pferd hat im Winter keinen erhöhten Gleitschutz. Der einzige Schutz vor

herde läuft über schneebedeckte Wiesen, scharrt da oder dort ein paar Grashalme frei, verspeist die wenig gehaltvolle Kost, marschiert weiter und scharrt weiter. Jede aufgenommene Energie wird zum Erhalt der Lebensfunktionen Kreislauf, Atmung, Verdauung und Temperaturregulation verwendet und zur Schaffung eines dicken, vor der Kälte schützenden Haarkleides. Die Hufe werden bei diesen Bodenbedingungen kaum abgenutzt.

Sie haben in dieser Jahreszeit auch andere, nun wichtige Aufgaben:

Die temperaturisolierende Wirkung des Hufhornes ist jetzt von existenzieller Bedeutung für das Pferd. Wenn wir 24 Stunden auf tief gefrorenen Böden einherlaufen sollten, dann würden wir sehr schnell Erfrierungen, später den Verlust des ganzen Fußes beklagen.

Der Huf verschont das Pferd vor diesem Schicksal. Wir können für den Winter Spezialreifen auf das Auto ziehen oder Winterstiefel mit dicken Kreppsohlen an den

Stürzen ist seine unnachahmliche Trittsicherheit und die ungeheure Aufmerksamkeit und Vorsicht, mit der es sich bewegen kann. Ich habe ausgewachsene Pferde, die sich (natürlich unbeschlagen) auf schneebedeckten Wiesen oder hart gefrorenen Untergründen bewegten, noch niemals stürzen sehen. Anders sieht das selbstverständlich auf vereisten Betonplatten oder spiegelglatten Asphaltflächen aus, und wieder verkehrt sich die Situation bei mit Reitern besetzten Pferden; aber daran konnte die Natur verständlicherweise nicht denken!

Für uns Reiter heißt das: Wenn das Hufhorn im Winter langsamer wächst, wir aber eventuell genauso viel reiten wollen wie zu anderen Jahreszeiten auch, braucht unser Pferd einen Hufschutz. Wenn wir weiterhin unsere Ritte nicht nur auf weiche und griffige Untergründe beschränken, sondern auch Asphaltstrecken und befestigte Wege überqueren müssen, braucht unser Pferd unbedingt einen Gleitschutz.

▶ Die Hufe im Frühjahr

So wie die ganze Natur, erwacht auch das Pferd aus dem Wachschlaf des Winters. Die Wiesen werden langsam wieder grün, das Fell des Winters wird gegen das dünne Haarkleid der warmen Jahreszeit getauscht. So wie der Bewegungsdrang wächst, so bereiten sich auch die Hufe auf das Kommende vor. In keiner Jahreszeit ist die Natur bewegter als jetzt. Die jungen Hengste schauen, was dieses Jahr für sie schon drin ist, und fordern die alten Artgenossen heraus. Die Jährlinge testen mit großer Vehemenz die Grenzen der Physik und lernen, dass blaue Flecken wehtun.

In dieser Zeit hat das Pferd für seine Bewegung die idealen Voraussetzungen. Die Böden sind feucht, aber nicht nass, die Hufe hinterlassen Spuren, ohne im Boden zu versinken – es herrschen die Verhältnisse, die wir Reiter uns das ganze Jahr über wünschen würden. Das Pferd hat Bewegungsdrang, ist vielleicht sogar übermütig, läuft und buckelt und will nun wirklich keinen Reiter tragen.

Die Abnutzung des Pferdehufs ist in dieser Zeit beim Wildpferd sehr viel geringer als die Menge der nachwachsenden Hornsubstanz. Das Althorn der im Winter dick gewordenen Sohlenplatte bröckelt heraus, nur die Eckstreben bleiben stehen und geben dem Pferd bei diesem Geläuf einen zusätzlichen und hervorragenden Gleitschutz. Durch den wieder auf Hochtouren gekommenen Stoffwechsel wächst das Horn schnell und der Tragrand ist scharfkantiger als im Winter. Das Pferd kann sich auf sein Profil verlassen.

Die Hornsubstanz ist zu dieser Jahreszeit ideal. Das Horn bekommt genügend Feuchtigkeit, um geschmeidig zu bleiben, die Hornwände sind glatt und das Wandhorn glänzt. Die fetten Wiesen, die wir unseren Pferden anfänglich nur portions- und minutenweise zumuten können, um nicht eine Hufrehe oder Kolik zu riskieren, sind für die Wildpferde das Paradies. Sie werden nicht krank, weil sie in noch größerem Maße Platz für die Laufattacken mit den Artgenossen haben.

Das Frühjahr ist auch die Zeit der Nachkommenschaft. Die wandernde Pferdeherde gebärt die Fohlen auf einer noch nicht beweideten Fläche. Ich kenne viele Tierärzte, die eine saftige Frühjahrswiese für kleine Eingriffe am Pferd aus hygienischen Gründen der gefegten und auch desinfizierten Stallgasse vorziehen.

Die Fohlenentwicklung beginnt in der idealen Jahreszeit und auch der Huf des Fohlens trifft auf die idealen Bedingungen, um sich richtig zu entwickeln. Er wird nicht so stark abgerieben, dass das Laufen zu einer schmerzhaften Angelegenheit wird, erfährt aber auch vom mäßig festen Boden so viel Widerstand und Bodendruck, dass der Huf sich in einer idealen Form entwickeln kann und weder zu weich und weit (was bei sehr nassen Böden passieren würde) noch zu hart und eng (bei harten und trockenen Böden) wird.

Sie sehen, wie sehr die Jahreszeiten Einfluss auf die Hufe unserer Pferde nehmen, wenn die jeweilige Haltungsform dies zulässt.

Auch wird deutlich, warum es zu Problemen kommt, wenn die Haltung dem Pferd so gleich bleibende Bedingungen bietet, dass es das ganze Jahr auf harten „Sommerhufen" oder auf weichen „Herbsthufen" unterwegs ist.

ALTERNATIVER HUFSCHUTZ
Die Entwicklung

Die Geschichte des Hufbeschlages mit Eisen wurde bereits in zahlreichen Fachbüchern über den Huf eingehend beschrieben und soll hier nicht wiederholt werden. Zunächst steht fest, dass die Völker des Altertums keinen genagelten Hufschutz kannten. Auf ägyptischen Abbildungen aus der Zeit von Ramses II. und III. sind hufschuhähnliche Vorrichtungen aus Stroh oder Bast an den Pferdehufen zu sehen. Auch die Römer verwendeten, da ihnen die Technik des Nagelns am Huf noch unbekannt war, Hufschuhe, die zunächst aus dem sogenannten spanischen Ginster („Solae spartae") hergestellt wurden, später der besseren Haltbarkeit wegen auch aus Leder und Metall („Solae ferrae"). Diese Schuhe wurden mittels Riemen, die durch die Ösen und Haken an den Metallteilen der Schuhe geführt wurden, am Huf

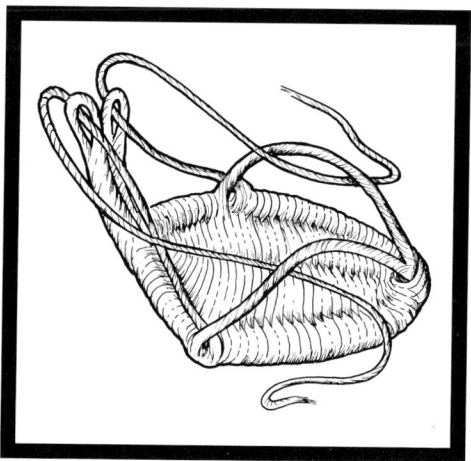

bzw. um die Fessel befestigt und müssen zu erheblichen Behinderungen im Bewegungsablauf der Pferde und auch zu bösen Scheuerstellen geführt haben.
Auch hat man vermutet, dass die Römer, da sie über keine wirklich befriedigende Möglichkeit des Hufschutzes für ihre Pferde verfügten, gezwungen waren, beim Bau ihrer Straßen auf die unbeschlagenen Hufe ihrer Pferde Rücksicht zu nehmen. Die berühmteste römische Heerstraße, die Via Appia, besaß in der Mitte eine höher angelegte „Laufbahn" aus Sand, Graupen und Kalkmörtel. Ein Indiz dafür, dass man sich um die Hufe der Pferde ernsthaft Gedanken machen musste.
Die alten Griechen behalfen sich ebenso wie die Römer mit Bast-, Leder- oder Strohsandalen, wenn die Hufe ihrer Pferde zu sehr abgenutzt waren. Von den Feldzügen Alexanders des Großen berichtet der Geschichtsschreiber Diodorius Siculus (44 v. Chr.), dass die Truppen auf ihren Eroberungsmärschen immer wieder längere Zwangspausen einlegen mussten, weil ihre Pferde an zu starker Abnutzung des Hufhorns litten.
Alle antiken „Hufschuhe" waren jedoch nicht als Alternative zum genagelten Eisen gedacht, sondern der einzige Hufschutz, den man zu dieser Zeit kannte. Aber auch das Bemühen, einen Hufschutz zu entwickeln, der die Nachteile des Eisens nicht,

„Solae spartae" – geflochtener römischer Hufschutz aus Pflanzenmaterial

„Solae ferrae" – römischer Hufschuh aus
Eisen, auch als „Hipposandale" bekannt.

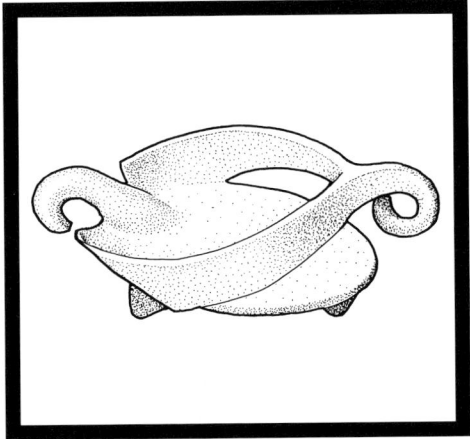

wohl aber dessen Vorteile besitzt, ist alles
andere als neu! Schon sehr früh erkannte
man, dass das genagelte Eisen auch Nachteile besaß, und experimentierte deshalb
jahrhundertelang immer wieder mit anderen Materialien und Befestigungsmöglich-
keiten.

In vielen Fachbüchern und Artikeln in Fach-
zeitschriften und ganz besonders von
strengen Befürwortern des Barfußlaufens
wird oft suggeriert, dass das Schmiede-
handwerk sich mindestens seit dem Mittelalter nicht mehr von der Stelle bewegt habe
und dass man nie etwas anderes tat als immer nur mit den gleichen Eisen zu beschlagen. Wenn man sich etwas intensiver mit
der Geschichte des Hufbeschlages befasst,
stellt man jedoch sehr schnell fest, dass das
keineswegs der Fall ist, im Gegenteil!

Wenn man bedenkt, welche Wichtigkeit
das Pferd im Alltagsleben unserer Vorfahren hatte, ist es eigentlich auch nicht weiter
erstaunlich, dass der Hufbeschlag ein
ganz zentrales und wichtiges Thema war.
So unentbehrlich wie heute Kfz-Mechani-
ker waren damals die Hufschmiede, und
am Hufbeschlag wurde so viel getüftelt wie
heute an Autoreifen. Noch in einer im Jahr
1935 erschienenen Arbeit zum Gleitschutz
im Hufbeschlag heißt es: „Bei dem Wert,
den die Pferde als ein wichtiger Teil unseres Volksvermögens darstellen, nicht
zuletzt aber auch deswegen, weil sie der
Wehrmacht gegebenenfalls zur Verfügung
stehen sollen, gilt ihnen der Schutz gegen
das Ausgleiten auf der Straße im gleichen
Maße wie dem Auto."

Die historischen Versuche, brauchbare
Alternativen zum herkömmlichen Eisenbeschlag zu entwickeln, waren viel zahlrei-
cher, als man heute gemeinhin vermutet,
und können in folgende Gruppen eingeteilt werden:
▶ genagelter Hufschutz aus anderen Materialien oder Materialkombinationen,
▶ nicht genagelter Hufschutz und Hufschuhe,
▶ mehrteilige, bewegliche Hufeisen.

Bei der Entwicklung von Beschlägen der
ersten Gruppe stand der Wunsch im Vordergrund, einen Beschlag zu finden, der
stoßbrechendere Eigenschaften als das
Eisen aufweist und dabei auch noch einen
besseren Gleitschutz auf Pflasterstraßen
bietet. Dies war ein ganz zentrales Problem der Zugpferde, die Tag für Tag auf
befestigten Straßen und in den Städten
Kutschen, Droschken, Straßenbahnen,
Milch- oder Kohlewagen zogen. Seitdem
man Straßen im größeren Umfang pflas-
terte, gab es immer wieder das Problem

der so genannten „Pflasterlahmheit" der Zugpferde, hervorgerufen durch ständige Belastung auf harten Untergründen. Aus diesem Grund erdachte man schon vor langer Zeit das „Tauhufeisen" – ein sozusagen hohles Hufeisen, in dessen Bodenfläche ein dickes Tau eingedrückt wurde, das sowohl für Stoßdämpfung als auch für Gleitschutz sorgte. In gleicher Richtung gab es aber noch weitere Versuche: Bereits im Jahre 1855 meldete der Engländer W. Pidding in London einen Hufbeschlag zum Patent an, der aus Kautschuk bestand und in den Hohlräume, mehrere kleine Zellen, eingearbeitet waren, die mit Luft, Gas oder Flüssigkeit gefüllt werden sollten, um so eine optimale Stoßdämpfung zu erreichen. Darüber, wie sich diese Idee in der Praxis bewährt hat, ist leider nichts bekannt.

Auch in Deutschland machte man sich intensiv Gedanken darum, wie man einen elastischeren und stoßbrechenderen Beschlag als das Eisen realisieren könnte, wie einige Patentanmeldungen beispielhaft zeigen:

Stolberg/Seligmann, Berlin 1879: Beschlag aus India, Baumwolle, Hanf, Kokos in Gemisch von Erdpech, Firnis, Schlemmkreide und Asphalt, gekocht und gepreßt. Sicherung der Form durch eingelassenen Gurt. Befestigung durch Zungen und Gurt über dem Huf.

Greifenhagen/Schnitzer, Zittau 1883: Hufeisen aus gepreßten und durch Nieten verbundenen getrockneten und gegerbten Häuten.

J. Goldberg, Weissensee 1888: Hufbeschlag aus pergamentisierten Papierblättern oder

durch Öl, Terpentin wasserdicht gemachtes und durch Klebmittel (Käsechromlein, Lach, Leinöl) elastisch, gepreßt und getrocknet.

Alfons Tellering & Köttgen, Bergisch Gladbach 1879: Hufeisen, U-förmig zur Aufnahme von Gummi, Leder etc., den äußeren Rand mit Spitzen versehene Ansätze, die durch Umbiegen am Hufe Halt finden.

H. Splett, Prenzlau 1926: Hufbeschlag aus Hartgummi. Auf der Oberseite als durchgehende Fläche ausgebildet mit herausgearbeiter Strahlfurche.

Firma Imperator Hesteko AS, Norwegen 1930: Hufbeschlag aus elastischem Material, in das kleine Metallplatten für die Nagelbefestigung eingearbeitet sind.

Es gab mehrere Versuche, Beschläge in einer Kombination aus Eisen und Gummi bzw. Kautschuk zu entwickeln, ganz wie der heutige schwedische „Öllöv"-Beschlag, sie scheiterten aber alle daran, dass es trotz vieler Versuche nicht gelang, eine dauerhafte, haltbare Verbindung zwischen diesen beiden Materialien zu schaffen. Immer wieder löste sich der Gummibelag frühzeitig vom Eisen, sodass der Beschlag schnell unbrauchbar wurde. Zeitgenossen berichten beispielsweise, dass das so genannte „Ledersche Eisen", das aus einem dick mit Kautschuk umhüllten Eisengerippe bestand und 1901 in Berlin zum Patent angemeldet wurde, bei geringer Beanspruchung des Pferdes bestenfalls 14 Tage am Huf blieb.

Die frühen reinen Kunststoffbeschläge aus Gummi oder Hartgummi dagegen krank-

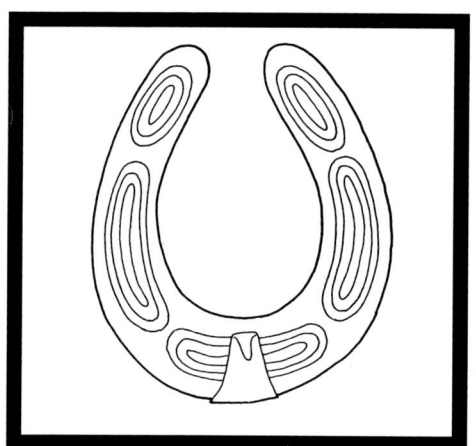

Klebbarer Hufschutz nach Kesseler (1879)

ten fast alle daran, dass das verwendete Material zu weich war und deshalb beim Auffußen des Pferdes jedem Druck nachgab und in sich federnd wirkte – entsprechend der Gangart des Pferdes wurde der Beschlag entweder nach vorn, hinten oder nach der Seite herausgequetscht oder nach unten gedrückt, wirkte sich so negativ auf die Hufform aus und verursachte einen unsicheren Gang.

In der Schmiede der chirurgischen Tierklinik Leipzig führte man im Jahr 1951 eine Reihe von Versuchen mit dem Industriekunststoff Igelit durch, von dem man sich eine bessere Haltbarkeit und Festigkeit als von den bisherigen Beschlägen auf Gummi- oder Kautschukbasis erhoffte. Die Form der Beschläge war die eines geschlossenen Hufeisens, jedoch ohne Aufzüge. Um dem Beschlag besseren Halt am Huf zu geben, befand sich eine fünf Millimeter hohe und ebenso breite Wulst am Außenrand, die etwa vier Millimeter vor

Mit Draht angenähtes Eisen (1895)

dem Schenkelende endete. Die Bodenfläche besaß acht Vertiefungen, in die vor dem Beschlagen mit einem Brenndorn die Nagellöcher eingebrannt wurden. Der Beschlag selber war durch heißes Wasser oder vorsichtige Erwärmung über dem Schmiedefeuer geringfügig verformbar.

Der Vater des Experimentes, H. Schebitz, merkt zu diesem Beschlag an, dass er für Schrittpferde mit gesunden, regelmäßig gestellten Hufen bedingt brauchbar, in schnellerer Gangart jedoch unbrauchbar sei und folgerte: „Der Igelit-Beschlag stellt daher keinen brauchbaren Ersatz für die üblichen handgeschmiedeten oder fabrikmäßig hergestellten Hufeisen dar."

Für Beschläge der zweiten Gruppe, die anders als mit Nägeln am Huf befestigt werden sollten, gab es allein in Deutschland in den Jahren von 1877 bis 1934 fünfundachtzig Patentanmeldungen! Dabei reichen die Ideen von Kleben mit Erdpech (C. Kesseler, Berlin 1879), Befestigung mit

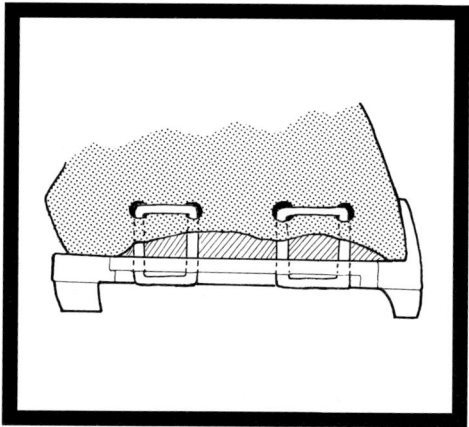

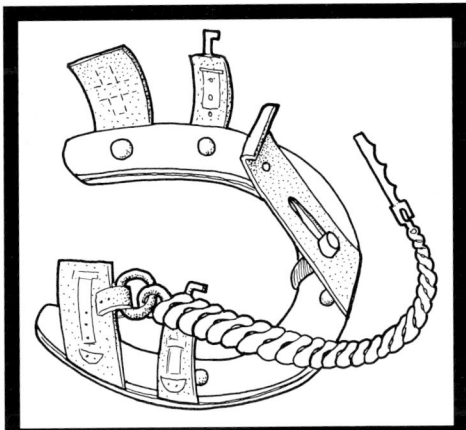

Klammern, Schrauben oder Bändern, Verzahnungen, Spannvorrichtungen, Annähen des Eisens an den Huf mittels Draht (L. Serban, Wien 1895) bis hin zu regelrechten Hufschuhen, den frühen Vorläufern unserer heutigen modernen auf dem Markt befindlichen Produkte. Man versprach sich von den Erfindungen hauptsächlich eine Vermeidung der bekannten nachteiligen Wirkung der Hufnägel, nämlich die Möglichkeit, Pferden, deren Hufwände nicht mehr nagelbar waren, einen Hufschutz anzupassen. Die hufschuhartigen Patentanmeldungen hatten außerdem den Vorteil, dass sie nach Gebrauch abgenommen werden konnten.

Der erste „Hufschuh" der Neuzeit auf Basis eines normalen Hufeisens wurde 1829 in London entwickelt: Um die Hufwand wurde ein stählernes Band oder eine Kette gespannt. Diese Kette lief quer über den Huf von einer Tracht zur anderen und war mit mehreren kleinen Bändern verbunden,

Hufschuh nach Cowell (1892)

Hufschuh nach Hippodonomia-Podophtora (London 1829)

die am Hufeisen selbst befestigt wurden. Da diese Art der Befestigung aber wohl keine befriedigenden Ergebnisse brachte, experimentierte man weiter und entwickelte recht komplizierte Konstruktionen, wie z. B. Cowell im Jahr 1892 (Deutsche Patentschrift 70.013): Ein aus starkem Draht bestehendes bügelförmiges Band wird seitlich am Hufeisen befestigt und mit einer hebelartigen Unterlage verbunden. Diese besteht aus einer abgeflachten Platte mit am unteren Ende angebrachten Spitzen, welche in Öffnungen vorn am Huf eingesteckt werden. Die innere Fläche der Platte ist in Querrichtung ein wenig ausgehöhlt, um an der entsprechend vorgearbeiteten Stelle des Hufes eine feste Auflage zu bekommen. Die nach unten zu in den Huf eingetriebenen Spitzen halten die Unterlegplatte und das an dem Bügel hängende Eisen am Huf fest und verhindern eine Abwärtsbewegung der Platte und somit

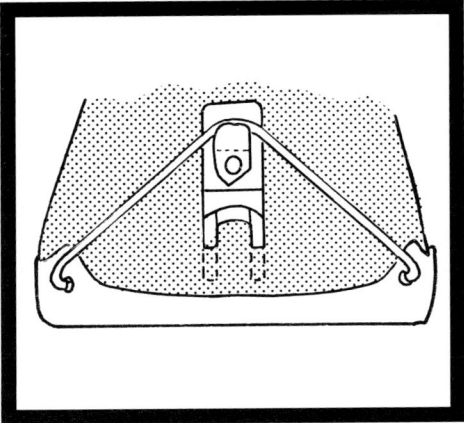

**Hufschuh nach S. Short (London 1856):
Auf die Bodenfläche wird eine aus-
wechselbare Gummisohle geschraubt.
Befestigung am Huf durch Anziehen
des hinteren Schraubgewindes.**

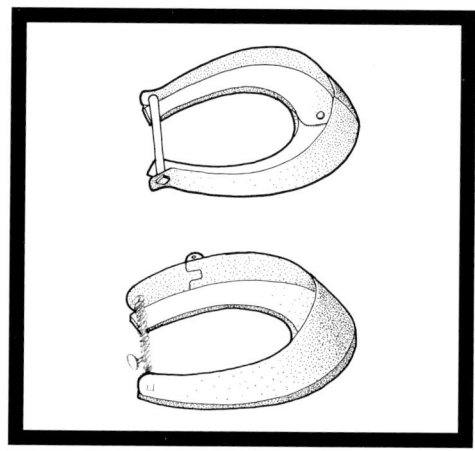

ein Abfallen des Eisens, während die Platte
leicht abgenommen werden kann, indem
man sie nach oben hebt. Um das Eisen
noch fester ziehen zu können, bringt man
an der Platte einen in der Art eines Exzen-
ters wirkenden Hebel an, der um seinen
Drehpunkt gedreht werden kann, indem er
sich von unten gegen den Bügel anlegt, sodass dieser und mit ihm das Hufeisen fester angezogen werden kann.

Auch in diesem Bereich versuchte man
das Eisen durch andere Materialien zu ersetzen, wie z. B. bei der von Lungwitz beschriebenen Gummisandale, einem Beu-
testück aus dem Deutsch-Französischen
Krieg von 1870/71: Sie bestand im Wesentlichen aus einem 14 mm dicken Hartgummistück, aus dessen Bodenfläche 25 Eisen-
stifte von je 5 mm Dicke hervorragten, um
das Gummi vor übermäßiger Abnutzung
zu schützen. Dieses Hartgummistück war
mit einer 1 cm dicken Gummiplatte verbunden, deren äußerer Teil zu einem dicken Wulst umgebogen war. Die dem Huf
zugewandte Seite war etwas ausgehöhlt,
um Raum für den Strahl zu lassen. Durch
den aufgebogenen Wulst sollten die Sandalen wie eine Gummigalosche von selbst
am Huf halten – was sie wohl nicht taten,
sonst wäre das Exemplar nicht im Mu-
seum des Prof. Dr. Zürn in Leipzig gelan-
det! Immerhin war dieser Hufschuh leichter als die eisernen Ungetüme mit Bügeln,
Schrauben und Hebeln und quetschte den
Huf nicht ein. Sie waren aber eher als Not-
behelf bei einem verlorenen Eisen denn als
Dauerlösung gedacht.

Sämtliche Befestigungen mit um den Huf
laufenden Metallbändern und Spannvorrichtungen zeigten sehr schnell den gravierenden Nachteil, den Huf viel zu stark

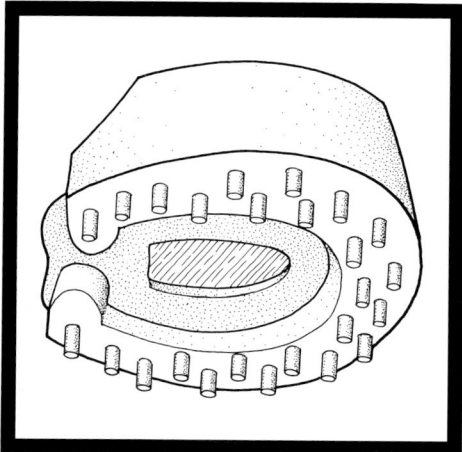

Gummihufschuh (Frankreich ca. 1870)

einzuzwängen und so Quetschungen zu verursachen. Andere Beschläge hielten nur mangelhaft am Huf oder hatten überhaupt eine zu geringe Haltbarkeit. Sie waren viel zu schwer, zu unpraktisch in der Handhabung oder wiesen hervorstehende Scharniere und Teile auf, an denen sich die Pferde verletzen konnten. Viele von ihnen schädigten mit ihren „Krallen" trotz der nagellosen Befestigung auch nachhaltig die Hufwand, manche sogar die Huflederhaut. Auch hielten die verwendeten Materialien, wie von Zeitgenossen berichtet wurde, wohl meist den Belastungen nicht stand – sie waren zu schwach, rosteten oder gingen verloren. Alles in allem hat sich auf Dauer keine der Erfindungen behaupten können, da die in Kauf zu nehmenden Nachteile doch größer waren als die zu erwartenden Vorteile.
Nachfolgend beispielhalber noch einige weitere Patentanmeldungen:

H. Lüdecke, Berlin 1880: Hufschuh aus Gummi. Befestigung mit einem losen Band, das durch Ösen gezogen und mit Knöpfen befestigt wird (Patentamt Berlin).

J. Tobolski, Berlin 1892: Hufschuh aus Gummi, bestehend aus einer am oberen offenen Ende mit Wulst versehenen Kappe, mit geschlossenem Boden und hufeisenförmigem Rand (Patentamt Berlin).

Alexander G. Uptegraff, Lenox, USA 1909: Kettenglieder, die unter dem Huf zusammen-

Hufschuh nach Serban (Wien 1894).
Ein wahres Ungetüm!

gehalten und über dem Huf durch eine Lederschnalle verspannt sind.

… und als besonderes Kuriosum am Rande: Patentanmeldung von *Reinhold Dietz, Berlin 1919: Überschuh zur Verhinderung des Diebstahles der Tiere. Durch Schloss gesicherter, zweiteiliger Hufschuh, unten mit Rollen versehen.*

Bei den zeitgenössischen Kommentaren zu den frühen Hufschuhen ist neben der Kritik an der mangelnden Haltbarkeit, dem zu umständlichen Anlegen und dem zu hohen Gewicht interessant, dass man auf genau die gleichen Probleme hinwies, wie wir sie durchaus auch heute noch im Zusammenhang mit der Verwendung von Hufschuhen haben. So kommentierte der Hufschmied Walther im Jahre 1898 in der Monatsschrift „Der Hufschmied" in seinem Artikel *Hufbeschlag ohne Nagelung:* „(…) bei steiler, eingezogener und schiefer Wand ist die Befestigung absolut unmög-

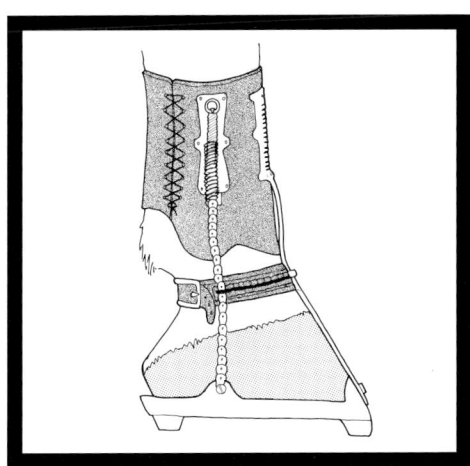

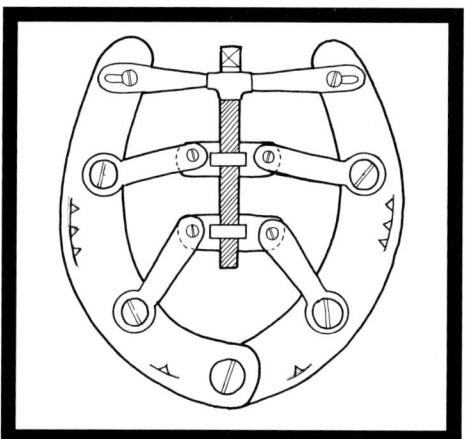

Bewegliches Hufeisen nach Wittlich, Schweiz 1910.

lich (...) bei fehlerhaften Stellungen und Gangarten ganz unbrauchbar."

Der Engländer Bracy Clark glaubte, ein mehrteiliges, bewegliches Hufeisen müsse eher geeignet sein, der Beweglichkeit des Hufes, insbesondere der seitlichen Ausdehnung der Trachten, zu folgen, und konstruierte aus diesem Grunde ein Hufeisen, das an der Zehe sozusagen ein bewegliches Scharnier besaß, das es den Eisenschenkeln erlaubte, sich seitlich zu bewegen. Das Resultat war jedoch, dass durch die Bewegung der Eisenschenkel so große Zug- und Scherkräfte auf die Hufnägel und damit auf die Hufwand ausgeübt wurden, dass die Hornwände erst recht beschädigt wurden und brachen.

Es gab noch mehrere Versuche in diese Richtung, immer ausgehend von der Überlegung, dass es besser sein müsse, wenn das Eisen flexibel anstatt starr sei. Die Resultate waren durchweg negativ.

All diese frühen Entwicklungen zeigen jedoch eines deutlich: dass keinesfalls das Handwerk des Hufbeschlages praktisch seit dem Mittelalter immer nur auf der Stelle trat, sondern dass man sich intensiv mit der Thematik auseinander setzte!

Viele der „Erkenntnisse", die heute wieder mühsam mit Hilfe von Computermessungen und komplizierten Untersuchungen gewonnen werden, sind, wenn man historische Literatur über den Hufbeschlag studiert, in Wirklichkeit überhaupt nicht neu. Es scheint fast so, dass hierzulande erst nach dem Zweiten Weltkrieg, als das Pferd plötzlich in seiner Bedeutung rapide abnahm und beinahe zu den vom Aussterben bedrohten Haustierrassen gezählt wurde, sehr viel von dem alten Wissen und den (sicher auch auf manchen Irrwegen) gesammelten Erfahrungen der Jahrhunderte verloren ging.

Wir sollten also heute auf keinen Fall so arrogant sein, zu glauben, dass die Hufschmiede jahrhundertelang nur am Formen des Metalles interessiert waren und man erst heute beginne, sich gründlich und wissenschaftlich fundiert mit der Beschaffenheit des Pferdehufes und den Anforderungen an einen guten Hufschutz auseinander zu setzen.

Was wir allerdings unseren Altvorderen heute voraus haben, sind die um ein Vielfaches besser gewordenen Materialien, die uns zur Konstruktion neuzeitlicher Hufschutzmöglichkeiten zur Verfügung stehen. Vermutlich würde sich so mancher gescheiterte Erfinder des vorletzten Jahrhunderts sehr freuen, wenn er sähe, dass seine Idee sich heute mit anderen, moderneren Materialien tatsächlich durchsetzen kann!

GRUNDSÄTZLICHE BEGRIFFE IM BILD

Auf den folgenden Seiten fallen immer wieder Fachbegriffe im Zusammenhang mit der Beschaffenheit eines Hufschutzes, die vielleicht nicht unmittelbar verständlich sind. Fotos erklären besser als Worte, was gemeint ist.

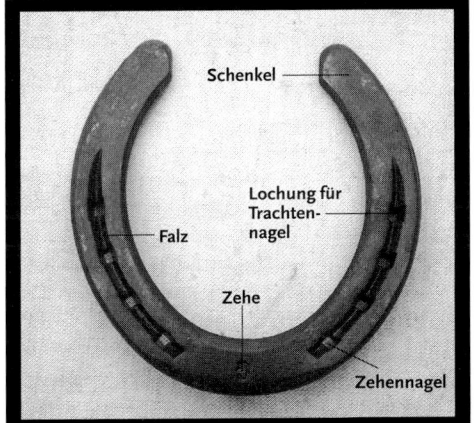

Einfaches Falzhufeisen

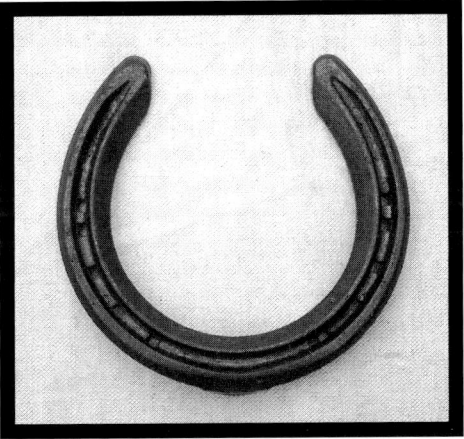

Ein Hufeisen mit durchgehendem Falz bietet höheren Gleitschutz

Ein Vordereisen (links) hat in der Regel einen so genannten Aufzug (oder Zehenkappe) in der Mitte; ein Hintereisen dagegen zwei seitliche Zehenkappen, was die Möglichkeit der Anfertigung eines Greifbeschlages bietet (s. „Greifen" Seite 175).

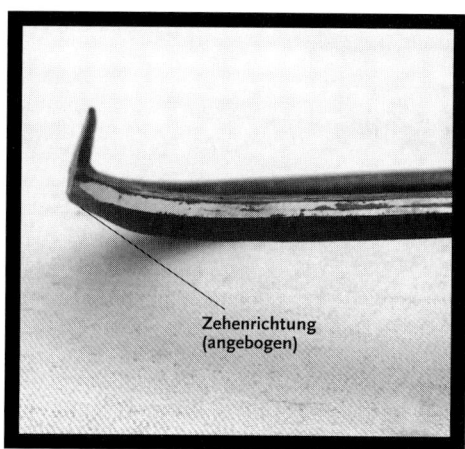

Zehenrichtung
(angebogen)

Die so genannte Zehenrichtung am Hufeisen ist unerlässlich, um dem Pferd das richtige Abrollen zu ermöglichen. Bei diesem Eisen ist sie angebogen, d. h., der gesamte Zehenbereich des Eisens ist etwas nach oben gebogen.

Bei diesem Eisen ist die Zehenrichtung angeschmiedet, d. h., sie besteht nur an der bodenzugewandten Lauffläche des Eisens, während die hufzugewandte Seite gerade bleibt. Diese Form der Zehenrichtung wird im orthopädischen Bereich verwendet, z. B. beim Spatbeschlag.

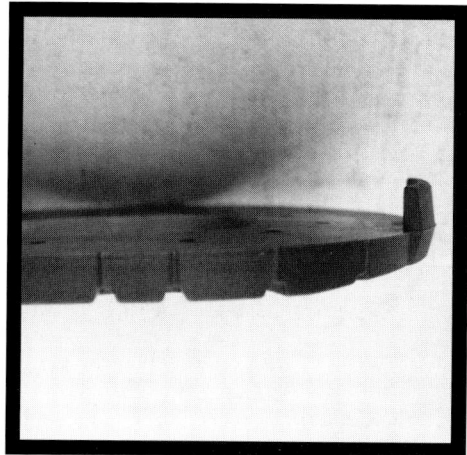

Ein Kunststoffbeschlag kann aus technischen Gründen immer nur eine „angeschmiedete" Zehenrichtung besitzen, keine angebogene – das macht den neuen Beschlag von Anfang an im Zehenbereich dünner.

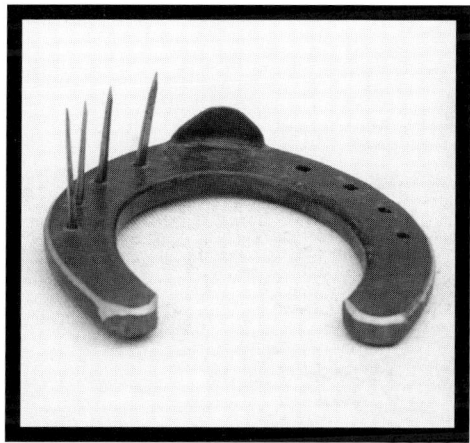

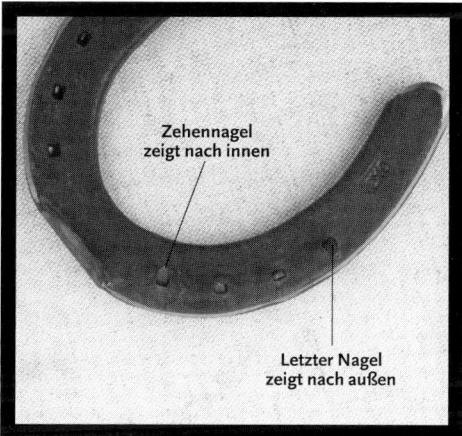

Zehennagel
zeigt nach innen

Letzter Nagel
zeigt nach außen

Ist der Verlauf der vorgefertigten Nagelkanäle im Eisen (oder Kunststoff) nicht den Vorgaben des Hufes entsprechend, so zwingt der Nagelkanal den Nagel zu einer bestimmten Austrittsstelle an der Hornwand oder der Nagel verbiegt sich. Auf die richtige Lochung ist deshalb bei jedem Beschlag, egal aus welchem Material, dringend zu achten. Auf diesen Bildern ist zu sehen, dass der Zehennagel entsprechend dem Verlauf der Hornwand in seiner Lochung nach innen zeigt, der zweite Nagel hat weniger Tendenz nach innen und der dritte steht senkrecht zum Eisen. Sollte der vierte Trachtennagel verwendet werden müssen, so sieht die Lochung den Verlauf des Nagels nach außen vor.

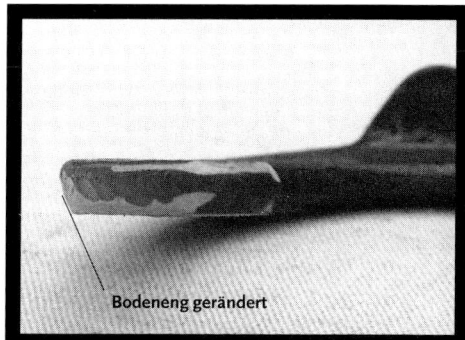

Bodeneng geändert

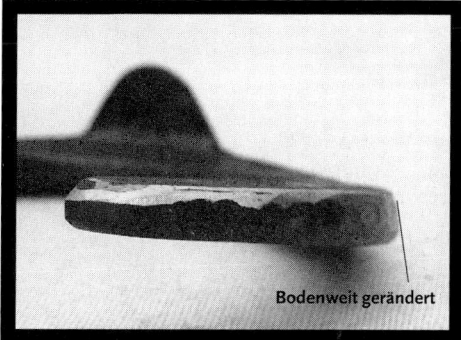

Bodenweit geändert

Hufeisen mit bodeneng geändertem Schenkel (korrektiver Beschlag) – die Schenkelkante ist nach innen abgeschrägt.

Hufeisen mit leicht bodenweit geändertem Schenkel (korrektiver Beschlag) – die Schenkelkante ist nach außen abgeschrägt.

EISEN & CO.
Die Hufschutzvarianten

Um sich einen besseren Überblick über die Vielzahl der am Markt befindlichen Produkte zu verschaffen und ihre Eigenheiten zu verstehen und zuordnen zu können, macht es zunächst Sinn, eine Aufteilung in Gruppen vorzunehmen.

Das Hauptkriterium zur Unterscheidung der einzelnen Hufschutzvarianten ist die jeweilige Befestigungsart – und hier besteht erstens die Frage, ob der Hufschutz genagelt wird oder nicht. Welch große Rolle die Hufnägel spielen, haben wir ja schon gesehen. Die nächste wichtige Unterkategorie richtet sich nach dem verwendeten Material: Ist der genagelte Hufschutz starr oder flexibel? Auch dieser Unterschied ist zur Bewertung der Funktion eines Hufschutzes zentral.

Unter der Kategorie „nicht genagelt" müssen wir noch zwischen den Varianten „permanent" (bleibt immer am Huf) und „nicht permanent" (wird nach Gebrauch abgenommen) unterscheiden.

Die Eigenschaften der Einzelprodukte innerhalb einer Kategorie sind grundsätzlich sehr ähnlich, da doch diese Beschläge oder Produkte auf dem gleichen Grundprinzip beruhen. Unterschiede bestehen eher in Details, wie der genauen Zusammensetzung des verwendeten Materials (bei verschiedenen Kunststofftypen) oder der Gestaltung von Einzelheiten, wie z. B. dem Muster des Antirutschprofils.

Welchem Produkt innerhalb einer Kategorie man letzten Endes den Vorzug gibt, ist oft eine Frage des persönlichen Geschmackes, der jeweiligen Verfügbarkeit oder der von den einzelnen Herstellern angebotenen Größen (nicht alle Beschläge gibt es sowohl in Shetty- als auch in Kaltblutgröße!). Alle hier vorgestellten Produkte sind auf dem deutschsprachigen Markt erhältlich und haben sich im praktischen Einsatz bewährt. Natürlich gibt es weltweit noch wesentlich mehr Alternativbeschläge, als hier vorgestellt werden können; wir haben uns auf die hier gängigen beschränkt.

Wichtig sind letzten Endes nur die Eigenschaften der Produkte einer Kategorie an sich – und die Kriterien, die bei der Auswahl eines Hufschutzes aus einer Kategorie berücksichtigt werden müssen. Darauf wird im folgenden Kapitel ausführlich eingegangen.

Ordnen wir deshalb zunächst einmal die wichtigsten derzeit auf dem deutschsprachigen Markt verfügbaren Produkte in die oben dargestellten einzelnen Kategorien ein und orientieren uns, was es eigentlich so alles gibt.

GENAGELTER HUFSCHUTZ – STARR

▶ Aus einem Werkstoff

HUFEISEN

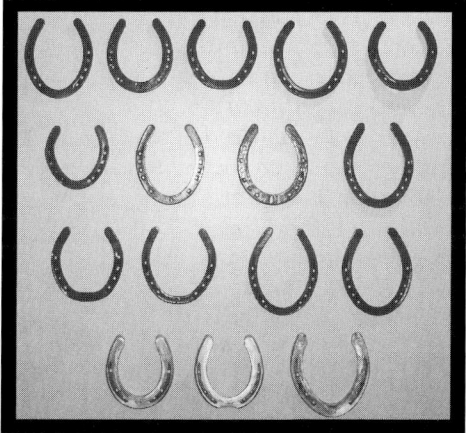

Herkunft
Europa, 5. Jahrhundert.

Verwendetes Material
Schmiedestahl, St 37.

Eigenschaften
Siehe ab Seite 73.

Zehenrichtung vorgegeben
Wird angeschmiedet bzw. angebogen.

Aufzüge
In der Regel vorne einer, hinten zwei Aufzüge; können aber je nach Bedarf angeschmiedet bzw. angebogen werden.

Unterscheidung vordere/hintere Beschläge
Ja, wird durch Schmieden angepasst.

Evtl. erhältliche Varianten
Mehrere hundert verschiedene Formen, Dicken und Profilierungen für jeden Einsatzzweck.

Gleitschutz anbringbar
Unbeschränkt. Schraubstollen, Steckstollen oder Griffe möglich.

Verarbeitung/Anpassung
Verformung heiß oder kalt auf dem Amboss. Befestigung durch Nageln in vorgegebene Nagellöcher.

Bezugsquelle Hufbeschlagsfachhandel.

ALUBESCHLAG

Herkunft
Trabrennsport, USA 20. Jahrhundert.

Verwendetes Material
Aluminium 99,9 %.

Eigenschaften
Siehe ab Seite 77.

Zehenrichtung vorgegeben
Ja, oder wird angeschmiedet bzw. angebogen.

Aufzüge
In der Regel vorne einer, hinten zwei Aufzüge; können aber je nach Bedarf
angeschmiedet bzw. angebogen werden.

Unterscheidung vordere/hintere Beschläge
Ja.

Erhältliche Größen
Standardgrößen Vollblut und Warmblut. Sehr kleine und sehr große Größen fallen aus.

Evtl. erhältliche Varianten
Aluminium mit Knetlegierungen. Verschiedene Profilierungen und Formen.

Gleitschutz anbringbar
Bedingt. Hartmetallgriffe im Zehenfalz und Trachtenbereich.

Verarbeitung/Anpassung
Verformung kalt oder heiß auf dem Amboss.
Befestigung durch Nageln in vorgegebene Nagellöcher wie beim Hufeisen.

Bezugsquelle
Hufbeschlagsfachhandel.

BESCHLÄGE AUS TEMPERGUSS

Herkunft
Vermutlich Deutschland vor ca.
100 Jahren.

Verwendetes Material
Temperguss (WTG und STG).

Eigenschaften
Siehe ab Seite 80.

Zehenrichtung vorgegeben
Verschieden, kann angeschmiedet und
angebogen werden.

Aufzüge
In der Regel vorne einer, hinten zwei Aufzüge; können aber je nach Bedarf
angeschmiedet bzw. angebogen werden.

Unterscheidung vordere/hintere Beschläge
Verschieden.

Erhältliche Größen
Alle.

Evtl. erhältliche Varianten
Verschiedene Formen, Größen, Dicken und Profilierungen.

Gleitschutz anbringbar
Ja, wie beim Hufeisen.

Verarbeitung/Anpassung
Heiß oder kalt wie Hufeisen auf dem Amboss. Befestigung durch Nageln
in vorgegebene Nagellöcher.

Bezugsquelle
Hufbeschlagsfachhandel.

▶ **Aus Verbundwerkstoff**

ÖLLÖV ORIGINAL

Herkunft
Schweden, Trabrennsport.

Verwendetes Material
Metallkern mit Gummimantel in Verbund-
bauweise. Eine speziell entwickelte
Gummimischung wird durch Aufvulkani-
sieren mit einer 5 mm dicken Metall-
schiene aus Alu oder Stahl verbunden.

Eigenschaften
Siehe ab Seite 81.

Zehenrichtung vorgegeben
Ja. Kann zusätzlich angefeilt werden.

Aufzüge
Ja. An den Vordereisen ein Aufzug, hinten zwei seitliche Aufzüge.

Unterscheidung vordere/hintere Beschläge Ja.

Evtl. erhältliche Varianten
Gummi mit Aluminiumschiene für Trab- und Galopprennsport (leichteres Gewicht);
Gummi mit Stahlschiene für den normalen Einsatz.

Gleitschutz anbringbar
Ja, Spezialstollen des Herstellers. Zusätzliche Profilierung durch Einschleifen oder
Einschneiden von Profilrillen in den Gummimantel möglich.

Verarbeitung/Anpassung
Verformung kalt auf dem Amboss oder mittels einer speziellen Biegevorrichtung.
Befestigung durch Nageln in vorgegebene Nagellöcher wie beim Hufeisen.

Bezugsquelle
Hersteller bzw. deutscher Vertrieb (s. Anhang), Hufbeschlagsfachhandel.

MUSTAD NAIL SHU

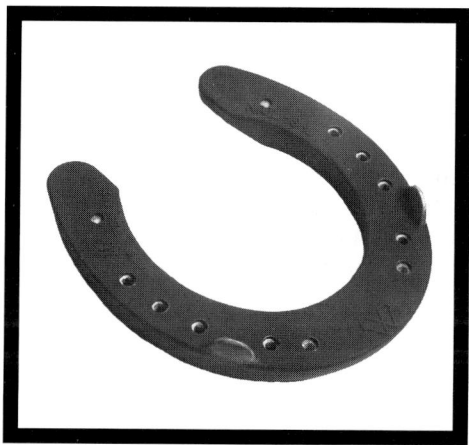

Herkunft
Entwickelt in der Schweiz ca. 1990 als stoßdämpfender Beschlag für Sport- und Freizeitpferde.

Verwendetes Material
Kern aus Aluminiumlegierung, eingegossen in Polyurethan-Kunststoffummantelung

Eigenschaften
Siehe ab Seite 81.

Zehenrichtung vorgegeben
Ja, minimal vorgegeben. Wird zusätzlich angeraspelt.

Aufzüge
Ja, jeweils zwei Aufzüge vorne und hinten.

Unterscheidung vordere/hintere Beschläge Ja.

Evtl. erhältliche Varianten/Zubehör
Kunststoffklebelaschen zum Anschweißen an den Beschlag, Spezialkleber, Schraubstollen.

Gleitschutz anbringbar
Ja, Schraubstollen des Herstellers.

Verarbeitung/Anpassung
Kalt auf dem Amboss und durch Beraspeln des Kunststoffs. Befestigung durch Nageln in vorgegebene Nagellöcher. Bei partiell beschädigten Hufwänden kann der Beschlag auch mittels spezieller Kunststofflaschen geklebt werden.

Bezugsquelle
Hufbeschlagsfachhandel und Hersteller (siehe Anhang).

▶ Genagelte Hufbeschläge, starr, aus Verbundwerkstoff

PRECO SYSTEM

Herkunft
Schweiz.

Verwendetes Material
Warm schmiedbares Basiseisen aus
C-15-Stahl mit lasergeschnittenen Nagel-
löchern und Ausfräsungen zur Aufnahme
der Lauffläche und eingesetzter, aus-
wechselbarer Laufsohle aus Polyurethan.
Laufsohle wird über Aussparungen und
punkteingeschweißte Edelstahlstifte
gehalten (Druckknopfsystem).

Eigenschaften
Siehe ab Seite 81.

Aufzüge Ja.

Zehenrichtung vorgegeben Ja.

Unterscheidung vordere/hintere Beschläge Ja.

Evtl. erhältliche Varianten
Verschiedene Laufsohlen, z. B. mit Stollen oder besonders weiche Sohle
für therapeutische Zwecke.

Gleitschutz anbringbar
Ja.

Verarbeitung/Anpassung
Warmes oder kaltes Aufrichten des Basiseisens wie beim traditionellen Hufeisen
(Basiseisen wiederverwendbar), Befestigung durch Hufnägel. Die Laufsohle wird mit
„Druckknopfsystem" eingesetzt und kann auch vom Reiter ausgetauscht werden.

Bezugsquelle
Hersteller (siehe Anhang).

HÄDEN STERNHUFEISEN

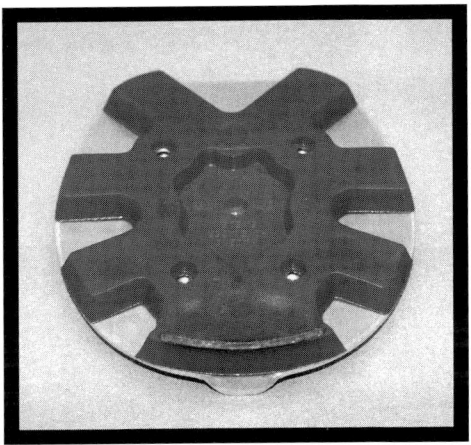

Herkunft
Schweden, Trabrennsport.

Verwendetes Material
Glatte Aluminiumplatte mit aufge-
schraubter sternförmiger Sohle aus
Polyurethan.

Eigenschaften
Siehe ab Seite 81.

Zehenrichtung vorgegeben
Nein.

Aufzüge
Nein.

Unterscheidung vordere/hintere Beschläge
Nein.

Evtl. erhältliche Varianten
Sohlen in verschieden dicken Ausführungen, spezielle Wintersohle.

Gleitschutz anbringbar
Nein. Spezielle Winterausführung mit Stollen erhältlich.

Verarbeitung/Anpassung
Zuschneiden der Aluminiumplatte, Nageln in vorzubohrende Löcher.

Bezugsquelle
Nur Hufbeschlagsfachhandel.

GENAGELTER HUFSCHUTZ – FLEXIBEL

HAFLEX

Herkunft
Deutschland, für Distanz- und Freizeitreiten entwickelt.

Verwendetes Material
Kunststoff (PU), transparent, relativ
weich.

Eigenschaften
Siehe ab Seite 84.

Zehenrichtung vorgegeben Ja.

Aufzüge
Ja, ein Aufzug am Vorderbeschlag, zwei hinten.

Unterscheidung vordere/hintere Beschläge
Ja.

Evtl. erhältliche Varianten
Zwei Härtegrade („normal" und „hart"), drei Ausführungen: „Standard" mit dehn-
barem Harmonikasteg und glatten Schenkelenden, „Sport" mit Stollengewinde,
„Spezial" mit starrem Steg und glatten Schenkelenden.

Gleitschutz anbringbar
In der Variante „Haflex Sport" mit Rundstollen, Bimatstollen mit Stahlkopf oder
Bimateisstollen mit Spike.

Verarbeitung/Anpassung
Durch Zurechtschneiden mit der Zange oder Beraspeln des Kunststoffes. Befestigung
durch Nageln in frei wählbarer Position. Der Hersteller empfiehlt spezielle Unterlegscheiben zur Befestigung der Nägel.

Bezugsquelle
Hersteller (siehe Anhang) oder Hufbeschlagsfachhandel.

TROTTERS

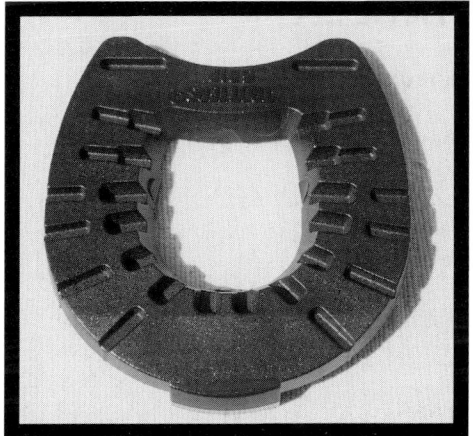

Herkunft
Deutschland, für Freizeit- und Wanderreiten entwickelt.

Verwendetes Material
Kunststoff (Polyurethan), schwarz.

Eigenschaften
Siehe ab Seite 84.

Zehenrichtung vorgegeben
Ja.

Aufzüge
Ja, je ein Aufzug vorne und hinten.

Unterscheidung vordere/hintere Beschläge
Nein.

Evtl. erhältliche Varianten
Trotters „Grip" (Abb.) mit Negativprofilierung (Profil bleibt auch bei Abnutzung des
Beschlages länger erhalten), Trotters „Standard" mit aufgesetztem Profil.

Gleitschutz anbringbar
Ja. Versenken von Spikes im Kunststoff.

Verarbeitung/Anpassung
Durch Zurechtschneiden mit der Zange oder Beraspeln des Kunststoffes. Befestigung
durch Nageln in frei wählbarer Position. Bei „Grip" Versenken der Nägel im Profil möglich.

Bezugsquelle
Hersteller (siehe Anhang) oder Hufbeschlagsfachhandel.

MARATHONS

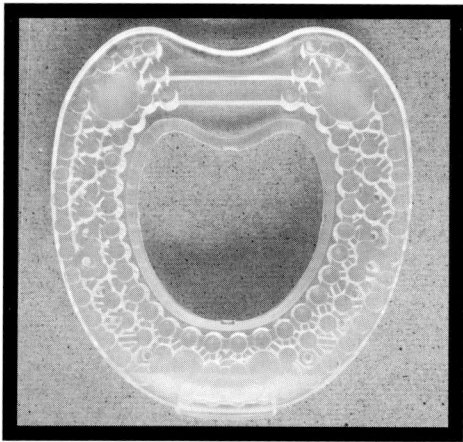

Herkunft
Deutschland, für Distanz- und Freizeitreiten entwickelt.

Verwendetes Material
Kunststoff (PU), transparent oder farbig.

Eigenschaften
Siehe ab Seite 84.

Zehenrichtung vorgegeben
Ja.

Aufzüge
Ja, jeweils einer.

Unterscheidung vordere/hintere Beschläge
Ja.

Evtl. erhältliche Varianten/Zubehör
Spezialwerkzeug zum Versenken der Nagelköpfe, Spikes, zusätzliche
Kunststoffkeile zur Stellungskorrektur.

Gleitschutz anbringbar
Ja, einpressbare Spikes.

Verarbeitung/Anpassung
Durch Zurechtschneiden mit der Zange oder Beraspeln des Kunststoffes.
Befestigung durch Nageln in frei wählbarer Position.

Bezugsquelle
Hersteller (s. Anhang) oder Hufbeschlagsfachhandel.

HIPPOTECH

Herkunft
Deutschland.

Verwendetes Material
Zwei miteinander verbundene Schichten aus verschiedenem Kunststoff, transparent. Hufzugewandte Seite härter, bodenzugewandte Seite weicher.

Eigenschaften
Siehe ab Seite 84.

Zehenrichtung vorgegeben
Ja.

Aufzüge
Ja, jeweils einer.

Unterscheidung vordere/hintere Beschläge
Ja.

Erhältliche Größen
110 –140 mm.

Evtl. erhältliche Varianten/Zubehör
Stollen.

Gleitschutz anbringbar
Ja, einpressbare Stollen.

Verarbeitung/Anpassung
Durch Zurechtschneiden mit der Zange oder Beraspeln des Kunststoffes. Befestigung durch Nageln in frei wählbarer Position.

Bezugsquelle
Hersteller (siehe Anhang) oder Hufbeschlagsfachhandel.

PANTHERS

Herkunft
Deutschland, für Freizeitreiten entwickelt.

Verwendetes Material
Kunststoff, transparent oder schwarz.

Eigenschaften
Siehe ab Seite 84.

Aufzüge
Ja, jeweils einer.

Zehenrichtung vorgegeben
Ja.

Unterscheidung vordere/hintere Beschläge
Ja.

Evtl. erhältliche Varianten/Zubehör
Zwei Härtegrade, „Standard" und „Soft" (weicher).

Gleitschutz anbringbar
Ja, einpressbare Spikes.

Verarbeitung/Anpassung
Durch Zurechtschneiden mit der Zange oder Beraspeln des Kunststoffes. Befestigung durch Nageln in frei wählbarer Position.

Bezugsquelle
Hersteller (siehe Anhang) oder Hufbeschlagsfachhandel.

LAFOS

Herkunft
Deutschland, für Distanz- und Freizeitreiten entwickelt.

Verwendetes Material
Einkomponentenkunststoff (PU), weiß.
Relativ hart.

Eigenschaften
Siehe ab Seite 84.

Zehenrichtung vorgegeben
Ja.

Aufzüge
Ja, jeweils einer. Der Aufzug ist leicht vorgesetzt.

Unterscheidung vordere/hintere Beschläge
Nein.

Evtl. erhältliche Varianten:
Keine.

Gleitschutz anbringbar
Zusätzliche Profilierung durch Einschleifen oder Einschneiden von Profilrillen in den
Kunststoff möglich. Stollen in den Kunststoff versenkbar.

Verarbeitung/Anpassung
Durch Zurechtschneiden mit Zange oder Stichsäge oder Beraspeln des Kunststoffes.
Befestigung durch Nageln in frei wählbarer Position.

Bezugsquelle
Nur beim Hersteller (siehe Anhang).

SAGIMEX *

Herkunft
In Frankreich vor ca. 30 Jahren für den Trabrennsport entwickelt.

Verwendetes Material
Kunststoff (Polyurethan), weißlich oder schwarz.

Eigenschaften
Siehe ab Seite 84.

Aufzüge
Ja, jeweils einer.

Zehenrichtung vorgegeben
Nein.

Unterscheidung vordere/hintere Beschläge
Nein.

Evtl. erhältliche Varianten Keine.

Gleitschutz anbringbar
Ja, einpressbare Spikes.

Verarbeitung/Anpassung
Durch Zurechtschneiden mit der Zange oder Beraspeln des Kunststoffes. Befestigung durch Nageln in frei wählbarer Position.

Bezugsquelle
Nur Hufbeschlagsfachhandel.

* Die Bezeichnung „Sagimex" ist eigentlich nicht korrekt, da der Beschlag in Frankreich unter dem Namen „Genia" hergestellt wird; er wird in Deutschland seit langem von der Firma Sagimex vertrieben und diese Bezeichnung hat sich für den Beschlag allgemein eingebürgert. Die „Sagimex-Platte" war der erste Kunststoffbeschlag auf dem deutschen Markt und für viele heutige Beschläge der Prototyp.

FINN TACK

Herkunft
Finnland, Trabrennsport.

Verwendetes Material
Kunststoff (Polyurethan).

Eigenschaften
Siehe ab Seite 84.

Zehenrichtung vorgegeben
Nein.

Aufzüge
Ja, jeweils einer.

Unterscheidung vordere/hintere Beschläge
Nein.

Evtl. erhältliche Varianten/Zubehör
Verschiedene Ausführungen, z. B. mit Stollen, geschlossene oder offene Sohle, Mittelsteg.

Gleitschutz anbringbar
Ja.

Verarbeitung/Anpassung
Durch Zurechtschneiden mit der Zange oder Beraspeln des Kunststoffes. Befestigung durch Nageln in frei wählbarer Position.

Bezugsquelle
Nur Hufbeschlagsfachhandel.

PP PLAST (PP COMBI)

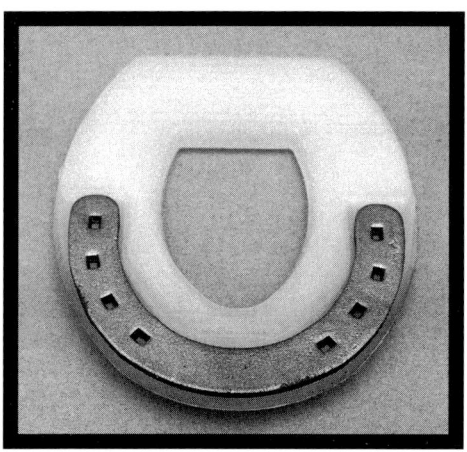

Herkunft
Dänemark, ursprünglich aus dem Trabrennsport.

Verwendetes Material
Kunststoffsohle aus Polyurethan mit
aufgesetztem halbmondförmigem
Aluminiumeisen im Zehenteil.

Eigenschaften
Siehe ab Seite 91.

Aufzüge
Ja.

Zehenrichtung vorgegeben
Nein.

Unterscheidung vordere/hintere Beschläge
Nein.

Evtl. erhältliche Varianten
Mit verdickten Schenkeln.

Gleitschutz anbringbar
Bedingt.

Verarbeitung/Anpassung
Befestigung durch Nageln in vorgegebene Nagellöcher im Metallteil.

Bezugsquelle
Hufbeschlagsfachhandel.

HIPPOFLEX

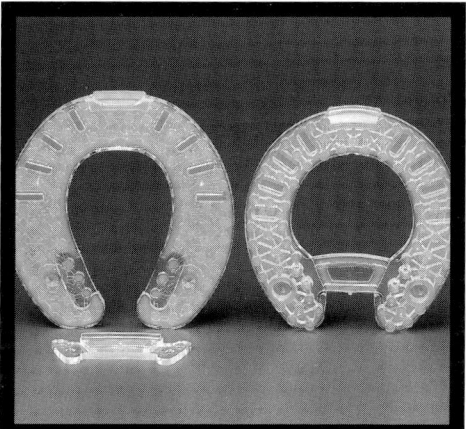

Herkunft
Deutschland.

Verwendetes Material
Kunststoff (Polyurethan), transparent,
relativ hart.

Eigenschaften
Siehe ab Seite 84.

Zehenrichtung vorgegeben
Ja.

Unterscheidung vordere/hintere Beschläge
Ja.

Besonderheiten
Die Stege sind in verschiedenen Größen erhältlich und innerhalb der einzelnen Be-
schlagsgrößen austauschbar, sodass ein kleiner Beschlag mit einem breiten Steg
hinten erweitert werden kann bzw. ein großer enger wird. Vorteil: Anpassungsmög-
lichkeit an verschiedene Hufgrößen, für den Schmied interessant vom Aspekt der
Lagerhaltung her.

Gleitschutz anbringbar
Ja. Versenken von Spikes im Kunststoff.

Verarbeitung/Anpassung
Durch Zurechtschneiden mit der Zange oder Beraspeln des Kunststoffes.
Befestigung durch Nageln in frei wählbarer Position.

Bezugsquelle
Hersteller (siehe Anhang).

NICHT GENAGELTER HUFSCHUTZ – PERMANENT, GEKLEBT

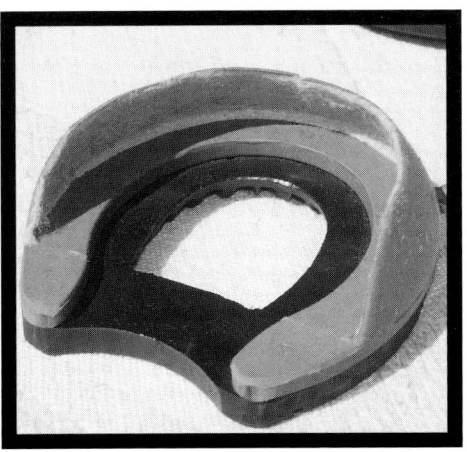

DALLMER CUFF

Herkunft
Deutschland, ursprünglich zum Einsatz in der Huforthopädie geplant, dann Weiterentwicklung zum Normalbeschlag.

Verwendetes Material
Hufschuh aus Polyurethan, auf dessen Bodenfläche ein formgebendes Profilhufeisen aus Stahl oder Aluminium aufgeschraubt wird. Auch Aufschrauben eines Kunststoffbeschlages möglich. Zweikomponentenkleber.

Eigenschaften Siehe ab Seite 98.

Zehenrichtung vorgegeben Ja.

Aufzüge
Fällt weg. Der Kragen des Schuhs umschließt den Tragrand und einen Teil der Hufwand.

Unterscheidung vordere/hintere Beschläge Nein.

Evtl. erhältliche Varianten/Zubehör
Dallmer Cuff Typ CK mit um 2 Grad erhöhter Schuhsohle zur Korrektur von Flachhufen. Diverse Keilplatten zum Anschrauben für den orthopädischen Einsatz (Trachtenerhöhung), spezielle Sohlenplatte mit Mulde zum Einsatz bei Hufrehe.

Gleitschutz anbringbar Ja, verschiedene Schraubstollen wie beim Hufeisen.

Verarbeitung/Anpassung
Formgebung durch Anpassung der Eiseneinlage an den Huf, dann Einschrauben des Eisens in den Kunststoffschuh und Befestigung am Huf durch Kleben mit Spezialkleber. Weitere Anpassung durch Beschneiden des Kunststoffschuhs möglich. Das Profileisen kann ausgetauscht werden, ohne die Beklebung vom Huf zu entfernen.

Bezugsquelle Hersteller (siehe Anhang).

DALLMER HUFSCHUH

Herkunft
Deutschland, ursprünglich für den orthopädischen Einsatz entwickelt.

Verwendetes Material
Hufschuh aus Polyurethan, in dessen
Bodenfläche zur Erhöhung der Stabilität
eine T-förmige Stahleinlage eingelegt
wird. Zweikomponentenkleber.

Eigenschaften
Siehe ab Seite 98.

Zehenrichtung vorgegeben
Ja.

Aufzüge
Fällt weg. Der Kragen des Schuhes umschließt Tragrand und einen Teil der Hufwand.

Unterscheidung vordere/hintere Beschläge
Ja.

Evtl. erhältliche Varianten
Keine.

Gleitschutz anbringbar
Ja, verschiedene Schraubstollen wie beim Hufeisen.

Verarbeitung/Anpassung
Formgebung durch Biegen des Stahlbügels entsprechend der weißen Linie. Der fertige
Stahlbügel wird mit einer Zange in eine Rille in der Tragefläche des Schuhs gedrückt.
Weitere Anpassung durch Beschneiden/Beraspeln des Kunststoffes. Befestigung am
Huf durch Kleben mit Spezialkleber.

Bezugsquelle
Hersteller (siehe Anhang).

HORSETEC SIGAFOOS I

Herkunft
Entwickelt ursprünglich in den USA für Sport (Springen, Rennen etc.) und Therapie.

Verwendetes Material
Sandwich-Klebesystem aus Aluminium-lauffläche (leichtes Aluprofileisen), 6 mm Dämpfungsschicht aus sehr nachgiebigem Polyurethan und hufseitig Spezialgewebe zur Verklebung am Huf. Kunsthornartiger Zweikomponenten-kleber.

Eigenschaften Siehe ab Seite 98.

Aufzüge
Fällt weg. Der Kunsthornkleber wird kragenartig um den Tragrand modelliert.

Zehenrichtung vorgegeben Ja.

Unterscheidung vordere/hintere Beschläge Nein.

Evtl. erhältliche Varianten/Zubehör
Sigafoos II für therapeutische Zwecke mit einer Lauffläche aus Polyurethan und verschiedenen auswechselbaren Laufplatten. Sigafoos Race für Trab- und Galopprennsport (Aufbau wie Sigafoos I, aber extrem leicht).

Gleitschutz anbringbar
Ja, Schraubstollen oder Spikes.

Verarbeitung/Anpassung
Kaltes Verformen des Aluminiumhufschutzes, Befestigung durch Verklebung mit Kunsthornkleber und Abdeckung mit Spezialschutzfolie. Aluminiumeisen, PU-Zwischenlage und Klebefläche sind werkseitig bereits fest miteinander verbunden.

Bezugsquelle Hersteller (s. Anhang).

IBEX ALL-TERRAIN GLUE-ON

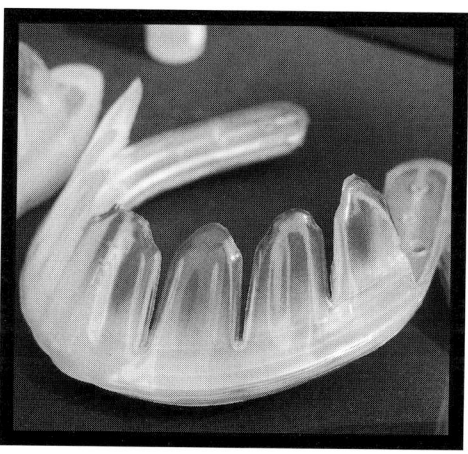

Herkunft
Entwickelt in Großbritannien.

Verwendetes Material
Kern aus legiertem Aluminiumhufeisen, in einen festen Mantel aus Kunststoff (Polymerverbindungen) im Spritzgussverfahren eingegossen. Sekundenkleber.

Eigenschaften
Siehe ab Seite 98.

Zehenrichtung vorgegeben
Ja.

Aufzüge
Fällt weg. Laschen und eine Zehenkappe.

Unterscheidung vordere/hintere Beschläge
Nein.

Evtl. erhältliche Varianten
POZI-TRAC (extrem leicht für den Einsatz im Galopprennsport).
WEDGE SHOE (erhöhte Trachten) für den orthopädischen Einsatz.
BABI CUFF (Fohlenschuh zur Stellungskorrektur).

Gleitschutz anbringbar
Ja, Karbidstollen. Einlagen zur Befestigung der Stollen sind an der Zehe und den Schenkelenden in den Aluminiumkern gepresst.

Verarbeitung/Anpassung
Formgebung durch Biegen des Aluminiumkerns oder Verformung auf dem Amboss. Die Kunststofflaschen können passend geschnitten werden und werden mit Spezialkleber an die Hufwand angeklebt. Zusätzliche Nagelung möglich.

Bezugsquelle
Hufbeschlagsfachhandel.

MUSTAD EASY GLU

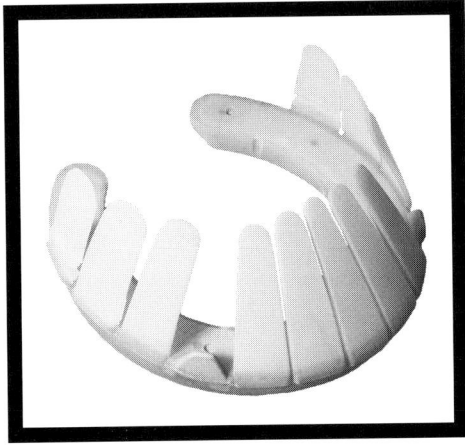

Herkunft: Entwickelt in der Schweiz 1985 als Alternative zum genagelten Hufeisen für Sport- und Freizeitpferde.

Verwendetes Material
Kern aus legiertem Aluminiumhufeisen in einem festen Mantel aus Polyurethan. Sekundenkleber.

Eigenschaften
Siehe ab Seite 98.

Zehenrichtung vorgegeben
Ja

Aufzüge
Fällt weg – flexible Laschen und eine Zehenkappe.

Unterscheidung vordere/hintere Beschläge
Nein.

Evtl. erhältliche Varianten
RACE GLU (extrem leicht für den Einsatz im Galopprennsport; keine Polyurethan-Ummantelung auf der Bodenfläche des Aluminiumeisens, sondern nur auf der hufzugewandten Seite).
GLU II (nur orthopädischer Einsatz).
Baby Glu (orthopädischer Einsatz bei Fohlen).

Gleitschutz anbringbar
Ja.

Verarbeitung/Anpassung
Formgebung durch Biegen des Aluminiumkerns oder Bearbeitung auf dem Amboss. Die flexiblen Kunststofflaschen können passend geschnitten werden und werden mit Spezialkleber an die Hufwand angeklebt.

Bezugsquelle
Hufbeschlagsfachhandel.

EINHORN VERBUNDHUFEISEN

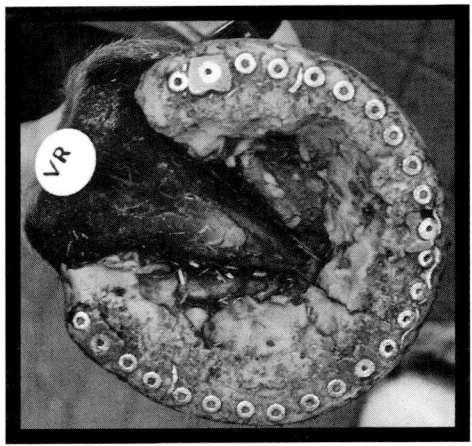

Herkunft
Deutschland, Umfeld der Huforthopädie.

Verwendetes Material
Kunsthorn (Duroplast) und Stützrahmen aus Kunststoff mit Stahlstollen. Das Kunsthorn ähnelt in der Zusammensetzung Knochenzementen aus der Humanmedizin.

Eigenschaften
Siehe ab Seite 98.

Zehenrichtung vorgegeben
Kann beliebig angearbeitet werden.

Aufzüge Fällt weg.

Unterscheidung vordere/hintere Beschläge
Der Beschlag wird individuell für jeden Huf geformt.

Evtl. erhältliche Varianten/Zubehör Keines.

Gleitschutz anbringbar: Nein.

Verarbeitung/Anpassung
Der Stützrahmen wird um den Huf herumgebogen und mit Schrauben sowie einem Drahtsteg provisorisch am Huf befestigt, danach werden vier elastische Befestigungsstreifen an den benötigten Stellen angebracht und mit Kleber an der Hufwand vorfixiert. Die eigentliche Befestigung erfolgt durch Ausspachteln aller Zwischenräume zwischen Huf und Stützrahmen mit dem Kunsthorn sowie Anspachteln eines ca. 3 cm hohen Randes an die Hufwand. Das Kunsthorn dringt in die Molekularstruktur des Hufhorns ein und verbindet sich mit diesem. Weitere Bearbeitung durch Beraspeln.

Bezugsquelle
Hersteller (siehe Anhang).

NICHT GENAGELTER HUFSCHUTZ – NICHT PERMANENT (HUFSCHUHE)

OLD MAC'S ALL-ZWECKHUFSCHUH

Herkunft
Australien.

Verwendetes Material
Sohle aus Thermo-Plastic-Urethane-Mischung (TPU), Schuh aus Du-Pont-Cordura-Gewebe (wasserdicht), Polsterungen aus Kombination von Nitrex-Schaumgummi und Leder.

Eigenschaften Siehe ab Seite 105.

Konstruktion
Einteiliger Hufschuh mit geschlossener, profilierter Sohle. Befestigung mit durch Metallösen geführten Gurtbändern und Klettverschlüssen.

Unterscheidung vordere/hintere Schuhe
Nein.

Evtl. erhältliche Varianten
Keine.

Gleitschutz anbringbar
Gleitschutzzubehör anderer Hufschuhhersteller (z. B. Easyboot) oder einpressbare Spikes für Kunststoffbeschläge.

Verarbeitung/Anpassung
Durch möglichst genaue Größenauswahl und Verstellen der Halterungsgurte.

Bezugsquelle
Deutscher Importeur (siehe Anhang).

SWISS HORSE BOOT

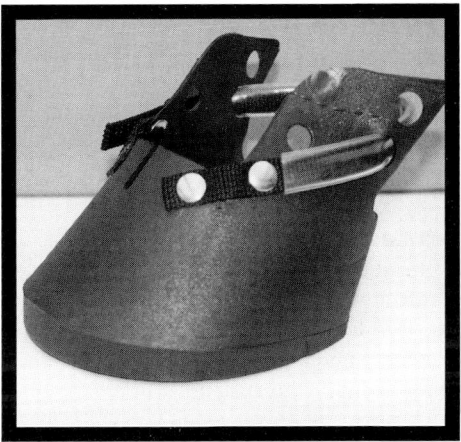

Herkunft
Schweiz.

Verwendetes Material
Polyurethan.

Eigenschaften
Siehe ab Seite 105.

Konstruktion
Einteiliger Hufschuh mit geschlossener, profilierter Sohle.

Unterscheidung vordere/hintere Schuhe
Nein.

Evtl. erhältliche Varianten/Zubehör
Halterungsriemchen, Einlegesohlen.

Gleitschutz anbringbar
Ja, Spezialstollen des Herstellers.

Verarbeitung/Anpassung
Hält durch Formschluss am Huf, Verformung durch Erwärmung mit Heißluft bzw. Beschneiden/Beraspeln des Kunststoffs. Weitere Möglichkeiten der Anpassung durch Verwendung von Einlagen oder Keilplatten.

Bezugsquelle
Hersteller (siehe Anhang), zum Teil im Reitsportfachhandel oder Versandhandel, Hufbeschlagsfachhandel.

EASYBOOT

Herkunft
USA.

Verwendetes Material
Polyurethan.

Eigenschaften
Siehe ab Seite 105.

Konstruktion
Einteiliger Hufschuh mit geschlossener, profilierter Sohle. Spannverschluss, Halterungsriemen um die Trachtenwand, Krallen an den Innenseiten zum Halt an der Hufwand.

Unterscheidung vordere/hintere Schuhe
Nein.

Evtl. erhältliche Varianten/Zubehör
Halterungsriemchen, Gleitschutzstollen, Ersatzteile, Einlegesohlen.

Gleitschutz anbringbar
Ja, Spezialstollen des Herstellers.

Verarbeitung/Anpassung
Verstellen des Halterungsriemens um die Trachtenwand, Verbiegen der Krallen, Regulierung des Spannverschlusses.

Bezugsquelle
Hersteller (siehe Anhang), zum Teil im Reitsportfachhandel oder Versandhandel.

EQUIBOOT

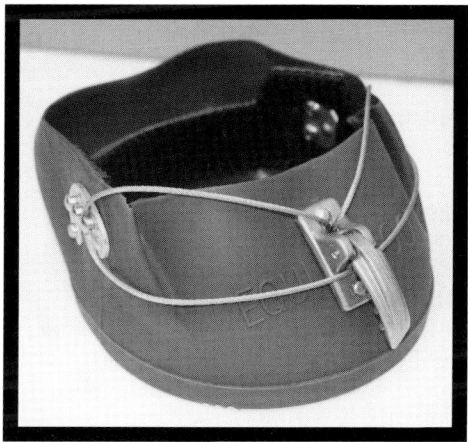

Herkunft
England.

Verwendetes Material
Polyurethan.

Eigenschaften
Siehe ab Seite 105.

Konstruktion
Einteiliger Hufschuh mit geschlossener, profilierter Sohle. Spannverschluss, gepolsterter Halterungsriemen um die Trachtenwand.

Unterscheidung vordere/hintere Schuhe
Nein.

Evtl. erhältliche Varianten/Zubehör
Zubehör von Easyboot kann verwendet werden.

Gleitschutz anbringbar
Ja, Spezialstollen.

Verarbeitung/Anpassung
Verstellen des Halterungsriemens um die Trachtenwand und Regulierung des Spannverschlusses.

Bezugsquelle
Hufbeschlagsfachhandel, zum Teil im Reitsportfachhandel oder Versandhandel.

BARRIER BOOT

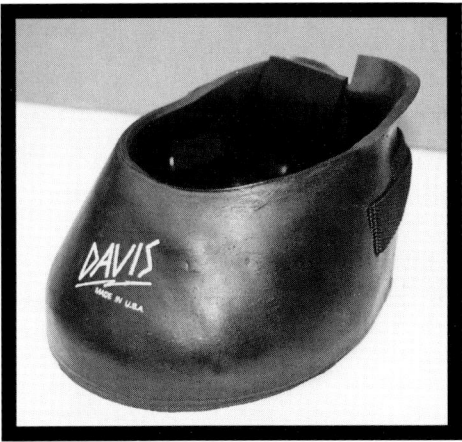

Herkunft
USA.

Verwendetes Material
Gummi.

Eigenschaften
Siehe ab Seite 105.

Konstruktion
Einteiliger Hufschuh mit geschlossener, profilierter Sohle. Hält durch Formschluss und Halterungsriemen.

Unterscheidung vordere/hintere Schuhe
Nein.

Evtl. erhältliche Varianten
Keine.

Gleitschutz anbringbar
Nein.

Verarbeitung/Anpassung
Verstellen des Halterungsriemens um die Trachtenwand. Formanpassung durch Einnieten von Lederplatten möglich.

Bezugsquelle
Hufbeschlagsfachhandel, zum Teil im Reitsportfachhandel oder Versandhandel.

DALLMER CLOG

Herkunft
Deutschland.

Verwendetes Material
Polyurethan.

Eigenschaften
Siehe ab Seite 105.

Konstruktion
Mehrteiliger Hufschuh mit offener, profilierter Sohle. Zwei Spannverschlüsse, Ballenhalterung.

Unterscheidung vordere/hintere Schuhe
Ja.

Evtl. erhältliche Varianten/Zubehör
Gleitschutzspikes, Einlegesohle gegen Aufstollen von Schnee, Trachtenkeile zum orthopädischen Einsatz, Ballenschoner, Ersatzteile.

Gleitschutz anbringbar
Ja, Spezialspikes des Herstellers.

Verarbeitung/Anpassung
Zuschneiden des Quersteges, Verstellen des Halterungsriemens, Regulierung der Spannverschlüsse, evtl. Verwendung von Keilplatten.

Bezugsquelle
Hersteller (siehe Anhang), zum Teil im Hufbeschlagsfachhandel.

MARQUIS SUPERGRIP

Herkunft
Deutschland.

Verwendetes Material
Polyurethan.

Eigenschaften
Siehe ab Seite 105.

Konstruktion
Mehrteiliger Hufschuh mit geschlossener, profilierter Sohle. Hält durch Spannver-schluss und aufblasbare Luftpolster um die Ballen.

Unterscheidung vordere/hintere Schuhe
Nein.

Evtl. erhältliche Varianten/Zubehör
Gleitschutzstollen, Ersatzteile (z. B. austauschbare Sohle, Zehenkappen, Luftventil etc.).

Gleitschutz anbringbar
Ja, Spezialstollen des Herstellers.

Verarbeitung/Anpassung
Genaue Auswahl der Schuhgröße erforderlich. Verstellmöglichkeiten durch Spannverschluss, Anpassung an den Huf durch das Luftpolster.

Bezugsquelle
Hersteller (siehe Anhang), zum Teil im Reitsportfachhandel oder Versandhandel.

DIE EIGENSCHAFTEN DER HUFSCHUTZVARIANTEN

Eisen gibt es in fast unendlicher Vielzahl an Formen, Größen, Dicken und Profilierungen.

Bevor wir im Einzelnen darauf eingehen, welcher Hufschutz unter welchen Umständen für welches Pferd geeignet sein könnte, ist es wichtig, sich über die grundlegenden Eigenschaften der einzelnen Hufschutztypen Klarheit zu verschaffen.
Wenn Sie nachher die Abschnitte über Haltung, Nutzung und Beurteilung des Pferdes studieren, werden Sie verstehen, warum eine Eigenschaft eines Hufschutzes, die bei einem bestimmten Pferd ein großer Vorteil ist, beim nächsten Pferd ein großer Nachteil sein kann.

HUFEISEN

Zum Beschlag mit Hufeisen ist vorab anzumerken, dass hier immer von einer fachgerechten Ausführung des Eisenbeschlages ausgegangen wird. Nachteile, die durch unsachgemäßes Beschlagen entstehen, sind nicht Schuld des Eisens an sich und nicht Thema dieses Buches.
Wir gehen davon aus, dass die wichtigsten Anforderungen an einen guten Eisenbeschlag, wie z. B. genügend weites und langes Legen des Eisens, exakte Anpassung, nicht zu langes Aufbrennen, richtiges Nageln etc., bekannt sind oder in einem der Standardwerke über den Hufbeschlag nachgelesen werden können.

 **Starre und Formbarkeit des Eisens**
Einer der größten Vorteile des Eisens (wahrscheinlich auch sein zentraler) ist die universelle Formbarkeit und die Möglichkeit der millimetergenauen Anpassung an den Huf durch exaktes Schmieden. Jedem Pferd kann so ein individuell genau passender Maßschuh angefertigt werden. Dies eröffnet nahezu unbegrenzte Einsatzmöglichkeiten für das Hufeisen im korrektiven Beschlag und in der Huforthopädie, z. B. durch Breiterschmieden eines oder beider Eisenschenkel, durch Abdachungen der Schenkel, durch Enger- oder Weiterlegen etc.

Die Starre und Stabilität des Materials ermöglichen es, die auf den Huf einwirkenden Kräfte gezielt umzulenken und so bestimmte Abschnitte des Hufes zu be- oder entlasten, also eine Lastverteilung zu erreichen. Diese Eigenschaft ist auch dann von Vorteil, wenn es gilt, bei extremen Belastungsanforderungen auf den Huf und den Bänderapparat einwirkende Kräfte, wie sie z. B. beim Springen auftreten, aufzufangen und umzulenken.

Die Starrheit des Materials bietet zusammen mit seiner Verformbarkeit die Möglichkeit, einen instabilen Huf (z. B. mit starken Zusammenhangstrennungen) zu stabilisieren, bis sich wieder gesundes Horn gebildet hat. Andererseits unterbindet das starre Material die natürliche Fähigkeit des Hufhornes, sich in geringem Maße auch in vertikaler Richtung zu verformen und sich so zugunsten einer Schonung der Gelenke an Reliefunebenheiten des Untergrundes etwas anzupassen.

Hufeisen gibt es in nahezu unendlicher Vielfalt von Größen, Dicken und Profilierungen, sodass für jedes Pferd, vom Shetty über den Vollblüter bis zum Shirehorse, der passende Beschlag gefunden werden kann.

▸ Das Aufbrennen

Das Aufbrennen des heißen Eisens auf den Huf ist dann von Nachteil, wenn es zu lange und stark ausgeführt wird und damit dem Huf zu viel Feuchtigkeit entzieht. Hufhorn besteht aus Eiweißmolekülen, die schon bei Temperaturen ab 42 Grad Celsius denaturieren. Da das Blättchenhorn der weißen Linie in größerem Maße als die anderen Hornbestandteile denaturiert, wächst die Gefahr für Zusammenhangstrennungen bei zu langem Aufbrennen, und es können lose Wände entstehen. Diese Hornveränderungen in der weißen Linie können auch eine Vergrößerung der Bakterienaufnahme, also erhöhte Fäulnisgefahr, mit sich bringen.

Ein fachgerechtes, kurzes Aufbrennen zeigt durch die Bräunung des Hornes ganz exakt an, ob das Eisen auch wirklich überall gleichmäßig aufliegt und wo die Nagellöcher sitzen, ist also ein hervorragendes Hilfsmittel zur Passkontrolle des Eisenbeschlages.

▸ Gewicht

Ein Hufeisen hat, abhängig von seiner Dicke und Profilierung, ein relativ hohes Gewicht. Ist das Eisen zu schwer, wirken vor allem bei schnelleren Gangarten sehr unvorteilhafte Fliehkräfte auf den Bewegungsapparat des Pferdes ein. Bei manchen Nutzungsformen dagegen, wie mitunter bei Gangpferden, wird erhöhtes Gewicht aber auch gezielt zur Erreichung bestimmter Bewegungsabläufe (z. B. eine erhabenere Aktion der Vorhand) eingesetzt.

Im Normalgebrauch sollte das Hufeisen so leicht wie möglich, aber auch so stabil wie nötig sein. Es wäre sinnlos, ein schweres Pferd mit leichten und dünnen Eisen zu beschlagen, wenn diese sich durch das Gewicht des Pferdes verbiegen oder so schnell abnützen würden, dass schon nach sehr kurzer Zeit ein neuer Beschlag nötig wäre und die Hufwand zu früh erneut durch Nägel beschädigt werden müsste. Eine regelrechte Zernagelung der Wand wäre die Folge.

▸ **Anbringung von Gleitschutz**
Das Hufeisen bietet alle Möglichkeiten zur Anbringung der verschiedensten Gleitschutzmöglichkeiten. Wenn der durch die Profilierung des Eisens gegebene Gleitschutz nicht ausreicht, können Steckstollen, Schraubstollen, Griffe oder Stifte angebracht werden. Bei bestimmten Nutzungsformen wie z. B. der Geländeprüfung in der Vielseitigkeit oder im Springsport ist ein guter Gleitschutz, der je nach Bodenverhältnissen ausgetauscht werden kann, unerlässlich. Manche Arbeiten, die wir von Pferden verlangen, werden überhaupt erst durch Eisen mit Gleitschutz möglich. Ein schwerer Kaltblüter, der Baumstämme aus dem Wald zieht, kann nur dann seine volle Zugleistung erbringen, wenn während des Abstemmens nach vorne Griffe an den Zehen seines Beschlages sicheren Halt geben.

▸ **Stoßdämpfung**
Das Eisen besitzt auf hartem Untergrund keinerlei stoßdämpfende Wirkung. Wissenschaftlich noch nicht endgültig geklärt sind die Auswirkungen des so genannten „Klirrfaktors" – man geht davon aus, dass die Eigenschwingungen des Eisens bei Laufen auf hartem Boden sich negativ auf den Bewegungsapparat auswirken. Man vermutet, dass Schwingungen ab einer Frequenz von etwa 800 Hertz zu losen und hohlen Wänden führen können. Auch gilt als wahrscheinlich, dass bei entsprechender Prädisposition des Pferdes (steil gewinkelte Gliedmaßen, kleine Hufe im Verhältnis zum Körpergewicht) eine Entzündung des Hufrollenkomplexes eine Auswirkung sein kann.

Diese Überlegungen sind aber nur dann von Interesse, wenn das Pferd häufig und in schnellen Gangarten über harte Untergründe bewegt wird. Beim Eisenbeschlag kann eine stoßdämpfende Wirkung durch die Verwendung spezieller Zwischeneinlagen realisiert werden. Diese Einlagen haben aber fast immer negativen Einfluss auf den Halt des Eisens am Huf und können dazu führen, dass einzelne Hufabschnitte zu stark belastet werden, was wiederum zur Entstehung von losen Wänden beiträgt.

▸ **Die Nägel**
Das relativ hohe Gewicht des Eisens macht eine Befestigung mit mindestens sechs bis acht Hufnägeln notwendig, die auch in der Größe dem Gewicht des Eisens entsprechen müssen. Je schwerer das Eisen, desto größer und dicker müssen die Nägel sein. Die nachteiligen Wirkungen der Befestigung mit Nägeln an sich wurden bereits erläutert.

AUF EINEN BLICK – HUFEISEN

Vorteile	Nachteile
Möglichkeit der exakten Anpassung durch Schmieden	Beschädigung der Hufwand durch relativ große und viele Nägel
Gezielte Kraftumlenkung und damit Be- oder Entlastung einzelner Huf- und Beinabschnitte möglich (Lastverteilung)	Keine Stoßdämpfung
Weite Einsatzmöglichkeiten in korrektivem und orthopädischem Beschlag	Verstärkter Trachtenabrieb
Verschiedene Arten von Gleitschutz sind problemlos anzubringen	Erhöhte Verletzungsgefahr
Billig	Keine Reliefanpassung des Hufes an den Untergrund möglich
Sehr gute Haltbarkeit	
In allen Größen, Dicken und Profilierungen erhältlich	

► **Verletzungsgefahr**

Ein mit Eisen beschlagener Pferdehuf ist quasi bewaffnet. Huftritte wirken sich dementsprechend wesentlich dramatischer aus als beim unbeschlagenen Pferd. Dies ist vor allem dann ein Kriterium, wenn Pferdehaltung in Gruppen betrieben wird. An den Hinterhufen beschlagene Pferde müssen mit Vorsicht in eine neue Pferdegruppe eingegliedert werden. Aber auch das Pferd selbst kann sich durch Kronen- oder Ballentritte mit Eisen stärker verletzen, z.B. wenn es etwas ungeschickt aufsteht.

► **Auswirkungen auf Hufform und Stellung über die Beschlagsperiode**

Wenn Sie das Kapitel über den Hufmechanismus aufmerksam gelesen haben, wird Ihnen klar sein, warum die Trachten auf einem glatten Hufeisen eine relativ starke seitliche Bewegung zeigen. Die Scheuerrinnen, die auf einem abgenommenen Eisen im Trachtenbereich deutlich zu sehen sind, machen dies anschaulich. Die Trachten reiben sich während dieser Bewegung auf dem Eisen relativ stark ab, sodass in der Regel der Huf über die Beschlagsperiode flacher wird, denn die Zehe ist ja vor Abrieb geschützt.

Beim Eisenbeschlag ist deshalb besonders aufmerksam zu kontrollieren, ob die Stellung vom Huf zum Fesselstand auch wirklich gleich bleibt und nicht durch zu lange Beschlagsintervalle zu spitz wird. Die von dem bekannten Hufschmied Fritz Rödder erhobene Forderung, die Schenkelenden der Eisen auf der hufzugewandten Seite seien aus diesem Grunde stets sehr glatt und sauber zu polieren, damit die Trachten möglichst wenig Reibungswiderstand erfahren, kann die Situation zwar etwas verbessern, das Problem aber nicht aus der Welt schaffen.

▶ Haltbarkeit

Die Haltbarkeit des Eisens ist sehr gut. Bei nicht allzu intensiver Nutzung des Pferdes auf hartem Geläuf können die Eisen häufig noch ein- bis zweimal umgelegt werden.

▶ Kosten

Das traditionelle Hufeisen ist nach wie vor die billigste Art des Hufschutzes. Die reinen Materialkosten liegen bei 2–3 DM pro Eisen bei Standardeisen, ein Preis, der von keinem anderen Produkt erreicht wird.

▶ Verarbeitungshinweise für den Schmied

Bekannt.

ALUBESCHLÄGE

▶ Starre und Formbarkeit

Hier gilt weitestgehend das bei Eisen Gesagte. Aluminium ist jedoch wesentlich schwieriger zu handhaben als Eisen, da die Schmiedetemperatur sehr exakt getroffen werden muss, um das Material bearbeiten zu können.

▶ Gewicht

Der größte Vorteil des Aluminiumbeschlages gegenüber dem Eisen ist sein sehr geringes Gewicht. Er ist deshalb vor allem dort erfolgreich einzusetzen, wo Pferde häufig in schnelleren Gangarten bewegt werden oder wo ein möglichst leichter Hufschutz sich vorteilhaft auf den Bewegungsablauf des Pferdes auswirken wird (siehe Seite 143 „Beurteilung des Pferdes"). Er findet breiten Einsatz im Trab- und Galopprennsport.

▶ Nägel

Das geringe Gewicht des Alubeschlages erlaubt eine Befestigung mit nur wenigen und sehr schlanken Nägeln. Meist reichen schon vier Nägel pro Huf aus.

▶ Stoßdämpfung

Wie Hufeisen.

▶ Anbringung von Gleitschutz

An Alubeschlägen können nur Hartmetallgriffe und -stifte angebracht werden. Schraubstollen sind nicht möglich, da die Weichheit des Materials einem Schraubgewinde nicht die nötige Haltbarkeit verleihen würde. Das Gewinde würde innerhalb kürzester Zeit verschleißen. Gleitschutz ist deshalb bei Alubeschlägen nur bedingt zu realisieren.

▶ Verletzungsgefahr

Wie Hufeisen.

AUF EINEN BLICK – ALUBESCHLÄGE

Vorteile	Nachteile
Sehr geringes Gewicht	Beschädigung der Hufwand durch Nägel
Kann individuell angepasst werden	Keine Stoßdämpfung
Weniger Nägel nötig als beim Eisen	Trachten können sich in den Beschlag einarbeiten, dadurch Blockierung des Hufmechanismus
In vielen Größen, Dicken und Profilierungen erhältlich	Verletzungsgefahr
Gleitschutz bedingt anbringbar	Keine Reliefanpassung des Hufes möglich
	Geringe Haltbarkeit

Hauptsächlich geeignet für	Nicht geeignet für
Einsatz auf weichen Böden, z. B. Dressur, Trabrennsport, Galopprennsport	Einsatz auf sehr abriebintensiven und harten Untergründen

▶ **Auswirkungen auf Hufform und Stellung über die Beschlagsperiode**

Da Aluminium ein sehr weiches Material ist, können sich die Trachten durch ihre seitliche Bewegung sehr stark in das Material hineinarbeiten. Sie graben sich regelrecht in eine Rille ein, was zur Folge hat, dass der Hufmechanismus vollkommen blockiert wird und das Pferd durch die Gratbildung auf dem Beschlag Schmerzen bekommt und eventuell sogar lahmt. Ein Aluminiumbeschlag darf deshalb keinesfalls zu lange am Huf bleiben.

▶ **Haltbarkeit**

Die Haltbarkeit von Alubeschlägen gegenüber Hufeisen und auch den meisten anderen Hufschutzformen ist schlecht. Durch die Weichheit des Materials sind die Beschläge oft schon nach kurzer Zeit an der Zehe durchgelaufen und brechen auseinander. Auch neuere Versuche, das Material durch Knetlegierungen haltbarer zu machen, brachten keine Verbesserung. Wenn das Pferd außerdem noch eine unregelmäßige Fußung aufweist, die einzelne Punkte des Beschlages einer höheren Belastung aussetzt, wird diese Problematik noch verstärkt. In begrenztem Maß kann dieser Tendenz durch die Verwendung von Zehengriffen aus Hartmetall entgegengewirkt werden.

Alubeschläge eignen sich deshalb vornehmlich bei Nutzung des Pferdes auf wenig abriebintensiven Untergründen, wie z. B. im Dressursport oder für den Einsatz im Galopp- und Trabrennsport. Hier werden häufig auch Aluminiumbeschläge mit angeschmiedeten Stollen verwendet, die nur für ein einziges Rennen zum Einsatz kommen und danach wieder abgenommen werden.

► Kosten
Alubeschläge sind im Materialeinkauf etwa doppelt so teuer wie herkömmliche Hufeisen.

► Verarbeitungshinweise für den Schmied
Alubeschläge sind genauso für die warme Bearbeitung geeignet wie Stahlhufeisen auch.

Das Problem ist die fehlende Farbveränderung beim Erhitzen von Beschlägen aus Aluminium. Die Überprüfung der Temperatur geschieht hier mit der so genannten „Spanprobe". Ein Holzspan wird über den Alubeschlag gezogen; wenn sich der Holzspan braun bis dunkelbraun verfärbt, hat der Beschlag die richtige Temperatur zur Warmverformung.

Auch Alubeschläge können heiß geschmiedet werden. Die Schmiedetemperatur lässt sich jedoch nicht, wie hier beim Eisen, an der Farbveränderung des Materials bestimmen.

Wird der Alubeschlag zu heiß, kann das innen befindliche Material schon verflüssigt sein, und nach dem Reißen der äußeren Oxidschicht zerfließt das flüssige Aluminium. Bei zu kaltem Alu oder der kompletten Kaltbearbeitung können sich Materialrisse bilden oder das Aluminium verspannt, was die Haltbarkeit des Hufbeschlages weiter reduziert.

Für das Aufnageln des Alubeschlages sind aufgrund des geringen Gewichtes dieses Leichtmetalls sehr kleine und dünne Nägel ausreichend. Durch den starken Verschleiß am Material wird öfter neu beschlagen werden müssen. Es ist darauf zu achten, dass deutlich niedriger als gewöhnlich genagelt wird, um den Huf durch die zu starke „Vernagelung" nicht mittelfristig zu schädigen. Einige Hersteller von Alueisen falzen den Beschlag für die Verwendung von VF-Nägeln, die dann nach dem Aufnageln ca. 2 mm hervorstehen. Bei vielen Alubeschlägen ist an der Zehe ein dünner Hartmetallsteg als Griff in den Falz eingelassen. Der

Überstand beträgt auch ca. 2 mm. Durch die Verwendung der VF-Nägel wird bei wenigen Schritten des mit Alu beschlagenen Pferdes auf hartem Boden eine Ebenheit des Beschlages hergestellt. Der Alubeschlag muss geringfügig kürzer gelegt werden als der Eisenbeschlag, da zu lange Schenkelenden verbiegen.

BESCHLÄGE AUS TEMPERGUSS

Einige Hufeisentypen, wie z. B. das Eiereisen oder Eggbar-Shoe, werden sehr häufig als Gusshufeisen geliefert, weil diese Art der Herstellung besonders für geschlossene Eisenvarianten einfacher ist. Es handelt sich hierbei um Temperguss. Grundsätzlich hat der Temperguss als Material für das Hufeisen einige Vorteile: Der Gusswerkstoff hat einen höheren Graphitanteil als der normale Hufeisenstahl. Dieses Graphit verleiht dem Werkstoff gute selbstschmierende Eigenschaften. Wenn die Schenkelbereiche des Gussrohlings, die werksseitig eine große Oberflächenrauheit haben, geglättet oder poliert werden, so entstehen beim Gusseisen kaum Scheuerspuren durch die Trachten. Das Trachtenhorn wird bei Verwendung dieses Eisentyps weniger mechanisch beansprucht als beim normalen Stahleisen. Da die Gussrohlinge oft durchgängig gefalzt sind, reichen einige zusätzliche Einkerbungen mit dem Falzhammer im Bereich der Nagelsitze, um ausreichenden Gleitschutz zu gewährleisten. Durch das bessere bzw. geringere Schwingungsverhalten des Materials (vergleiche Klangprobe Stahl: Heller, lang andauernder Klang – Guss: dumpfer, kurzer Ton) laufen viele Pferde mit Gusseisen auf harten Böden freier voran.

▶ **Verarbeitungshinweise für den Schmied** Temperguss ist schlecht schmiedbar, was die Bearbeitung des Rohlings recht müh-

AUF EINEN BLICK – TEMPERGUSS

Vorteile	Nachteile
Wie Eisen, aber zusätzlich:	Wie Eisen, aber zusätzlich:
Geringerer Abrieb der Trachten	Höherer Preis
Weniger Eigenschwingungsverhalten auf hartem Boden	Schlechter und schwieriger zu verarbeiten
	Geringere Haltbarkeit als Hufeisen

selig macht. Neben der Verformung des Eisens ist es nur mit sehr großer Mühe und nur sehr eingeschränkt möglich, das Eisen zu breiten. Auch bei der Abkühlung muss mit großer Vorsicht gearbeitet werden. Wer sichergehen will, kühlt das Eisen in mehreren Schritten ab und „klopft" es dann durch leichte Hammerschläge spannungsfrei. Schnelles Abkühlen führt zu Spannungen im Material und damit zur Gefahr des Reißens. Der Beschlag kann entweder sofort oder nach kurzer Zeit zerbrechen.

BESCHLÄGE AUS MATERIALKOMBINATIONEN

Wie das Hufeisen und der Alubeschlag sind auch diese Beschläge starr – mit allen daraus resultierenden Vor- und Nachteilen. Die Verformbarkeit ist allerdings gegenüber dem Eisen eingeschränkt, denn es ist z. B. nicht möglich, einen Schenkel breiter zu schmieden oder die Zehenkappen zu versetzen.

▶ Stoßdämpfung
Der große Unterschied dieser Beschläge gegenüber dem Eisen besteht in ihrer erhöhten Stoßdämpfung durch die Ummantelung des Metallkernes mit Gummi oder Polyurethan. Diese Eigenschaft ist hauptsächlich dann interessant, wenn ein erhöhter Einsatz des Pferdes auf harten Untergründen geplant ist oder wenn

Neben dem stoßdämpfenden Effekt sind Öllöv-Beschläge auch gut dazu geeignet, die Trachten wieder aufzubauen.

aus gesundheitlichen, d.h. orthopädischen, Gründen eine erhöhte Stoßdämpfung angezeigt ist. Viele Pferde, die auf harten Untergründen mit konventionellem Beschlag nur klamm und ungern laufen, zeigen mit dieser Art von Beschlag häufig wieder sehr viel schwungvollere Gänge.
Die Beschläge zeigen kein Eigenschwingungsverhalten, der „Klirrfaktor" des Eisens fällt weg.

▶ Gleitverhalten
Das Gleitverhalten dieser Beschläge auf Asphalt ist sehr gut. Sie geben ohne weitere Gleitschutzmaßnahmen guten Griff auf Untergründen wie Asphalt oder Beton, auch in höheren Gangarten.
Auf anderen Untergründen ist das Gleitverhalten ähnlich dem des Eisens. Aus eigener Erfahrung können wir berichten, dass die Beschläge mit Polyurethan-Ummantelung auf Untergründen wie z. B. nassem Gras wesentlich rutschiger sind als die mit Gummiummantelung. Generell

Stark stoßdämpfende Beschläge eignen sich sehr gut für Pferde, die viel auf Asphalt laufen müssen.

nicht. Im Bedarfsfall könnte zusätzlich ein Huf-Grip angebracht werden.

▸ Gewicht

Das Gewicht dieser Beschläge liegt bei den Normalausführungen etwas über dem eines Hufeisens. Zur Befestigung sind deshalb in der Regel genauso viele und große Hufnägel nötig wie beim Eisen.

▸ Verletzungsgefahr

Die Verletzungsgefahr durch Huftritte ist gegenüber dem Eisen herabgesetzt, was neben dem weicheren Material auch daran liegt, dass die Nagelköpfe komplett im Gummi- oder Kunststoffmantel versenkt werden.

▸ Haltbarkeit

Die Haltbarkeit dieser Beschläge ist eher mittelmäßig, aber natürlich auch von der Nutzung des Pferdes abhängig. Häufig lässt sich beobachten, dass schon nach zwei bis drei Wochen die Ummantelung am Zehenbereich verschlissen ist und der Metallkern zum Vorschein kommt. Die Funktionalität des Beschlages wird dadurch jedoch nicht beeinflusst. Bei normaler Fußung des Pferdes reicht er für eine Beschlagsperiode immer aus. Insbesondere die erste Generation der Öllöv-Beschläge hatte sehr mit zu starkem Materialverschleiß und auch Materialbrüchen zu kämpfen. Die neueren, überarbeiteten Beschläge genügen nun den Ansprüchen.

kann man sagen, dass die Rutschgefahr umso größer wird, je härter der verwendete Kunststoff ist.

An allen auf dem Markt befindlichen Produkten können zusätzliche Gleitschutzvorrichtungen angebracht werden. Zum Teil werden Ausführungen mit vorgefertigten Gewinden zur Aufnahme von Schraubstollen angeboten, zum Teil müssen diese Gewinde vom Schmied selbst an den vorgesehenen Stellen, die durch zusätzliche Metalleinlagen im Kern des Beschlages verstärkt sind, gebohrt werden. Die Haltbarkeit dieser Gewinde wird vom jeweiligen Gewicht des Pferdes und damit der einwirkenden Belastung begrenzt.

Um den Griff zu verbessern, kann zusätzlich ein Zackenprofil in den Gummi- oder Kunststoffmantel geschnitten oder geschliffen werden.

▸ Aufstollen von Schnee

Schnee stollt bei diesem Beschlagstypus generell weniger auf als bei Eisen, ganz auszuschließen ist die Gefahr jedoch

AUF EINEN BLICK – MATERIALKOMBINATIONEN

Vorteile	Nachteile
Sehr gute Stoßdämpfung	Beschädigung der Hornwand durch Befestigung mit Nägeln
Trachten werden geschont, Trachtenaufbau wird unterstützt	Mittlere Haltbarkeit
Guter Gleitschutz auf harten Untergründen	Relativ hohes Gewicht
Geringe Verletzungsgefahr	Keine Reliefanpassung des Hufes an den Untergrund möglich
	Relativ teuer

Eignet sich für	Eignet sich nicht für
Pferde, die viel auf hartem Boden laufen	Pferde mit sehr unregelmäßiger Fußung (zu schneller Verschleiß)
Pferde, die eine besondere Stoßdämpfung benötigen	Sehr schwere Pferde (Gefahr des Verbiegens)

▶ **Einfluss auf Hufform und Stellung**
Der Abrieb der Trachten ist geringer als auf Eisen, sodass die Trachten über die Beschlagsperiode geschont und nicht flacher werden. Mit diesen Beschlägen kann es auch gelingen, zu flache Trachten wieder aufzurichten.

▶ **Kombinierte Verwendbarkeit**
Beim Mustad Nail Shu ist hervorzuheben, dass er auch kombiniert nagel- und klebbar ist. Durch Anbringung von Klebelaschen

aus Kunststoff können diejenigen Wandabschnitte überbrückt werden, die nicht mehr nagelbar sind.

▶ **Kosten**
Die Materialkosten für diese Beschläge liegen etwa sechsmal höher als die für Eisen. In der Regel sind sie nur über eine Beschlagsperiode verwendbar.
Da die Verarbeitung und Anpassung für den Schmied auch aufwendiger ist als bei Eisen (Verformung nur kalt möglich, bei

Öllöv spezielle Biegevorrichtung ratsam, Huf muss sehr genau zubereitet werden), werden für einen Beschlag höhere Sätze verlangt als für Eisenbeschlag.

▸ **Verarbeitungshinweise für den Schmied**
Die Hersteller empfehlen für die Verformung des Beschlages die Anschaffung eines speziellen Biegegerätes. Nach unserer Erfahrung trifft das nur für den ungeübten Schmied zu. Diese Beschläge lassen sich mit gezielten Hammerschlägen auf dem Amboss wunderbar verformen. Beim Einsatz des Vierkanthorns wäre es ratsam, die hintere Kante ein wenig zu berunden, um die Beschädigung des ummantelnden Kunststoffs zu verhindern. Mit großer Aufmerksamkeit muss nach der Verformung der Beschlag wieder plan gemacht werden. Bei diesen Beschlägen ist die Überprüfung der Planheit ungewohnt und daher etwas schwieriger zu sehen. Auch das Planschmieden fällt durch das erhebliche Federn des Beschlages deutlich schwerer.

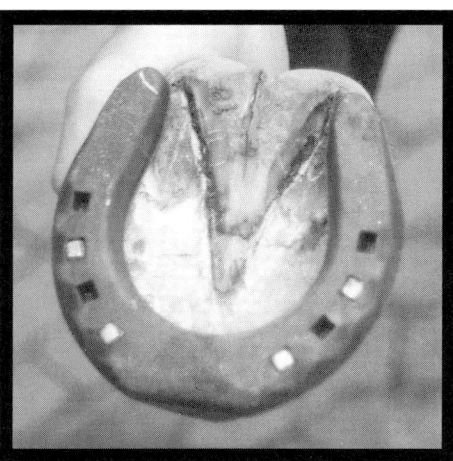

Dies ist der schwierigste Teil der Bearbeitung und verlangt einen geübten Umgang mit dem Hammer. Bei Verwendung des Biegegerätes ist das Planen genauso notwendig. Nicht haltende oder früh verloren gegangene Beschläge sind oft auf ein nicht planes Aufliegen des Beschlages zurückzuführen.

In den meisten Fällen muss die Hornwand zur Aufnahme der Zehenkappe(n) eingeschnitten werden. Mit einem passenden Nagel müssen die manchmal geschlossenen Nagelkanäle am Beschlag geöffnet werden und es gilt zu überprüfen, ob die Eintrittsstelle des Nagels in der richtigen Höhe der weißen Linie liegt. Hier passiert gern der Fehler, dass der Nagel in der Schutzschicht eingeschlagen wird!

Mittels eines passenden Senkers müssen die Hufnägel nach dem Nageln fest in dem Beschlag versenkt werden. Das Vernieten sollte mit einem eigens dafür gerichteten Clincher geschehen, der z. B. mit einem nagelkopfgroßen aufgeschweißten Metallstück versehen wird und beim Vernieten das Zurückweichen des Nagels aus der Versenkung verhindert.

KUNSTSTOFFBESCHLÄGE

▸ **Flexibilität**
Der augenscheinlichste Unterschied dieser Beschläge zum Hufeisen ist ihre Flexibilität. Sie birgt Vorteile, aber mitunter auch Nachteile.

Die Nägel müssen vollständig im Beschlag versenkt werden.

Zum einen ermöglicht sie in gewissem Maße die schon beschriebene Reliefanpassung des Hufes an den Untergrund. Daraus folgt auch, dass ein mit Kunststoff beschlagenes Pferd den Untergrund, auf dem es läuft, viel stärker spürt als ein mit Eisen beschlagenes Pferd. Teils ist dies gewünscht, weil das Pferd seinen natürlichen Tastsinn behält und sein Gangverhalten dem Untergrund besser anpasst, bei sehr unebenen Böden also von sich aus vorsichtiger und damit auch gelenkschonender läuft. Es wird also auch immer etwas „fühliger" laufen als ein eisenbeschlagenes Pferd. Wie hoch diese Fühligkeit ist, hängt sowohl von der individuellen Hufform als auch von der Hornqualität ab (siehe „Beurteilung des Pferdes"). Wirklich befriedigende Resultate sind in dieser Hinsicht mit Kunststoff nur bei solchen Pferden zu erzielen, die in der Regel auch barfuß gut zurechtkommen und nur zeitweise einen Hufschutz benötigen.

Bei Pferden, die jahrelang durchgehend mit Eisen beschlagen waren, lässt sich nach Abnahme der Eisen meistens eine erhöhte Fühligkeit feststellen. Wenn man versucht, solche Pferde unmittelbar von Eisen auf Kunststoff umzustellen, gibt es fast immer Probleme – das Pferd wird sehr fühlig laufen, mit gekräuselten Nüstern über jede Bodenunebenheit „eiern" und, was schlimmer ist, sich eventuell Quetschungen der Sohlenlederhaut zuziehen, wenn seine Hufsohle zu dünn und empfindlich war. Wenn von Eisen auf Kunststoff umgestellt werden soll, empfiehlt es sich deshalb, vorher eine „Barfußphase" zwischenzuschalten. Eine gute Möglichkeit wäre es, dem Pferd zum Winter hin die

Eisen abzunehmen, ihm in der weniger reitintensiven Zeit eine Beschlagspause zu gönnen und dann im Frühjahr neu mit Kunststoff zu beginnen.

Die Flexibilität des Beschlages ist beim gesunden Huf vorteilhaft, wirkt sich aber bei Hornproblemen wie schon bestehenden hohlen oder losen Wänden oder durchdringenden Hornspalten geradezu verheerend aus, da durch die Flexibilität des Materials und seine Eigenbewegungen (Rückfederung) unter Umständen noch mehr Bewegung in den Huf gebracht wird, als dies ganz ohne Beschlag der Fall wäre. Wann immer es solche Probleme zu korrigieren gilt, ist Kunststoff nicht der Beschlag der Wahl.

▸ Stoßdämpfung

Kunststoffbeschläge haben je nach Materialzusammensetzung eine mehr oder weniger starke stoßdämpfende Wirkung, laut einzelner Hersteller ist die Stoßdämpfung bis zu 90 % höher als bei Eisen. Manche Beschläge werden in verschiedenen Härtegraden angeboten, um verschiedenen Bodenverhältnissen Rechnung tragen zu können. Das A und O bei der Herstellung von Kunststoffbeschlägen ist die richtige Materialzusammensetzung. Ist der Kunststoff zu hart, wird der Beschlag auf hartem Boden sehr schnell zu rutschig, verliert einen Teil seiner stoßdämpfenden Wirkung, lässt sich nur noch sehr schwer verarbeiten oder bricht und splittert. Ist er zu weich, wird er leicht instabil, reibt sich zu schnell ab und kann auch zu einem für das Pferd sehr ermüdenden Laufen führen. Vielleicht haben Sie diese Erfahrung schon einmal an sich selbst gemacht, wenn Sie

Ihre weichen, für den Hallensport konzipierten Basketballschuhe zu einer Tageswanderung angezogen haben und sich spätestens bei Kilometer zehn sehnsüchtig an die guten alten, brettharten Stiefel aus Bundeswehrzeiten erinnert haben.

Uns persönlich gefallen in dieser Hinsicht die Trotters, Marathons und Haflex am besten, aber jeder soll selbst entscheiden, womit er am besten zurechtkommt. Die stoßdämpfende Wirkung ist dann von Vorteil, wenn viel auf harten Böden geritten wird. Natürlich bedeutet sie auch eine drastisch herabgesetzte Verletzungsgefahr durch Huftritte, wenn Pferde in Gruppen zusammen gehalten werden. Auch das Pferd selbst kann sich durch Greifen, Streichen oder Kronentritte nicht so stark verletzen.

▶ Gewicht

Ein Kunststoffbeschlag wiegt im Durchschnitt nur etwa ein Drittel eines normalen Hufeisens. Das geringe Gewicht wirkt sich vor allem dann segensreich aus, wenn Ausdauerleistungen vom Pferd gefordert werden (z. B. im Distanzsport), kann aber auch bei Bewegungsstörungen (s. Seite 141 „Beurteilung des Pferdes") sehr vorteilhaft sein. Die auf Sehnen, Gelenke und Bänder einwirkenden Fliehkräfte eines schweren Beschlages werden vor allem in schnelleren Gangarten sehr reduziert. Bei einem Pferd, das vorwiegend im Schritt gearbeitet wird, spielt das Gewicht des Hufschutzes hingegen ebenso wie die Stoßdämpfung keine so wichtige Rolle.

▶ Gleitverhalten

Das Gleitverhalten eines Kunststoffbeschlages ähnelt auf Asphalt dem eines unbeschlagenen Hufes. Das mitunter vorgebrachte Argument, Kunststoffbeschläge wirkten sich schädlich auf Sehnen, Bänder und Gelenke aus, weil die Fußungsreibung zu stark sei, die Bewegung des Pferdes also beim Auffußen zu stark gestoppt werde, ist nur eingeschränkt richtig. Manche Pferde, die lange mit glatten Eisen beschlagen waren und viel auf glatten Untergründen gearbeitet wurden, haben sich in der Tat einen etwas „rutschenden" Gang angewöhnt und zeigen eine dem Barhuf gegenüber deutlich verlängerte Gleitphase. Diese Pferde werden mit Kunststoff zunächst Umstellungsschwierigkeiten haben, da die Gleitphase nun je nach Zusammensetzung des Materials stark reduziert ist. Die Gleitphase ist auch beim unbeschlagenen Pferd messbar, fällt jedoch geringer aus als beim eisenbeschlagenen Pferd. Ideal wäre also ein Material, das das Gleitverhalten des Barhufes weder verstärkt noch verringert.

In tiefem Boden ist ein gewisser Gleitschutz nur so lange gewährleistet, wie sich das Bodenprofil nicht vollständig mit Schmutz zusetzt und so keine Wirkung mehr entfalten kann.

Vorsicht ist im Sommer auf kurzem, trockenem Gras geboten – hier bietet der Kunststoffbeschlag keinen ausreichenden Griff mehr und der Untergrund kann so rutschig werden wie Eis. Dieses Problem hat man jedoch auch mit glatten Eisen und mitunter sogar bei barhufigen Pferden.

An den meisten Kunststoffbeschlägen lassen sich kleine Spikes anbringen, die im Alltagsgebrauch den Gleitschutz erhöhen. Bei allen Anforderungen, die eine besondere Rutschsicherheit verlangen (z. B.

Auch an Kunststoff lassen sich kleine Spikes anbringen.

stoff beschlagen, an den Hinterhufen extreme Aufstollungen, an den Vorderhufen jedoch überhaupt keine. Seine Hinterhufe hatten im Gegensatz zu den Vorderhufen eine sehr enge Form, außerdem zeigte er altersbedingt (der Gute war zu diesem Zeitpunkt 28 Jahre alt) in der Hinterhand einen etwas steifen und schleifenden Gang, während er vorne noch recht schwungvoll trat.

Wenn Kunststoffbeschläge im Winter verwendet werden sollen, spricht nichts dagegen, wie beim Hufeisen ein Huf-Grip anzubringen, das das Aufstollen von Schnee wirkungsvoll verhindert.

Springen, Military, Jagdreiten ...), reicht dieser Gleitschutz jedoch nicht mehr aus. Die Spikes beeinträchtigen auch die Haltbarkeit des Beschlages und bewirken, dass das Pferd auf hartem Boden den Huf nur noch punktuell belastet. Durch die Flexibilität des Kunststoffes ist dieses Problem noch größer als beim Eisen, das durch seine Starrheit den Druck gleichmäßiger verteilt.

▶ Verhalten im Schnee

Viele Hersteller von Kunststoffbeschlägen werben damit, dass die gefürchtete Aufstollung von Schnee unter den Hufen mit ihren Produkten nicht mehr auftrete. Unserer Erfahrung nach ist diese Aussage sehr mit Vorsicht zu genießen! Auch mit Kunststoffbeschlägen lassen sich mitunter extreme Aufstollungen beobachten. Ob und wie stark der Schnee unter den Hufen aufstollt, hat unserer Erfahrung nach auch viel mit der Hufform und der Bewegung des einzelnen Pferdes zu tun. Unser Norweger zeigte im Winter, rundum mit Kunst-

▶ Auswirkungen auf Hufform und Stellung über die Beschlagsperiode

Auch auf einem Kunststoffbeschlag lassen sich nach der Abnahme deutliche „Scheuerrinnen" im Trachtenbereich erkennen wie beim Eisen, jedoch nutzen sich die Trachten auf dem weicheren Material weniger ab als auf einem Hufeisen, sodass der Huf über die Beschlagsperiode hin nicht flacher wird. Zu niedrige Trachten regenerieren sich deshalb auf Kunststoff häufig sehr gut.

Immer wieder wird der weitende Effekt der Kunststoffbeschläge auf den Huf beschrieben. Mitunter lässt sich beobachten, dass der Huf nach nur einer Beschlagsperiode mit Kunststoff eine ganze Eisengröße weiter geworden ist. Viele Hersteller begründen dieses Phänomen gerne mit dem verkaufsfördernden Argument, dass der Kunststoffbeschlag im Gegensatz zum

Eisenbeschlag eine freie Entfaltung des Hufmechanismus zulasse und der Huf deshalb wieder in seine natürliche Form zurückfinde. Dieses Argument hält aber leider einer Überprüfung nicht stand, denn zum einen beschränkt auch ein Kunststoffbeschlag den Hufmechanismus durch seine Befestigung mit Nägeln, zum anderen lässt sich auch bei jahrelangen Barfußgängern nach Kunststoffbeschlag eine in Abhängigkeit von Hufform und Hornqualität mehr oder weniger starke Weitung des Hufes beobachten.

Wie kann es dazu kommen? Die Erklärung liegt im so genannten „Tellerfedereffekt" des Kunststoffes. Durch die Bewegung der Trachten auf dem Beschlag und durch den am äußeren Tragrand stärker einwirkenden Druck wölbt sich der Beschlag in der Regel allmählich immer weiter nach innen, legt sich sozusagen etwas an die Wölbung der Sohle an. Dadurch entsteht eine Abschrägung der Auflagefläche nach außen – also eine ungewollte Abdachung, wie sie

im Eisenbeschlag mitunter gezielt zur Korrektur von Zwanghufen angewendet wird. Vereinfacht kann man sich vorstellen, dass die Trachten im Rahmen des Hufmechanismus auf dem Beschlag nach außen gleiten, aber, je mehr Abdachung dieser bekommt, nicht mehr „bergauf", gegen die Schräge, in ihre Ausgangslage zurückkommen. Als Resultat wird der Huf weiter, was mitunter gewünscht und vorteilhaft sein kann, bei sowieso schon zu weiten Hufen mit eventuell noch schlechter Hornqualität aber zum Problem wird. Auch hier kann es im Extremfall zu Zusammenhangstrennungen des Horns kommen. Sehr weite Hufe sind deshalb für einen Beschlag mit Kunststoff absolut ungeeignet.

► Auflagefläche

Die breite Auflagefläche der Kunststoffbeschläge birgt sowohl Vorteile als auch Nachteile.

Sicher ist es im Prinzip vorteilhaft, wenn größere Teile der Sohle mit zum Tragen herangezogen werden, da sich der Belastungsdruck so auf eine größere Fläche verteilt. Bei Pferden mit sehr dünnen und empfindlichen Sohlen kann die breite Auflage aber auch dazu führen, dass vor allem im Bereich der inneren Beschlagskante Quetschungen, eventuell sogar Lederhautentzündungen und Lahmheiten entstehen. Die Innenkante der Beschläge kann deshalb vorsorglich mit dem Hufmesser

Diesem abgenommenen Kunststoffbeschlag sieht man deutlich an, wie er sich verformt hat. Das Pferd, das ihn trug, hatte einen halbeng-halbweiten Huf.

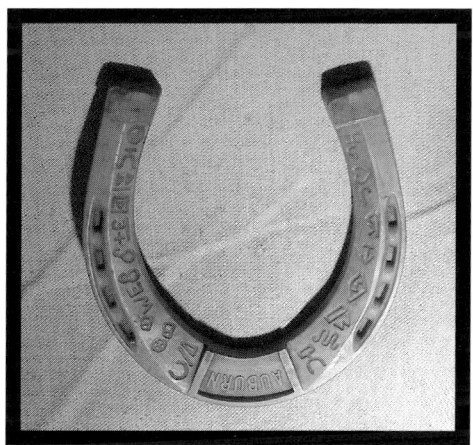

etwas entgratet werden, um in begrenztem Maße Abhilfe zu schaffen.

▸ Auswirkungen des hinteren Steges

Die geschlossene Form aller Kunststoffbeschläge und damit der hintere Steg sind zunächst einmal konstruktionsbedingt. Versuche mit offenen Kunststoffbeschlägen haben nicht zu befriedigenden Resultaten geführt.

Die Wirkung des Steges beim Kunststoffbeschlag darf auf keinen Fall mit der unterstützenden Wirkung eines hinteren Steges beim geschlossenen Eisen verwechselt werden, da das flexible Material nicht stabil genug ist, um eine Unterstützung z. B. der tiefen Beugesehne zu ermöglichen.

Der oft als vorteilhaft beschriebene Mittrageffekt des Strahles wird unserer Ansicht nach häufig falsch bewertet. Zum einen ist er nur auf sehr hartem Boden überhaupt relevant, denn beim Einsinken des Hufes in weichen Untergrund trägt der Strahl auch beim eisenbeschlagenen Huf mit wie beim unbeschlagenen Huf.

Nie durchgesetzt hat sich dieser etwas kuriose Versuch aus den USA, einen offenen Kunststoffbeschlag zu entwickeln.

Wenn der Strahl sehr stark entwickelt ist oder sogar über die Sohlenfläche herausragt, verursacht der Steg häufig Druckstellen, die zu einem nekrotischen Zerfall des Strahlgewebes führen. Abhilfe kann in begrenztem Maße durch ein Zuschneiden des Stegs (Abrunden) vor dem Beschlag geschaffen werden.

Der Steg erschwert das Sauberhalten des Hufes, da er zum Auskratzen etwas nach oben gebogen werden muss, um die äußeren Strahlfurchen zu erreichen. Mit etwas Übung ist dies kein größeres Problem, jedoch muss der Hygiene des Strahls bei dieser Art des Beschlages erhöhte Aufmerksamkeit geschenkt werden. Wenn schon Probleme in Richtung Strahlfäule bestehen, ist bei der Verwendung von Kunststoffbeschlägen Vorsicht geboten.

▸ Befestigung/Nagelung

Wegen ihres geringen Gewichtes können Kunststoffbeschläge mit weniger und auch mit kleineren Hufnägeln befestigt werden als Eisen. Sechs Nägel pro Huf reichen auf jeden Fall aus. Vom Standpunkt des besseren Funktionierens des Hufmechanismus und der Beschädigung der Hornwand her ist dies natürlich ein deutlicher Vorteil.

Es ist allerdings nicht richtig, dass der Hufmechanismus im Hinblick auf seitliche Bewegungen bei Kunststoffbeschlägen ungehindert funktionieren kann. Auch wenn das Material flexibel ist, kann der Beschlag diese Bewegung durch den hinteren Steg nicht mitmachen. Versuche mit hinten

Dieser Kunststoffbeschlag war vier Wochen am Huf eines freizeitmäßig im Gelände gerittenen Pferdes.

offenen Kunststoffbeschlägen brachten keine befriedigenden Resultate, da die nötige Stabilität verloren geht.

Durch die kalte Verarbeitung entfällt das austrocknende Aufbrennen, gleichzeitig bedeutet dies aber auch, dass der Huf vor dem Beschlag wesentlich exakter zubereitet werden muss als beim Heißbeschlag mit Eisen, damit eine plane Auflagefläche des Beschlages gewährleistet ist. Zu beachten ist, dass die Grundformen der einzelnen Beschläge von Hersteller zu Hersteller etwas variieren können, z. B. eher länglich, eher rund etc. Es ist daher auszuprobieren, welches Fabrikat beim jeweiligen Pferd am besten passt.

Im Zusammenhang mit der Nagelung ist anzumerken, dass bei extrem drehender Fußung (vor allem an der Hinterhand zu beobachten) des Pferdes die Nägel den seitlichen Scherkräften oft nicht standhalten und abscheren, da der Beschlag keine festen seitlichen Zehenkappen hat, die ihm bei einer Drehbewegung Stabilität verleihen würden. Er kann sich dadurch seitlich wegschieben.

▶ **Haltbarkeit**
Die Haltbarkeit der modernen Kunststoffbeschläge ist, regelmäßige Fußung des Pferdes vorausgesetzt, mit der von Eisen

Auch dieser einem Distanzpferd abgenommene Beschlag zeigt, dass die modernen Kunststoffe den Anforderungen an Abriebfestigkeit durchaus genügen.

zu vergleichen. Vom Standpunkt des Abriebes her könnten die meisten Beschläge sicherlich noch für eine zweite Beschlagsperiode verwendet werden, oft ist dies aber deshalb nicht möglich, weil der Beschlag sich zu stark verformt und nach innen gewölbt hat. Um eine plane Auflage sicherzustellen, ist deshalb in den meisten Fällen von einer Wiederverwen-

dung gebrauchter Kunststoffbeschläge abzuraten.

▶ Einsatz in der Huforthopädie

Der Einsatz von flexiblen, genagelten Beschlägen in der Huforthopädie ist begrenzt, da eine exakte Formgebung des Beschlages zum Zwecke der Unterstützung
oder Entlastung einzelner Hufabschnitte
nicht möglich ist. Zu korrektiven Zwecken
ist der Kunststoffbeschlag hauptsächlich
aufgrund seines geringen Gewichtes und
seiner stoßdämpfenden Eigenschaften interessant. Bei sehr niedrigen Trachten
kann mit Kunststoff oft eine Besserung erzielt werden, da der Trachtenabrieb über
die Beschlagsperiode reduziert ist. Auch
bei Tragrand- oder Trachtenzwang bringt
Kunststoff oft gute Ergebnisse, bedingt
auch bei untergeschobenen Trachten.
Die meisten Kunststoffbeschläge eignen
sich auch begrenzt zu einer kombinierten
Befestigung durch Nageln und Kleben mit
angeschweißten Kunststofflaschen.

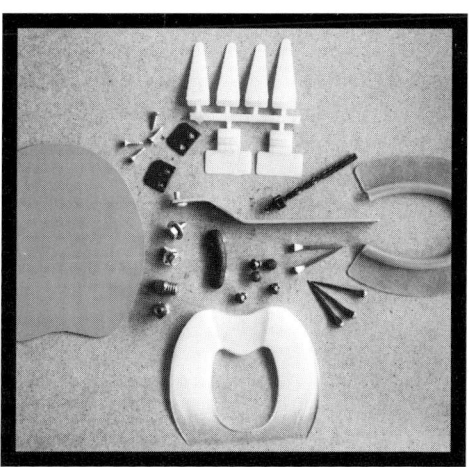

▶ Kosten

Die reinen Materialkosten für Kunststoffbeschläge liegen etwa viermal höher als
die für Standardeisen. Auch wenn das
Schmieden des Eisens wegfällt, bedeutet
das Beschlagen mit Kunststoff für den
Hufschmied keine Zeitersparnis, denn der
Huf muss vorher sehr exakt zubereitet
werden, damit eine plane Auflagefläche
gewährleistet ist. Das Nageln ist beim
Kunststoff etwas schwieriger als beim Eisen. In der Regel verlangen Schmiede für
einen Rundumbeschlag mit Kunststoff ein
um ca. 30–50% höheres Honorar als für
einfachen Eisenbeschlag.

SONDERFALL PP-PLAST COMBI-BESCHLAG

Dieser Beschlag ist teilweise flexibel und
teilweise starr, besteht aus Kunststoff und
Metall. Er lässt sich deshalb weder in die
Abteilung „Starre, genagelte Beschläge
aus Materialkombinationen" noch in die
Abteilung „Flexible, genagelte Beschläge"
eingruppieren.
Mit den reinen Kunststoffbeschlägen gemein hat er das geringe Gewicht, die Schonung der Trachten und die Möglichkeit
der Reliefanpassung im hinteren Bereich.
Durch das aufgesetzte halbe und sehr
leichte Aluminiumeisen hat er im Zehenbereich eine etwas höhere Stabilität als die

**Mittels Zubehör wie anschweißbaren
Klebelaschen oder Einlagen ist ein Einsatz
von Kunststoff auch in der Huforthopädie
begrenzt möglich.**

AUF EINEN BLICK – KUNSTSTOFFBESCHLÄGE

Vorteile	Nachteile
Reliefanpassung des Hufes möglich, Tastsinn des Pferdes für den Untergrund bleibt erhalten	Beschädigung der Hufwand durch Nägel
Gute Stoßdämpfung	Anbringung von Gleitschutzstollen nur begrenzt möglich
Geringes Gewicht	Umstellungsphase von Eisen zu Kunststoff notwendig
Keine Verletzungsgefahr	Steg kann sich nekrotisch auf den Strahl auswirken
Gleitverhalten ähnlich dem unbeschlagenen Huf	Möglichkeiten der Anpassung sind begrenzt
Kaum Trachtenabrieb	Bei schlechter Hornqualität evt. Zusammenhangstrennungen des Hufhorns
Nur wenige Nägel erforderlich	Teurer als Eisen
Kein Aufbrennen nötig	Gute Haltbarkeit

Eignet sich hauptsächlich für	Eignet sich nicht für
Pferde, die in der Regel auch gut barfuß zurechtkommen	Pferde mit weiten und weichen Hufen
Pferde, die nur einen zeitweiligen Hufschutz benötigen	Pferde mit hohlen/losen Wänden oder Hornspalten
Pferde, die hauptsächlich geradeaus geritten werden	Pferde mit generell schlechter Hornqualität
	Anforderungen, bei denen besonderer Gleitschutz notwendig ist

reinen Kunststoffbeschläge und oft in weichem Boden auch etwas besseren Griff. Da die Lage der Nagellöcher vorgegeben und kaum veränderbar ist, besteht erhöhte Gefahr des Vernagelns beim Anbringen! Negativ ist unserer Meinung nach zu bewerten, dass es schwer bis unmöglich ist, diesem Beschlag eine definierte Zehenrichtung zu geben. Vor allem für Pferde mit spitzen Hufen ist er deshalb ungeeignet.

▶ **Verarbeitungshinweise für den Schmied**
Die Arbeitsanleitungen für die Verarbeitung von Kunststoffbeschlägen unterscheiden sich teilweise von Hersteller zu Hersteller sehr deutlich. Dies ist meistens durch Unterschiede der Produkte zu erklären. Eines jedoch haben alle Kunststoffbeschläge gemeinsam: Die Kunststoffplatten sind nicht vorgelocht!
Bei vielen Hufschmieden, Huftechnikern, Huforthopäden, Hufpflegern und Besitzern von Pferden, die mit diesen Produkten umgehen, hat sich die gefährliche Praxis eingebürgert, nach dem Zurückschneiden des Hufes und der Anpassung des Kunststoffbeschlages entweder nur die Löcher für die Zehennägel vorzubohren oder die rohe Platte auf den Huf zu bringen und anzunageln. Dazu wird der Nagel angesetzt und über ein Anheben der Platte per Augenmaß kontrolliert, ob die Ansatzstelle im Bereich der weißen Linie ist.
Einige Hersteller werben mit der Transparenz ihres Beschlages, die es ermöglicht, die weiße Linie durch den Beschlag erkennen zu können. Wer sich verleiten lässt, nun ohne vorzubohren den Nagel einzuschlagen, handelt GROB FAHRLÄSSIG, weil er:

▶ nur ungefähr die richtige Stelle des Nageleinschlags einschätzt und
▶ nicht weiß, ob und welche Verformung der Nagel beim Durchdringen des Kunststoffs erfährt!

Zumindest für Hufschmiede hat diese grob fahrlässige Arbeitsweise rechtliche Konsequenzen. Ich möchte die Hufschmiede, die als staatlich geprüfte Fachleute ihren Beruf ausüben, eindringlich daran erinnern, dass grob fahrlässige Arbeit bei möglichen Schäden Ihre alleinige Haftung bedeutet, da jede Versicherung die Regulierung des Schadens ablehnen wird. Weiterhin arbeiten Sie in diesem Falle nicht nach den Regeln der Kunst, denn durch die direkte Nagelung durch den Kunststoff verlieren Sie das Gefühl und das Gehör für den Lauf des Nagels entlang der Schutzschicht.
Es gibt einige mehr oder weniger gute Methoden, die Lage der Hufnagellöcher zu bestimmen. Zwei mir sinnvoll erscheinende Methoden will ich kurz beschreiben.

Erste Methode
Die weiße Linie wird mit einem dicken, gut abfärbenden Filzstift markiert. Der passende Beschlag wird auf den Huf gedrückt. Die markierte weiße Linie hat einen Abdruck auf dem Beschlag hinterlassen, auf dessen Linie nun die Löcher für die Hufnägel nach Bedarf verteilt und vorgebohrt werden können. Beim Aufnageln ist darauf zu achten, dass der Beschlag wieder an derselben Stelle zu liegen kommt wie bei der Markierung. Hierzu ist es hilfreich, bei der Markierung je ein Zeichen auf der Hufzehe und an der Kappe des Beschlages

Kunststoffbeschläge können auch mit Klebelaschen kombiniert werden, um nicht nagelbare Wandabschnitte zu überbrücken.

anzubringen, die nun wieder zur Deckung gebracht werden müssen. Vor dem Einschlagen der Nägel muss immer wieder überprüft werden, dass die Eindringstelle des Nagels im richtigen Bereich der weißen Linie liegt. Hierfür kann der flexible Beschlag leicht abgeklappt werden.

Zweite Methode
Zwei Reißzwecken werden an der Kopfstelle verlötet. Man platziert die Reißzwecke in der weißen Linie, an der Stelle, an der der Nagel im Huf eindringen soll. Der passende Beschlag wird nun auf den Huf gedrückt. Da die andere Seite der Reißzwecke nun im Kunststoff fester sitzt als die im Huf, zieht man in einem Arbeitsgang die Reißzwecken wieder ab. An der genau markierten Stelle wird nun das Loch gebohrt.

Zum Vorbohren: Auch hier besteht bei der Ausführung des Beschlages eine große Fehlerquelle. In meiner gutachterlichen Tätigkeit wurden mir mehrfach Kunststoffbeschläge vorgelegt, deren Fehler das falsche Vorbohren war. Der Hufschmied kennt den Begriff des Vernagelns auf dem Amboss. Hiermit ist zum einen gemeint, dass ein auf dem Amboss erstelltes Loch an der falschen Stelle sitzt und somit auch an der falschen Stelle in den Huf eingeschlagen wird, zum anderen ist aber auch der Winkel der Lochungen am Hufeisen gemeint. So wie beim Hufeisen ist auch für die Lochung des Kunststoffbeschlages diese fundamentale Regel des Hufbeschlages einzuhalten.
Die Lochung sollte dem Verlaufe der Hornwand entsprechen. Der Zehennagel zeigt also nach innen, der zweite Nagel etwas weniger und der dritte Nagel steht etwa senkrecht zum Beschlag.

Beim Kunststoffbeschlag ist das Vorbohren der Nagellöcher ein Muss!

Meiner Meinung nach ist es das Sinnvollste, als Schmied und Hufpfleger zunächst mehrere Kunststoffbeschläge auszuprobieren und dann bei demjenigen zu bleiben, mit dem man am besten zurechtkommt. Ich persönlich habe in puncto Verarbeitung den Trotters-Beschlag zu meinem persönlichen Favoriten erklärt – aber das ist Geschmackssache.

Auch das Ausschneiden des Hufes als Vorbereitung auf den Kunststoffbeschlag gestaltet sich etwas anders als die Vorarbeit zum Eisenbeschlag. Die Hufe werden gerichtet, als sollten sie danach unbeschlagen laufen. Man entfernt etwas weniger Horn und der Tragrand verbleibt etwas breiter. Nach den Bedürfnissen des Pferdes kann der Kunststoffbeschlag bodeneng oder bodenweit gerändert werden. Der Kunststoffbeschlag sollte etwas weiter gelegt werden, da sich der Beschlag meist der Sohle anlegt und somit nach wenigen Tagen enger wird. Bei einem Einsatz des Kunststoffbeschlages als korrektivem Beschlag ist zu beachten, dass Sie den Beschlag groß genug wählen, da mit einfachen Mitteln Material abgetragen werden kann, aber nicht hinzugefügt. Viele Kunststoffbeschläge sind mittels Heißluft schweißbar.

Hinweis: Verwenden Sie einen Industriefön mit stufenlos verstellbarer Temperatur. Verwenden Sie als Aufsatz einen am Luftaustritt flach gedrücktes Rohr. Wenn Sie die zu verschweißenden Kunststoffteile an den Flächen links und rechts vom Rohr erwärmen, warten Sie, bis der Kunststoff flüssig wird. Schieben sie die Kunststoffteile zusammen und warten mit ein wenig Druck, bis das Material etwas

Barhuf vor der Bearbeitung von vorne (enge Hufe). Vor allem das rechte Bein hat starke Verstellungen.

Der gleiche Huf von unten. Die Hornwand ist sehr lang, die linke Seite ist deutlich weiter als die rechte.

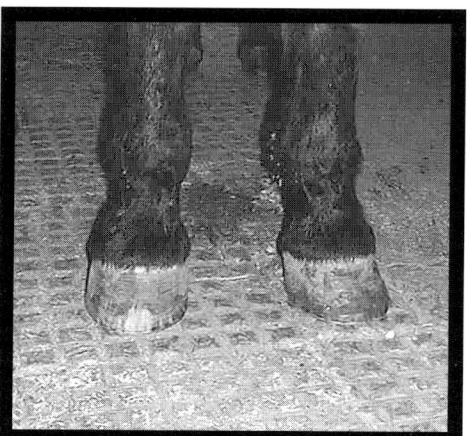

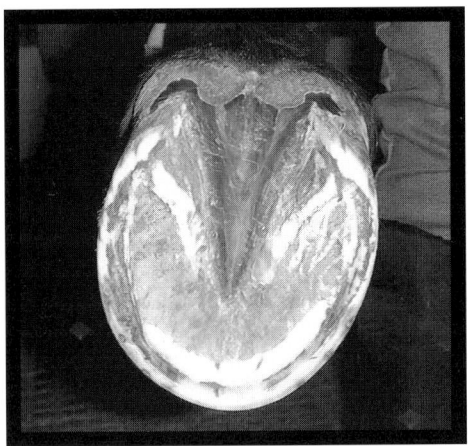

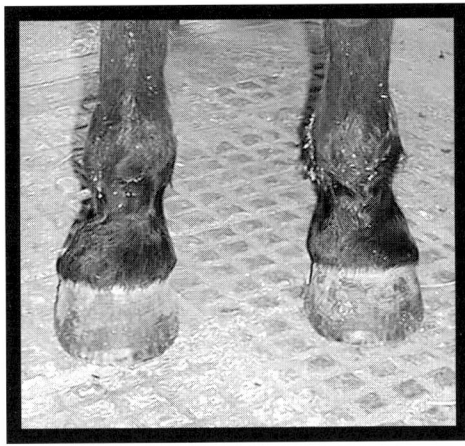

Nach der Bearbeitung zum Kunststoffbeschlag: Deutlich ist zu sehen, dass das
nachgewachsene Horn nur sehr sparsam
entfernt wurde. Bei dieser engen Hufform
wirkt der Kunststoffbeschlag vorteilhaft.

Ansicht von vorne nach der Bearbeitung.
Die Korrektur ist gelungen!

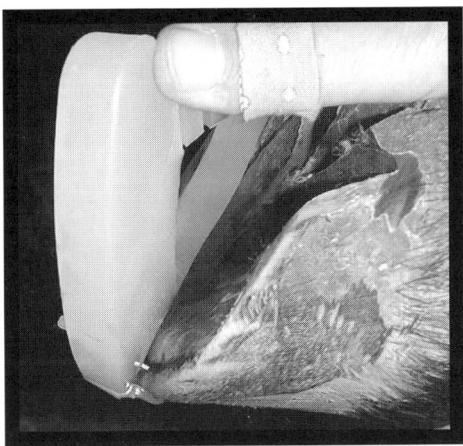

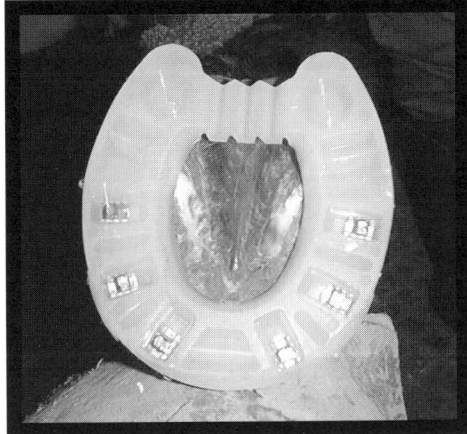

Wenn der Beschlag beim Aufnageln so
hochgebogen wird wie hier, kann sich der
bereits gesetzte Nagel verbiegen. Das
sollte vermieden werden.

Hier ist deutlich zu sehen, wie tief die
Nagelköpfe versenkt werden müssen.

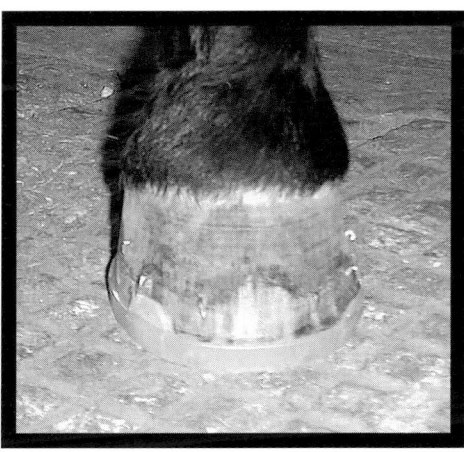

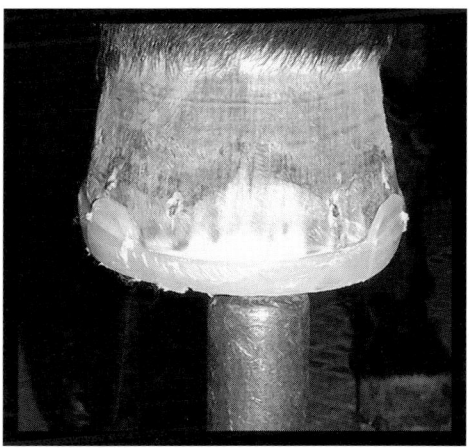

Nach dem Aufnageln von vorne. Die beiden hinteren Nägel sind, vor allem für
einen Kunststoffbeschlag, etwas zu hoch
geraten und zu weit hinten gesetzt.

Nach dem Vernieten auf dem Bock

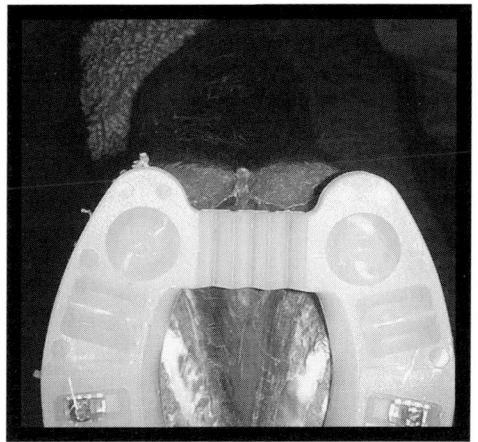

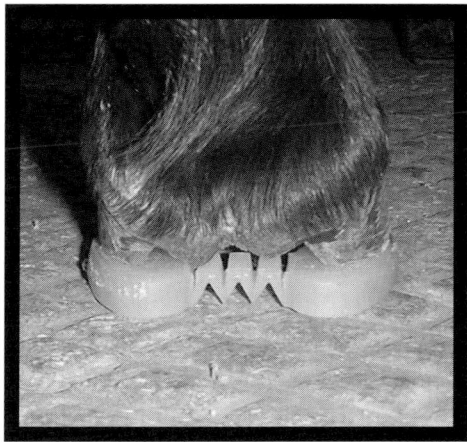

Fertiger Beschlag vorn im hinteren Teil

Fertiger Beschlag von hinten

Fertiger Beschlag bodenseitig

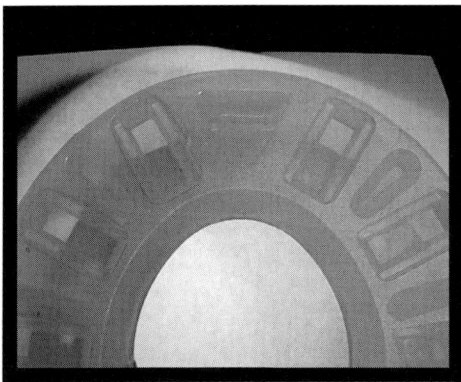

Extratipp für den Schmied: Eine Methode, die weiße Linie durch den etwas milchigen Beschlag besser sichtbar zu machen und so die Bohrlöcher besser platzieren zu können, ist das Erwärmen mit dem Heißluftföhn. Hier ist deutlich zu sehen, dass der linke, erwärmte Beschlagsschenkel viel transparenter geworden ist als der rechte, kalte. Zur Veranschaulichung wurde ein Hufeisen untergelegt.

abkühlt und wieder erstarrt. Die Kunststoffe dürfen nicht braun werden.

Mit den verwendeten Klebern von den Firmen Mustad oder Ibex können Sie eventuell schlecht oder nicht mehr nagelbare Stellen mit angeschweißten Laschen an den Huf kleben.

GEKLEBTE HUFSCHUHE

▶ **Befestigung**

Der größte Vorteil dieser Beschläge ist das völlige Wegfallen der nachteiligen Befestigung mit Nägeln. Die modernen Kleber sind inzwischen auch so ausgereift, dass ein guter Halt am Huf gewährleistet ist, richtige Verarbeitung natürlich vorausgesetzt. Dies prädestiniert sie zum Einsatz in Fällen wie dem auf S. 97 oben abgebildeten, wenn große Teile der Hornwand so beschädigt oder ganz weggefallen sind, dass eine Befestigung mit Nägeln nicht mehr in Frage kommt. Ein Klebeschuh kann einen derart beschädigten Huf wirkungsvoll schützen, bis wieder genügend gesundes Horn nachgewachsen ist.

Geradezu revolutioniert haben die modernen Klebebeschläge die Stellungskorrektur beim Fohlen. Mit ihnen wurde eine wirkungsvolle und schonende Möglichkeit gefunden, Probleme wie Fohlenbockhufe oder Durchtrittigkeit schon beim Saugfohlen effektiv zu korrigieren. Die Hersteller bieten verschiedene Produkte zur Behandlung der unterschiedlichen Stellungsprobleme an, die z.T. mit Keilplatten kombiniert werden können.

Bei solchen Schäden am Huf kommt nur noch Kleben in Frage.

Fohlenschuh zur Korrektur von Achsenfehlstellungen, Firma Dallmer

Alle Klebeschuhe haben einen entweder innenliegenden oder eingesetzten Metallkern, um ihnen die nötige Stabilität zu verleihen und eine millimetergenaue Anpassung an den Huf zu ermöglichen.

Der erste Klebeschuh, der sich auf dem Markt durchsetzen konnte, war der Dallmer Hufschuh mit innen liegender T-Schiene. Er entstand aus der Überlegung, einem Rehepferd Entlastung durch einen orthopädischen Hufschutz bieten zu können, ohne die Hufwand durch Nägel zu belasten. Vor allem seine Weiterentwicklung, der Dallmer Cuff, konnte sich aus dem rein orthopädischen Verwendungsfeld befreien und setzte sich mehr und mehr auch für den Alltagsgebrauch durch.

Die geniale Idee des Dallmer Cuff ist es, einen Kunststoffschuh anzukleben, in des-

sen Sohle dann je nach Bedarf, Verschleiß, Bodenverhältnissen etc. verschiedene Hufeisen aus Stahl oder Aluminium eingeschraubt werden können. Das beinhaltet auch die uneingeschränkte Möglichkeit, jeden gewünschten Gleitschutz anzubrin-

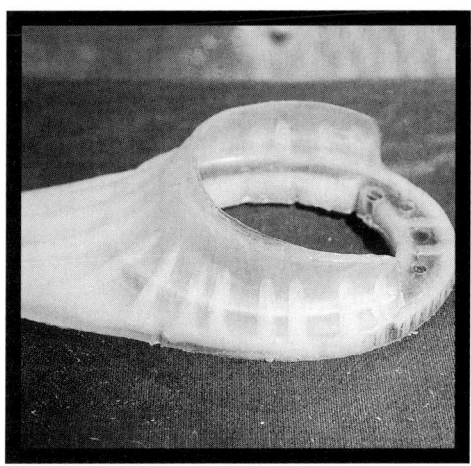

Klebeschuh zur Korrektur von Fohlenbockhufen, Firma Ibex

Speziell für den Galopprennsport gibt es Leichtgewichtvarianten der Klebeschuhe, wie hier den Mustad Race Glu.

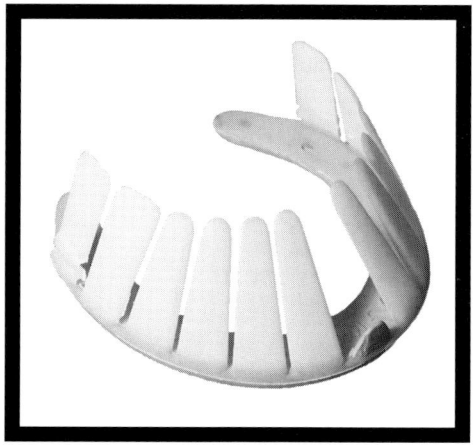

gen, was bei den anderen Produkten nur bedingt der Fall ist. Der Dallmer Cuff kann deshalb ohne Einschränkung sowohl im Freizeitbereich als auch im Spring- oder Vielseitigkeitssport eingesetzt werden.
Er kann auch unbegrenzt mit Zubehör für den orthopädischen Einsatz, z. B. Keilplatten oder Sohlenplatten mit Mulde zur Entlastung der Hufbeinspitze bei Hufrehe, kombiniert werden.

▶ Stoßdämpfung
Eine hohe Stoßdämpfung ist bei allen Beschlägen durch die Kunststoffkomponente gegeben. Die Eigenschaften des Mustad Easy Glu und des Ibex All Terrain Glue-On Shoe entsprechen bis auf die Nagelung in allen Punkten denen der starren, genagelten Beschläge aus Materialkombinationen wie Öllöv und Mustad Nail Shu.

▶ Gewicht
Die speziellen Leichtgewichtvarianten der Klebeschuhe kommen im Rennsport zum Einsatz. Besonders bei den oft sehr dünnwandigen und empfindlichen Hufen der Vollblüter wirkt es sich sehr vorteilhaft aus, wenn die Nägel weggelassen werden können. Das Gewicht der Standardausführungen ist in etwa gleich dem der starren, genagelten Beschläge aus Materialkombinationen, beim Dallmer Cuff ist es abhängig vom verwendeten Eisen.

▶ Kosten/Aufwand
Im Grunde wären die Klebeschuhe für sehr viele Pferde und sehr viele Nutzungsanforderungen als ideal anzusehen. Der Hauptgrund dafür, dass sie sich nicht als Alltagshufschutz durchsetzen können, liegt in den hohen Kosten und der aufwendigen Verarbeitung. Der Preis für eine Rundum-Beklebung liegt ohne weiteres bei 400 bis 500 DM. Außer dem Dallmer Cuff, dessen

Dallmer Cuff mit Sohlenplatte

Lauffläche ja beliebig ersetzt werden kann, sind die Produkte auch nicht wiederverwendbar, da der Materialverschleiß ihre Haltbarkeit auf eine Beschlags-(Bekleb-) periode begrenzt. Ein dermaßen hoher Preis wird eigentlich nur im Spitzensport oder bei zeitweisen orthopädischen Problemen in Kauf genommen.

Die Verarbeitung der Klebeschuhe muss erlernt werden und ist nicht ganz einfach. Unabdingbare Voraussetzung zum Anbringen eines Klebeschuhs ist zum einen ein sehr sauberer, trockener Arbeitsplatz, zum anderen ein nicht zu feuchter und seit mindestens zwei Wochen nicht mehr gefetteter Huf. Zu bedenken ist auch, dass das Pferd eine viel längere Zeit stillstehen muss als beim gewohnten Beschlag. Mit einem nervösen, zappeligen Pferd, womöglich noch auf einer unruhigen Stallgasse, auf der Kinder, Hunde und Hühner herumlaufen, wird eine Beklebung nicht gelingen.

▶ **Haltbarkeit**

Wie bereits erwähnt, liegt die Verschleißfestigkeit der Lauffläche mit Ausnahme des Dallmer Cuff bei etwa einer Beschlagsperiode. Sie hängt auch von der Zusammensetzung des verwendeten Kunststoffes (Polyurethan-Ummantelung) ab und kann zwischen den einzelnen Produkten variieren, diesbezüglich kann ich jedoch nicht aus eigenen Erfahrungen berichten. Die Haltbarkeit der Beklebung an sich ist auch eine Frage des verwendeten Klebstoffes. Meiner eigenen Erfahrung nach ist der

Ein Klebeschuh lässt sich nur unter optimalen Arbeitsbedingungen erfolgreich anbringen.

bei den Dallmer-Produkten verwendete Zweikomponentenkleber etwas besser geeignet als der von Mustad oder Ibex verwendete Sekundenkleber. Die filzartige Innenbeschichtung der Dallmer Schuhe trägt dazu bei, dass der Kleber besser daran haftet als auf reinem Kunststoff. Diese gute Haftung kann aber auch zur Gefahr werden, wenn ein Klebeschuh abgetreten wird – große Teile der Hornwand könnten mit abreißen. Es empfiehlt sich deshalb insbesondere bei Schuhen, die die ganze Hornwand fest umschließen (wie Dallmer Cuff), bei der Verarbeitung eine Sollbruchstelle anzubringen.

Die angeklebten Lippen des Mustad- oder Ibex-Schuhs lösen sich schneller und leichter vom Huf. Hier ist allerdings von Vorteil, dass der Pferdebesitzer relativ leicht einzelne Laschen wieder nachkleben kann, sollten sie sich vorzeitig lösen. Selbst wenn ein oder zwei Laschen sich lösen, ist der Halt des Schuhs noch nicht sofort gefährdet.

Hier wurde ein durchgehender Hornspalt bei einem Distanzpferd mittels eines Einhorn-Verbundhufschuhs fixiert.

Voraussetzung zur Verwendung aller Klebeschuhe ist es, dass der Pferdebesitzer bereit und in der Lage ist, den Zustand der Beklebung regelmäßig und genau zu beobachten und eventuell auszubessern. Natürlich ist die Haltbarkeit auch sehr herabgesetzt, wenn die Haltungsbedingungen tiefe und nasse Böden bieten. Das Horn ist dann ständig feucht und der Kleber hält schlecht. Unter solchen Voraussetzungen ist von Klebeschuhen abzuraten.

▸ **Auswirkungen auf den Hufmechanismus**

Eine Reliefanpassung des Hufes an den Untergrund ist bei diesen Beschlägen logischerweise ebenfalls nicht möglich, da sie ja aus starrem Material bestehen (bei der Verwendung eines flexiblen Materials würde der Klebstoff der Belastung nicht standhalten).

Was aber die seitlichen Ausdehnungsmöglichkeiten betrifft, hat die Firma Dallmer vor einigen Jahren eigens eine Studie zur Frage der Einengung durch geklebte Hufschuhe bei der Rhein-Ruhr-Universität in Bochum in Auftrag gegeben. Vergleichend wurde der Hufmechanismus bei eisenbeschlagenen und bei beklebten Hufen gemessen, mit dem Ergebnis, dass der Hufmechanismus durch die Beklebung weniger beeinträchtigt wurde als durch den Beschlag mit Nägeln. Auch fallen bei einer flächigen Beklebung die Spannungsspitzen weg, die Hufnägel in der Hornwand verursachen.

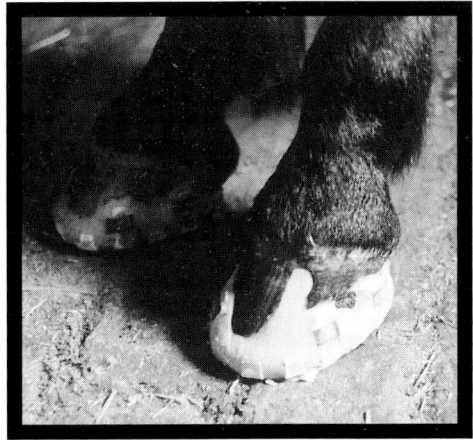

▸ **Einhorn-Verbundhufeisen**

Hier handelt es sich eigentlich nicht um einen Klebebeschlag im üblichen Sinne, sondern um den Aufbau eines Hufschuhes aus Kunsthorn direkt am Huf.

Das verwendete Kunsthorn ähnelt in der Zusammensetzung den in der Humanmedizin verwendeten Knochenzementen. Es verbindet sich sehr innig mit dem Naturhorn des Hufes und ist deshalb auch geeignet, kleinere Zusammenhangstrennungen des Hufhorns aufzufüllen und zu stabilisieren, wie Aufnahmen mit dem Rasterelektronenmikroskop zeigten. Nach der Aushärtung kann das Kunsthorn mit Hufraspel und Hauklinge bearbeitet werden. Seine Gleit- und stoßdämpfenden Eigenschaften entsprechen weitestgehend denen des Naturhornes. Auch der Hufmechanismus wird kaum beeinflusst.

Ein besonderer Gleitschutz ist nicht anbringbar, die Haltbarkeit ist eingeschränkt und liegt auf abriebintensiven Untergründen bei etwa vier Wochen. Da die Anbringung des Verbundhufeisens sehr teuer

AUF EINEN BLICK – GEKLEBTE HUFSCHUHE

Vorteile	Nachteile
Keine Beschädigung durch Hufnägel	Sehr teuer
Nahezu unbegrenzte Einsatzmöglichkeiten in der Huforthopädie, auch beim Fohlen	Sehr aufwendig in der Verarbeitung
Erlaubt mehr Hufmechanismus als genagelte Beschläge	Mittlere Haltbarkeit
Gleitschutz gut anbringbar (variiert aber von Produkt zu Produkt)	Verlangt Mitarbeit des Pferdebesitzers
Gute bis sehr gute Stoßdämpfung	

Hauptsächlich geeignet für	Nicht geeignet für
Orthopädischen Einsatz bei Hornverlusten, Hufrehe, Hornspalten, Korrektur von Fohlenhufen etc.	Durch Haltungs- und Witterungseinflüsse zu feucht (weich) gewordene Hufe; Hufe, die eingefettet wurden

und sehr aufwendig ist und klinische Umgebungsbedingungen erfordert, bleibt der Einsatz auf therapeutische Maßnahmen, vor allem im Bereich von Zusammenhangstrennungen, beschränkt.

▸ **Verarbeitungshinweise für den Schmied**
Das Kleben ist für den Anwender sicherlich die handwerklich ungewohnteste Arbeit. Das Kleben stellt den Schmied oder Hufpfleger vor völlig neue Herausforderungen und ist in vielen Bereichen mit der Anbringung von genageltem Hufschutz kaum zu vergleichen. Die Klebearbeit erlaubt in den

Punkten Hygiene, Präzision und Einhaltung der Herstellervorgaben keine Kompromisse.

Der Arbeitsplatz:
Manche Kompromisse, die Sie als Hufschmied bei der Akzeptanz des Ihnen zur Verfügung gestellten Beschlagsplatzes eingehen, sind für die Beklebung eines Hufes ausgeschlossen. Sie brauchen eine ideale Umgebung, damit die Ergebnisse zufrieden stellen. Der Raum muss hell oder gut beleuchtet, beheizt und trocken sein, und da die Beklebung oft bei „fuß-

Zur Klebung werden entweder Zweikomponentenkleber (oben, Firma Dallmer) oder Sekundenkleber (unten, Firma Mustad) verwendet.

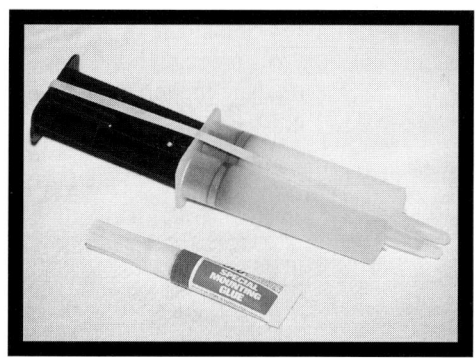

kranken" Pferden durchgeführt wird, muss der Boden eben, aber auch weich zum Stehen sein. Der für jede Beschlagsbrücke empfohlene Untergrund aus Stirnholz ist auch hier ideal. Ebenfalls akzeptabel ist ein rutschfester Gummiboden, obgleich die schwarzen Gummiböden wieder eine bessere Ausleuchtung nötig machen.

Beurteilung des Hufhorns:
In diesem Punkt sind die Herstellerangaben etwas zu großzügig. Wenn das Hufhorn in den letzten Monaten gefettet wurde, spricht das gegen die Anwendung eines Klebebeschlages. Besteht keine Möglichkeit, auf anderem Wege zu verfahren, müssen Sie die Kunden auf die sicher sehr herabgesetzte Haltbarkeit der Klebung hinweisen.
Ähnliches gilt auch bei extrem feuchten Hufen, wie sie auf dem Matschauslauf gerne entstehen. Auch eine Beklebung solcher Hufe wird ein schlechtes Ergebnis bringen. Für die Entfettung der Hufe müssen Sie die Arbeitsanweisungen der Hersteller genau beachten. Das falsche Entfettungsmittel wird unweigerlich die Haltbarkeit der Klebung verhindern.

Die Form und Winkelung der Hufe:
Bei der Auswahl des geeigneten Klebeschuhs ist zu berücksichtigen, dass neben der Form des Tragrandes auch die Hufform entscheidend ist. Dallmer-Produkte eignen sich vor allem für die regelmäßigen

Hufe. Für sehr stumpfe oder sehr spitze Hufe, genau wie für sehr enge oder sehr weite, sind die Dallmer-Schuhe nur mit großer Mühe passend zu machen. In diesen Fällen muss auf die leicht an die Wand anzupassenden Modelle von Ibex oder Mustad zurückgegriffen werden. Die genaue Anpassung im Tragrand und an der Hufwand ist für den Halt der Klebung unabdingbar. Mit den Sekundenklebern von Mustad und Ibex sind auch minimalste Abstände nicht zu überbrücken, der aus zwei Komponenten bestehende Kleber von Dallmer hingegen ist sehr zähflüssig und taugt selbst zum Auffüllen von Hornverluststellen. Sollte das Pferd nach der Klebung weiterhin unter dem Sattel eingesetzt werden, so erhalte ich immer wieder positive Berichte über die Erfahrungen mit dem Dallmer Cuff. Keine Klebung hält ein bisschen oder hält vielleicht; entweder eine Klebung ist gut und hält oder sie ist schlecht und hält nicht.

Das Interieur des Pferdes:
Da die Beklebung eines Pferdes eine durchaus zeitaufwendige Arbeit ist und das Pferd mitunter recht lange ruhig auf

einem Bein stehen muss, um das Gelingen der Beklebung zu ermöglichen, ist die Arbeit bei einem ausgeglichenen und ruhigen Pferd erheblich einfacher. Da aber auch bei nicht so geduldigen Pferden, wie z. B. in der Fohlenhufbeklebung, gute Ergebnisse erzielt werden sollen, ist mitunter die Awesenheit eines Tierarztes nötig. In manchen Fällen wird das Sedieren des Pferdes die einzige Lösung sein, um die Arbeit ausführen zu können.

HUFSCHUHE

▶ Befestigung

Der größte Vorteil aller anschnallbaren Hufschuhe liegt auf der Hand: Sie können nach Gebrauch abgenommen werden und das Pferd genießt in seiner Freizeit alle Vorzüge des Barfußlaufens.

Das heißt aber gleichzeitig, dass Hufschuhe nur für solche Pferde geeignet sind, deren Hufe nicht aus orthopädischen Gründen ständig geschützt oder unterstützt werden müssen. Meistens werden es also solche Pferde sein, die in der Regel barfuß laufen und die nur bei Ausritten in ein bestimmtes Gelände oder ab einer bestimmten Nutzungsintensität einen zusätzlichen Hufschutz benötigen.

Vor allem der Dallmer Clog lässt sich auch sehr gut in der Huforthopädie einsetzen, da er die meisten Möglichkeiten bietet, zusätzliche Keile oder Sohlenplatten anzubringen. Die Variante mit Trachtenkeilen ist besonders bei akuter Hufrehe zur Entlastung der tiefen Beugesehne interessant. Die Möglichkeiten zur Befestigung am Huf

wurden von den einzelnen Herstellern verschieden gelöst. Bei allen Produkten hängt die Haltbarkeit am Huf entscheidend davon ab, wie sorgfältig der Schuh angepasst wurde. Oft ist ein Anbringen von Zwischeneinlagen (beim Swiss Horse Boot) oder ein Ausschäumen bestimmter Bereiche mit Spezialschaum (bei Easyboots) notwendig, um den richtigen Sitz zu gewährleisten (siehe Seite 109, „Verarbeitungshinweise für den Schmied").

Bei den Easyboots muss unbedingt darauf geachtet werden, dass der Halt am Huf nicht durch ein zu starkes Umbiegen der innen liegenden Krampen erreicht wird. Diese können, wenn sie zu stark anliegen, die Hornwand sogar ganz erheblich schädigen. Der Schuh sollte auch ohne diese Krampen gut am Huf sitzen!

Wir persönlich haben in puncto Anpassung an das Pferd und auch Halt am Huf sehr gute Erfahrungen mit dem Marquis Supergrip gemacht. Wenn die Größe richtig gewählt wurde, passt sich der Schuh durch die aufblasbaren Luftpolster auch ohne weitere Anpassungsarbeiten sehr gut dem Huf an und sichert auch einen guten Halt am Huf. Auch das Anlegen und Wiederabnehmen ist sehr einfach und „bedienerfreundlich". Es ist in wenigen Sekunden ohne Hilfswerkzeug geschehen.

Der in der Entwicklung noch relativ junge Schuh muss sich längerfristig vor allem in puncto Haltbarkeit sicher erst bewähren. Mitunter waren vor allem die Luftpolster Schwachstellen, da sie relativ leicht zerplatzen. Bisher zeigte sich die Herstellerfirma aber immer sehr kulant, wenn es um den Austausch defekter Teile ging. Positiv ist, dass beinahe alle Bestandteile des

Schuhs (Luftventil, Luftpolster, Sohle etc.) ausgetauscht werden können.

Der Swiss Horse Boot macht beim Anpassen etwas Mühe, ist dafür aber für alle Hufformen passend zu bekommen und sitzt dann hervorragend. Er hat sich im Dauergebrauch wirklich gut bewährt.

Bei Pferden mit sehr spitzen Hufen oder halbeng-halbweiten Hufen haben die Modelle Easyboot und Equiboot oft einen etwas reduzierten Halt. Sie sitzen besser bei Pferden mit stumpfer Hufwinkelung und regelmäßigen Hufformen.

▶ Haltbarkeit

Die Verschleißfestigkeit des Materials ist bei den modernen Hufschuhen durchweg gut. Einzelteile können ausgetauscht werden. Bei allen Hufschuhen ist es möglich, eine abgelaufene Sohlenfläche durch Aufkleben oder Aufschrauben eines Kunststoffbeschlages wie z. B. dem Trotter ohne allzu großen Aufwand wieder instand zu setzen.

▶ Stoßdämpfung

Die Stoßdämpfung aller angebotenen Hufschuhe auf hartem Untergrund ist sehr gut. Die stärkste Stoßdämpfung scheint aufgrund des verwendeten Materials der Marquis Supergrip zu bieten. Er polstert innen den Strahlbereich noch zusätzlich ab, was den Pferden sehr angenehm zu sein scheint. Alle Schuhe mit geschlossener Sohle haben außerdem den Vorteil, die Hufsohle vor Verletzungen zu schützen. Aus diesem Grund verwenden viele Distanzreiter in den USA, wo die Ritte oft durch extremes Gelände führen, Easyboots über den Hufeisen, um die Hufsohle vor Beschädigungen durch spitze Steine zu schützen.

▶ Gleitschutz

Die Griffigkeit ist auf hartem Boden gut und im Großen und Ganzen mit den Kunststoffbeschlägen zu vergleichen. Sind die Böden sehr nass und rutschig (z.B. schmieriger Lehmboden), ist der Halt durch die große und relativ ebene Sohlenfläche stark reduziert.

Bei Schnee und Eis werden Hufschuhe jedoch zu einer Lebensgefahr!

Aus diesem Grund bieten alle Hersteller von Hufschuhen für ihre Produkte auch spezielle Gleitschutzstollen an, die mittels Unterlegscheiben in die Sohlenfläche geschraubt werden können. Zu bedenken ist aber, dass durch die gebohrten Löcher in der Sohlenfläche auch Schmutz in den Schuh eindringt, wenn die Stollen wieder entfernt werden.

Durchgelaufene Hufschuhe können mit einem Kunststoffbeschlag neu besohlt werden.

Dieser Hufschuh wurde 1982 angeschafft, diente regelmäßig als Zwischenlösung und hielt so zehn Jahre lang. Die Sohle ist immer noch intakt, aber die Führung des Befestigungsdrahtseilchens riss aus und der Kunststoff wurde inzwischen so spröde, dass er bricht.

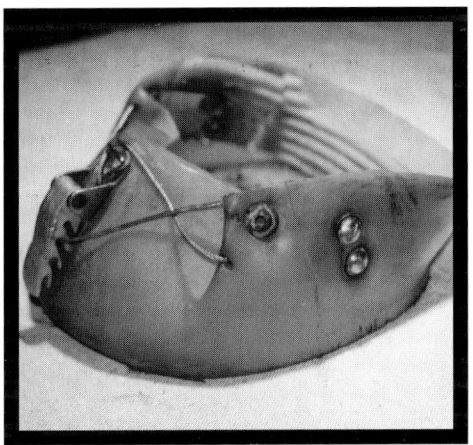

▸ Aufstollen von Schnee

Fällt bei allen Schuhen mit geschlossener Sohle weg. Beim offenen Dallmer Clog wird die Verwendung einer Einlegesohle gegen Schneestollung empfohlen. Für die meisten Anwender von Hufschuhen wird sich dieses Problem aber gar nicht erst stellen, da sie es bei Schnee vermutlich bevorzugen werden, ihr Pferd barhufig zu reiten.

▸ Gewicht

Das Gewicht aller Hufschuhe ist hoch und liegt über dem eines Standardeisens. Sie sind deshalb nicht geeignet für Pferde, bei denen zusätzliches Gewicht an den Hufen zur Entstehung oder zur Verschlechterung von Bewegungsstörungen führen könnte (siehe „Beurteilung des Pferdes", Seite 143).

▸ Kosten/Aufwand

In der Anschaffung sind Hufschuhe teuer. Je nach Intensität der Nutzung können sie jedoch oft lange Zeit verwendet werden, vor allem dann, wenn sie nur als Zwischenlösung gedacht sind. Der oben rechts abgebildete Hufschuh gehörte zu einem Pferd, das im Winter stets unbeschlagen und im Sommer mit Eisen lief; der Hufschuh wurde lediglich im Bedarfsfall zur Überbrückung in den beschlaglosen Zeiten benutzt und hielt so fast zehn Jahre lang. Bei „Dauergebrauch" hält so ein Schuh in der Regel etwa ein Jahr.

Sehr teuer werden Hufschuhe natürlich dann, wenn man sie im Gelände verliert und nicht mehr wiederfindet. Diese Gefahr ist auch bei gut angepassten Schuhen nie ganz auszuschließen. Es soll Reiter geben, die aus diesem Grunde auf die elegante Optik pfeifen und ihre Hufschuhe mit Signalfarben lackieren.

Von der Verwendung von Fangriemchen, die um die Fessel gelegt werden und den Hufschuh im Verlustfall festhalten sollen, raten wir eher ab. Diese Möglichkeit ist nur bei sehr ruhigen Gemütspferden, die überdies nur im Schritt gearbeitet werden, praktikabel. Bei allen anderen Pferden kann ein lose um die Fessel schlenkernder und schlagender Hufschuh nicht nur zum Stolpern und Hinfallen, sondern auch zu gefährlichen Panikreaktionen führen.

Bei der Verwendung von Hufschuhen ist der Aufwand für den Reiter hoch. Die Hufe müssen vor jedem Ritt penibel gesäubert werden. Der Hufschuh muss aufgezogen

AUF EINEN BLICK – HUFSCHUHE

Vorteile

Keine Beschädigung durch Nägel

Nur zeitweiser Hufschutz

Gute Haltbarkeit des Materials

Gleitschutz anbringbar

Gute Stoßdämpfung

Einschränkung des Hufmechanismus (je nach Produkt) nur während des Gebrauchs

Können kurzfristig zur Überbrückung eingesetzt werden (auch gut als Ersatz auf Wanderritten)

Mit Zubehör beschränkt auch in der Huforthopädie einsetzbar (z. B. bei akuter Hufrehe)

Nachteile

Bei nicht hundertprozentiger Anpassung droht Verlust

Sehr aufwendig für den Reiter

Hohes Gewicht

Gefahr von Scheuerstellen an den Ballen

Gefahr des Abtretens

Hauptsächlich geeignet für

Pferde, die nur zeitweise einen Hufschutz benötigen

Pferde, die hauptsächlich geradeaus geritten werden

Pferde mit eher regelmäßigen Hufstellungen und Gliedmaßenführungen

Nicht geeignet für

Turniersport (Verlustgefahr durch Geschwindigkeit und enge Wendungen, Gleitschutz nicht ausreichend)

Pferde mit Bewegungsstörungen (z. B. Greifen/Streichen)

Pferde mit sehr unregelmäßigen Hufformen/Stellungen

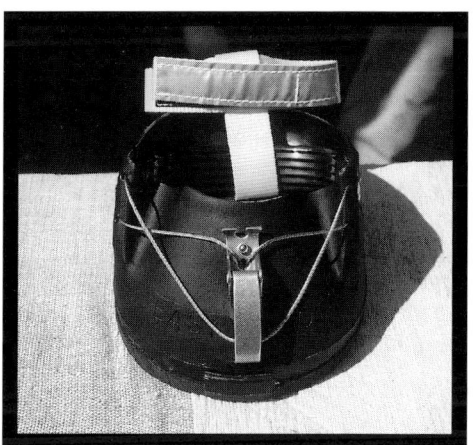

(je nach Modell ist Hilfswerkzeug notwendig) und nach dem Ritt wieder abgenommen werden.

▶ Gefahren

Bei allen Schuhen besteht die Gefahr von Scheuerstellen, vor allem an den Ballen, aber auch im Kronenbereich. Genaue Anpassung und evtl. Kürzen des Materials (bei Easyboot und Swiss Horse Boot) ist deshalb Voraussetzung. Je besser der Schuh am Huf sitzt, desto weniger wird er sich auch bewegen und reiben. Zu berücksichtigen ist, dass viele Pferde eine Eingewöhnungsphase benötigen und in dieser regelrechte Hornhaut an den Stellen bilden, an denen die Ballenhalterung anliegt. Die ersten Ritte mit Hufschuhen sollten deshalb zeitlich begrenzt und die Rittdauer nur allmählich gesteigert werden.

Beim Marquis Supergrip liegt das Luftpolster im Ballenbereich zwar so fest an, dass es kaum scheuern kann. Es ist aber zu beobachten, ob bei längerer Verweildauer am Huf keine Drucknekrosen entstehen.

Die Verwendung solcher Fesselriemchen birgt auch Gefahren.

Bei den Easyboots kann der Ballenriemen gepolstert werden, indem man ein Stück einer selbstklebenden Bandage (Vet-Trap) darum wickelt.

Durch die hervorstehenden Teile besteht bei allen Hufschuhen erhöhte Gefahr des Abtretens, wenn sehr enge Wendungen geritten oder gefahren werden.

▶ Verarbeitungshinweise für den Schmied

Die Idee, Hufschuhe direkt an den Pferdebesitzer zu verkaufen, ist eine äußerst schlechte Lösung, denn dieser ist mit der Aufgabe der Anpassung meist hoffnungslos überfordert. Die Herstellerhinweise sind oft unzureichend, handwerkliches und manuelles Geschick sind Bedingung. Der richtige Umgang mit Hufschuhen will gelernt sein. Ausnehmen kann man davon den Marquis Supergrip, denn er passt sich durch das Aufpumpen der Luftpolster von selbst an. Lediglich der exakten Auswahl der richtigen Schuhgröße kommt hier eine wichtige Bedeutung zu.

Wenn ein Huf für das Tragen von Hufschuhen vorbereitet wird, muss der Tragrand breiter bleiben; vor allem beim Dallmer Clog gibt es sonst Probleme mit Fremdkörpern, die sich zwischen Schuh und Huf setzen. Der Strahl wird nur gesäubert, die Eckstreben lässt man ganz stehen, nur die Trachtenecken werden geöffnet. Der Tragrand wird stärker berundet. Wenn das Pferd vorher längere Zeit beschlagen war, weisen Sie den Besitzer bitte darauf hin, dass sich die Hufform und -größe zum Teil erheblich ändern kann. Mir sind Fälle be-

Dieser Swiss Horse Boot wurde aufgeschnitten, um das Ausfüttern mit Lederstreifen zur Anpassung sichtbar zu machen.

gende Größe einnietet. Auch Hohlräume werden mit Filz oder Lederstücken aufgefüllt.

Der Arbeitsablauf sieht oft folgendermaßen aus: Der Schuh wird dem Pferd angezogen, bis man den Eindruck hat, dass er stramm und gut auf dem Huf sitzt. Danach lässt man das Pferd vorführen, ein wenig geradeaus, dann auch in Links- und Rechtswendungen. Das alles erfolgt im Schritt, woraufhin man den Schuh wieder kontrolliert. Erfahrungsgemäß sitzt er nun wieder zu lose und hat sich in der Regel auch etwas verdreht. Es ist oft recht schwierig, herauszufinden, wo noch Korrekturen vorgenommen werden müssen. Zum Schluss muss das Pferd probegeritten werden. Zehn Minuten in Schritt, Trab und Galopp sind ausreichend. Die Schuhe werden nun abgenommen und der Huf auf Spuren untersucht. Vor allem bei trockenem Wetter bietet es sich an, den Huf vorher mit Kreide einzureiben, was das „Lesen" ungeheuer vereinfacht. Wenn nun gravierende Scheuerstellen zu erkennen sind, ist der Schuh immer noch an einer Stelle zu weit, bei Druckstellen zu eng. In diesen Fällen beginnt die Prozedur wieder von vorne. Das Anpassen von Hufschuhen ist keine Sache von fünf Minuten und es bedeutet eine Menge Lernen und Fortbildung, bis man jede Aufgabe problemlos bewältigen kann.

Betrachten Sie die Hufschuhe als Rohlinge, die Sie vor Ort zu Ende entwickeln

kannt, wo im ersten Jahr die angepassten Hufschuhe einmal geändert und schließlich doch durch ein größeres Paar ersetzt wurden, weil der Huf 1,5 cm breiter geworden war.

Das Hauptproblem ist das korrekte Anpassen der Hufschuhe. Je weiter der Huf vom Regelmäßigen abweicht, desto größer wird der Aufwand, vor allem beim Swiss Horse Boot, da dieser allein durch Formschluss am Huf hält. Dafür lohnt sich aber der Aufwand durchaus, denn wenn dieser Schuh einmal richtig angepasst wurde, sitzt er sehr gut und ist hervorragend für den Dauergebrauch geeignet.

Bei abweichendem Zehenbodenwinkel bzw. Seitenbodenwinkel kann man den Hufschuh mit der Heißluftpistole erwärmen, der Kunststoff lässt sich dann in Form und Winkelung verändern. Durch Einschneiden und Fixieren mit Nieten lassen sich Formveränderungen stabilisieren.

Zwischengrößen kann man anpassen, indem man zum Beispiel Lederstreifen in verschiedener Stärke in die nächstfol-

müssen. Mitunter ist werkseitig noch keine Zehenrichtung vorgegeben, auch diese müssen Sie dem Kunststoff erst noch anraspeln.

Beim Easyboot erfolgt die Anpassung hauptsächlich durch ein Justieren des Ballenhalterungsriemens. Die Krampen dürfen auf keinen Fall zu stark umgebogen werden, weil sie die Hornwand erheblich schädigen können. Im Ballen- und Kronenbereich kann der Schuh mit dem Hufmesser gekürzt werden, wenn die Gefahr von Scheuerstellen besteht. Der Hersteller bietet verschieden geformte Einlegesohlen an, um eine bessere Passform der Hufschuhe zu erreichen.

Der Dallmer Clog wird angepasst, indem der mitgelieferte Kunststoffsteg entsprechend der Hufbreite gekürzt und mit Schrauben an den Schenkelenden befestigt wird. Befolgen Sie die Hinweise des Herstellers.

DIE AUSWAHL DES RICHTIGEN HUFSCHUTZES

SO VIEL IST ZU BEDENKEN?

Ja, so viel ist zu bedenken. Beim Überfliegen der Kapitelüberschriften hat Sie vielleicht schon eine Vorahnung davon ereilt, wie vielschichtig die Problematik der Auswahl *des* besten Hufschutzes für Ihren ganz speziellen Fall und Ihr ganz spezielles Pferd ist. Was beim Ross Ihres Stallnachbarn funktioniert, taugt für Ihr Pferd vielleicht überhaupt nicht und umgekehrt.

Gehen Sie die einzelnen Abschnitte mit den unterschiedlichen Kriterien durch und gleichen Sie sie mit Ihren persönlichen Gegebenheiten ab. Bei einzelnen Punkten müssen Sie selbst abwägen, ob Sie beispielsweise bei zu starker Abnutzung der Hufe Ihr Pferd beschlagen lassen oder vielleicht stattdessen eine dreiwöchige Reitpause einlegen möchten, ob Sie auch zu höheren Ausgaben bereit sind, ob Sie darüber nachdenken, die Haltung Ihres Pferdes zu verändern, oder ob es Ihnen nichts ausmacht, mehr Zeitaufwand als bisher für die Wartung eines Hufschutzes aufzubringen. All diese Entscheidungen kann Ihnen niemand abnehmen.

Zwei Kriterien haben allerdings oberste Priorität: die langfristige Gesunderhaltung Ihres Pferdes und die unmittelbare Sicherheit von Pferd und Reiter.

Der zentrale Punkt dieses ganzen Kapitels ist die Beurteilung des Pferdes. Alles zu den Themen Haltung, Nutzung, Kosten oder Zeitaufwand Gesagte gibt lediglich Hinweise, in welcher Richtung der ideale Hufschutz zu suchen sein könnte.

Wenn Sie nach dem Abklopfen aller dieser Punkte für sich selbst zu einem Wunschhufschutz gelangt sind, muss dieser unbedingt der wichtigsten Überprüfung überhaupt standhalten: Ist er von Anatomie, Bewegungsablauf, Fußung, Hufform, Hornqualität oder eventuell von der Krankheitsgeschichte dieses einen ganz speziellen Pferdes her auch für dieses eine Pferd geeignet?

Wenn nicht, passt vielleicht die nächstbessere Alternative auf Ihrer Wunschliste. Vielleicht müssen Sie auch zuerst ein bestehendes Problem (z. B. in der Hornqualität) korrigieren, bevor Sie Ihren Wunschhufschutz mit befriedigendem Ergebnis anbringen können. Vielleicht müssen Sie auch vorübergehend Ihre Reitgewohnheiten ändern. Mit der gründlichen Beurteilung des Pferdes in Stand und Bewegung steht und fällt die Entscheidung für oder gegen einen Hufschutz. Es kann Ihnen deshalb niemals irgendjemand aus der Ferne und ohne das betreffende Pferd beurteilt zu haben sagen, ob ein Hufschutz gut oder schlecht ist.

DER IDEALE HUFSCHUTZ

Sie müssen sich immer darüber im Klaren sein, dass es keinen Hufschutz ohne irgendeinen Nachteil gibt. Streng genommen könnte man auch sagen, dass die gesamte Haltung und Nutzung des Pferdes durch den Menschen ein Nachteil für das Pferd ist. Der allerdings auf der anderen Seite durchaus wieder durch Vorteile aufgewogen wird – keine Raubtiere auf den Fersen, kein mühseliges Suchen nach Futter und Wasser, kein Hungern und Frieren im Winter.

Auch im Bezug auf den Hufschutz gilt es immer, im Einzelfall die Vor- und Nachteile gegeneinander abzuwägen. Was nutzt ein vom Standpunkt der Befestigung mit Nägeln her subjektiv „besserer" Kunststoffbeschlag (der sich mit weniger und kleineren Nägeln befestigen lässt als ein Eisen), wenn die Hornqualität des Pferdes so schlecht und die Haltungsbedingungen vielleicht noch derart sind, dass dieser Beschlag schon nach wenigen Tagen abreißt, die Nagellöcher ausbrechen und ausfransen und einen neuen Beschlag für die nächsten Wochen erst einmal vereiteln. Was nutzt ein extrem stoßdämpfender Beschlag, wenn Sie mit Ihrem Pferd nur in der Reithalle reiten.

Was nutzt die Erkenntnis, dass Stollen an den Eisen unter gewissen Umständen nachteilige Wirkungen auf Sehnen, Bänder und Gelenke des Pferdes haben könnten, wenn sich Pferd und Reiter im Springparcours mit glatten Eisen auf die Nase legen und die Knochen brechen.

Anforderungen an den idealen Hufschutz:
▸ Er soll den Huf vor zu großem Abrieb schützen.
▸ Er darf sich nicht negativ auf den Bewegungsablauf auswirken, also das Pferd nicht in seiner Bewegung behindern.

▸ Er darf sich längerfristig nicht negativ auf Huf- und Beingesundheit auswirken – d. h. Hornqualität, Stellung der Gliedmaßen, Belastung der Gelenke, Sehnen und Bänder nicht negativ beeinflussen.
▸ Er darf kein erhöhtes Sicherheitsrisiko darstellen.
▸ Er soll zusätzliche Anforderungen erfüllen, denen ein barhufiges Pferd bei bestimmten Formen der Nutzung nicht gerecht werden kann – z. B. besonderen Gleitschutz oder erhöhte Stoßdämpfung bieten.
▸ Kosten, Aufwand und Nutzen sollen in einem tragbaren Verhältnis stehen.

Der ideale Hufbeschlag ist derjenige, welcher unter Berücksichtigung vieler Randbedingungen den größten Nutzen bei den geringsten Nachteilen erwarten lässt. Und weil die Kriterien, die Sie zur Auswahl des für Sie idealen Hufschutzes hinführen, so vielschichtig sind, sind diese auch variabel und ständigen Änderungen unterworfen. Wir können Ihnen deshalb leider nicht versprechen, dass Sie nach der Lektüre dieses Buches ein für alle Mal den idealen Hufschutz für Ihr Pferd und sich gefunden haben.

Der Hufschutz, der vor vier Monaten für Ihr Pferd noch ideal war, ist es heute vielleicht nicht mehr, weil sich die Nutzung des Pferdes geändert hat. Oder Sie in einen neuen Stall mit anderen Gepflogenheiten umgezogen sind und sich eine Alternative zum Eisenbeschlag suchen müssen. Oder Ihr Pferd jahreszeitlich bedingt härteres oder weicheres Hufhorn entwickelt hat. Oder sich ein Hufproblem eingeschlichen hat, das zunächst einmal korrigiert werden muss.

Sie müssen die Rahmenbedingungen vor jeder Entscheidung, ob ein Hufschutz nötig ist oder nicht und, wenn ja, welcher, immer wieder von neuem überprüfen. Sie sehen schon, warum Pauschalaussagen wie „Eisen sind schlecht – Kunststoff ist besser fürs Pferd" oder „Es gibt einfach keine vernünftigen Alternativen zu Eisen" nicht weiterhelfen. So einfach ist die Sache leider nicht. Lassen Sie uns deshalb nun einmal näher unter die Lupe nehmen, was denn bei der Auswahl des Hufschutzes alles zu beachten ist.

DIE AUSWAHLKRITERIEN

▸ Die Nutzung des Pferdes

Ein ganz wichtiges Kriterium zur Bestimmung des jeweils passenden Hufschutzes ist natürlich die Frage: Was will ich mit dem Pferd überwiegend unternehmen, wo liegt sein Nutzungsschwerpunkt?

Hieraus ergeben sich wichtige Erkenntnisse. So wenig wie Sie in Sandalen eine Bergwanderung unternehmen oder in Wanderschuhen zum Marathonlauf aufbrechen, so wenig gibt es natürlich auch einen universalen Hufschutz für all die vielfältigen Möglichkeiten, in denen wir unsere Pferde nutzen. Eigentlich eine banale Erkenntnis, dennoch lohnt es sich, die einzelnen Anforderungen, die die Nutzung an den Hufschutz stellt, einmal etwas näher unter die Lupe zu nehmen.

Dabei geht die unten stehende Bewertung immer von einem gesunden Pferd mit regelmäßigen Hufen aus, also im Prinzip von einem Pferd, das auch barfuß laufen könnte und bei dem nur die belastende Nutzung einen Hufschutz notwendig macht.

Sobald Probleme wie Podotrochlose (geläufiger, aber nicht ganz korrekt als „Hufrolle" umschrieben), Hufrehe, Zwanghufe, untergeschobene Trachten etc. vorliegen, hat die Korrektur bzw. Erhaltung des Zustandes, die eine Verschlimmerung verhindert, oberste Priorität und alle anderen Kriterien zur Auswahl des Hufschutzes treten in den Hintergrund, bis der Zustand verbessert ist.

Wenn ein orthopädischer Hufbeschlag nötig ist, kann es sein, dass ein Hufschutz, wie er zur Ausübung einer bestimmten Disziplin wie zum Beispiel Springen eigentlich notwendig wäre, vorübergehend nicht angebracht werden kann. Das heißt in der Konsequenz, dass das Pferd eben so lange nicht zum Springen eingesetzt werden kann, wie ein korrektiver Beschlag nötig ist.

Sie wissen es ja schon: Die Nutzung des Pferdes ist nur eines der Mosaiksteinchen im Bild der verschiedenen Kriterien, die zusammen zu dem am besten geeigneten Hufschutz führen. Selbstverständlich kann alles zum Thema Nutzung Gesagte wieder modifiziert werden durch die Haltung des Pferdes und vor allem durch seine anatomischen Gegebenheiten, wie sie im Abschnitt über die Beurteilung des Pferdes ausführlich dargelegt werden. Es kann durchaus sein, dass die ideale Lösung für einen bestimmten Zweck vielleicht ein Klebeschuh wäre, der aber bei diesem einen Pferd nicht halten wird, weil es einen halbeng-halbweiten Huf hat. In diesem Fall fällt also eine Beklebung aus, und es muss auf die nächstbessere Lösung zurückgegriffen werden.

Das Kriterium „Nutzung" lässt sich in drei einzelne Komponenten aufteilen, wovon die erste das höchste Gewicht hat:

▸ Art der Nutzung, Verwendungszweck des Pferdes,

▸ Häufigkeit und Dauer der Nutzung (Intensität),

▸ wo findet diese Nutzung statt – lokale oder regionale Bodenbeschaffenheit.

Lassen Sie uns zunächst die erste Komponente, die Art der Nutzung, näher betrachten. Wie wir noch sehen werden, ist es oft die Beschaffenheit eines Hufschutzes, die eine Nutzung des Pferdes in ganz bestimmter Richtung nicht nur unterstützt, sondern manchmal überhaupt erst ermöglicht. Ganz bewusst wurde bei dieser Darstellung versucht, auf eine Wertung der einzelnen Nutzungsprofile und deren Anforderungen an Huf und Hufschutz zu verzichten. An dieser Stelle sei deshalb dahingestellt, ob eine bestimmte Nutzungs- oder Hufschutzform negative Folgen für die Gesundheit des Pferdes haben könnte. Es geht vorerst nur um die Frage, wie der Hufschutz beschaffen sein muss, um eine möglichst effektive Nutzung des Pferdes in der jeweils vorgesehenen Disziplin zu ermöglichen.

Selbstverständlich ist es häufig so, dass Pferde nicht nur in einer Disziplin, sondern zu verschiedenen Zwecken genutzt werden. Um einen besseren Überblick zu erhalten, gehen wir aber zunächst einmal von einer „reinen Nutzung" aus.

Zusammengefasst in einer kurzen Tabelle finden Sie zu jeder Nutzungsform die am besten geeigneten Formen des Hufschut- zes in der Reihenfolge ihrer Eignung. Für eine Disziplin nicht aufgeführte Varianten sind für diesen Verwendungszweck ungeeignet. Wenn Sie nicht verstehen oder nachvollziehen können, warum der eine Hufschutz bevorzugt und der andere abgelehnt wurde, blättern Sie noch einmal zurück zu Seite 42, schauen sich die Charakterisierung der einzelnen Hufschutzvarianten an und gleichen Sie diese dann mit den Anforderungen ab, die die Nutzung des Pferdes an den Hufschutz stellt.

▸ Dressur

Wenn das Pferd ausschließlich oder größtenteils im Dressursport eingesetzt wird, hat der Hufschutz meist nur eine leicht korrektive Funktion, d.h., er ist in erster Linie nicht zum Schutz vor zu hohem Abrieb da (eine Ausnahme können Pferde darstellen, die ausschließlich auf stark schmirgelnden Sandplätzen geritten werden). Häufig kommen Dressurpferde

vom Standpunkt der Hornabnutzung her völlig ohne Hufschutz aus. Ein Hufschutz ist aber häufig dennoch notwendig, um die Bewegung des Pferdes möglichst fehlerfrei zu erhalten bzw. noch zu verbessern. Ein solcher korrektiver Beschlag wäre z. B. bei Pferden einzusetzen, die in den verstärkten Gangarten zum Greifen neigen.

Der Hufschutz darf das Pferd in der freien Entfaltung seiner Gänge nicht behindern und sollte möglichst leicht sein. Erhöhte Stoßdämpfung spielt im Dressursport in der Regel keine Rolle, da auf weichen Böden geritten wird.

Ein Gleitschutz ist im Allgemeinen nicht erforderlich.

Wertung:
1. Alu
2. Kunststoff
3. Metallkern mit Gummiummantelung
4. Kleben mit Dallmer Cuff
5. Eisen
6. Andere Klebeschuhe / Metallkern mit PU-Ummantelung

▸ Springen

Beim Springreiten ist aus Gründen der Sicherheit von Pferd und Reiter meistens ein Gleitschutz erforderlich. Die Stollen müssen je nach Wetter- und Bodenverhältnissen austauschbar sein, das heißt, der Hufschutz muss ein Gewinde zur Aufnahme von verschiedenen Schraubstollen haben. Der Hufschutz hat weniger die Funktion, vor zu hohem Hornabrieb zu schützen (da Springreiten gewöhnlich nur auf weichen Böden wie Rasen, Sand, Holzspäne etc. betrieben wird), als für Gleitschutz zu sorgen. Gleitschutz ist beim Springpferd vor allem auch an den Hinterhufen wichtig, damit diese ihm beim Absprung, wenn es sich kraftvoll vom Boden abdrückt, nicht wegrutschen. Ein Gleitschutz ist zwar auch bei vielen Kunststoffbeschlägen bedingt anbringbar, jedoch ist dieser immer nur sehr leicht und nicht für erhöhte Anforderungen geeignet.

Eine möglichst gute Unterstützung des Hufes, des Aufhängeapparates und der tiefen Beugesehne vor allem an der Vorhand ist wegen der extrem hohen Belastung, die in der Landephase nach einem Sprung auf die Gliedmaße einwirkt, anzustreben. Der Hufschutz muss deshalb so stabil sein, dass er die nötige Unterstützung auch tatsächlich bieten kann, d.h., er darf sich unter Belastung nicht verformen. Auch ist zu berücksichtigen, dass der Springsport mitunter sehr schnelle und enge Wendungen vom Pferd verlangt, bei denen die erhöhte Gefahr des Abtretens eines Hufschutzes besteht, wenn dieser in Länge und Breite zu sehr über den Tragrand hinausragt.

Wertung:
1. Eisen
2. Kleben mit Dallmer Cuff
3. Metallkern mit Gummiummantelung

▶ **Vielseitigkeit (Military)**
Da die Military verschiedene Disziplinen miteinander vereint (Springen, Dressur, Geländereiten), muss auch der Hufschutz vielfältigen Anforderungen genügen.
Für Springen und Geländereiten ist ein guter Gleitschutz von vorrangiger Wichtigkeit. Vor allem in der Geländeprüfung, die in hohem Tempo über verschiedene Untergründe führt, muss der Hufschutz einen sicheren Griff bieten. Er muss tiefe Bodenverhältnisse und Wasserdurchquerungen ebenso gut überstehen wie steile Auf- und Absprünge oder lange Galoppstrecken. Für den Geländeteil spielt auch die Abriebfestigkeit wieder eine höhere Rolle als beim reinen Spring- oder Dressursport.
Da die für die Geländeprüfung oder das Springen notwendigen Stollen oder Griffe in der Dressurprüfung hinderlich sein könnten, müssen sie kurzfristig und ohne größeren Aufwand entfernt werden können. Bezüglich der Unterstützung des Sehnen- und Bänderapparates gilt das im Absatz „Springen" Gesagte.
Wertung:
1. Eisen + Gleitschutz
2. Kleben mit Dallmer Cuff + Gleitschutz
3. Metallkern mit Gummiummantelung + Gleitschutz

▶ **Jagdreiten**
Für das Jagdreiten gelten ähnliche Anforderungen wie an den Beschlag des Mili-

tarypferdes. Gleitschutz auf verschiedenen Untergründen muss der Sicherheit wegen unbedingt gewährleistet sein, es sei denn, der Reiter reitet nur im zweiten Feld mit und verzichtet auf das Springen. Die Wertung für den Hufschutz des Militarypferdes kann übernommen werden.

▶ **Galopprennen**
Der Hufschutz eines Vollblüters im Galopprennen muss vor allem extrem leicht sein, um möglichst hohe Geschwindigkeiten zu ermöglichen. Schon wenige Gramm zu viel könnten über Sieg oder Niederlage entscheiden. Abriebfestigkeit spielt auf der Rennbahn kaum eine Rolle, da es sich um eine Kurzzeitanforderung von nur wenigen Minuten auf relativ weichem Boden handelt.
Ein guter Griff des Hufschutzes ist notwendig, da vor allem während der Antrittsphase des Starts aus den Boxen enorme Schubkräfte aus der Hinterhand des Pferdes entwickelt werden und sichergestellt sein muss, dass das Pferd sich in dieser Situation optimal nach vorn abdrücken kann und keine Energie verliert, weil die Hinterhufe keinen hundertprozentigen Halt auf dem Untergrund finden. Dieser Griff wird meist durch die Profilierung des Eisens erreicht.
Der Beschlag muss außerdem so stabil sein, dass er den hohen Belastungen während des Renngalopps standhält und nicht bricht. Er darf nicht (auch nicht minimal) über den Tragrand überstehen, da sonst die Gefahr des Abtretens bestünde. Pferde, die korrektive Beschläge irgendeiner Art benötigen, sind generell für den Galopprennsport nicht geeignet und werden von

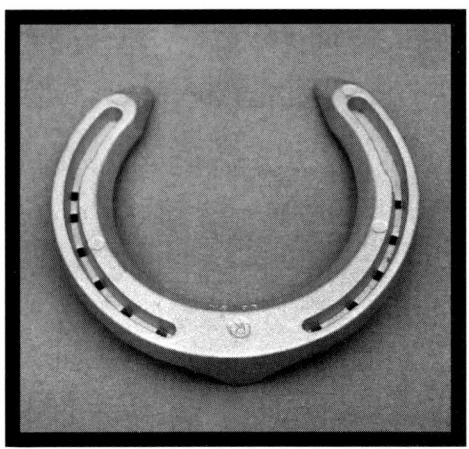

verantwortungsbewussten Trainern gar nicht erst ins Rennen geschickt.

Eigentlich würde der Galopprennsport an und für sich gar keinen Hufschutz erfordern, aber in der Realität ist es so, dass die große Mehrzahl der englischen Vollblüter sehr dünne und empfindliche Hufwände hat (dies war in der Zucht nie ein Auslesekriterium). Diese dünnen Hufwände halten den enormen Stauchungs- und Verformungskräften, die während des Renngalopps auf sie einwirken, oftmals einfach nicht stand und reißen oder brechen. Der Hufschutz hat also hier auch die Aufgabe, den Huf zu stabilisieren. Die empfindlichen Hufwände des Vollblüters sprechen natürlich stark dafür, sie zu bekleben, anstatt sie noch zusätzlich durch Nägel eines Beschlags zu schwächen.

Wertung:

1. Eisen (Spezialeisen – leicht und profiliert)
2. Kleben mit Dallmer Cuff
3. Kleben mit Leichtgewicht-Spezialschuhen

Galoppereisen mit amtlicher Profilierung für ausreichenden Griff beim Rennen.

▶ **Trabrennen**

Eine der wichtigsten Aufgaben des Hufschutzes im Trabrennsport ist es, stabilisierend bzw. auch manipulierend auf die Gangmechanik des Pferdes einzuwirken. Die extremen Bewegungen im Renntrab, bei denen die Hintergliedmaßen außen an den Vordergliedmaßen vorbeischwingen, führen leicht zu Bewegungsstörungen wie Greifen, Streichen oder Knieschlagen. Um ein Greifen zu verhindern, müssen die Vorderhufe durch Spezialbeschlag zu schnellerem Abrollen und Abfußen vom Boden und die Hinterhufe gleichzeitig zu einem leicht verzögerten Vorschwingen gebracht werden. Manche Trabrennpferde zeigen auch eine so hohe Aktion der Vorhand, dass sie sich selbst an den Ellbogen verletzen (so genannte Ellbogenschläger). Auch in diesem Fall schafft ein korrektiver Beschlag Abhilfe.

Häufig haben die Vordereisen von Trabern Zehengewichte, um den Huf so auszubalancieren, dass eine gleichmäßige Trabbewegung gewährleistet wird. Das Gesamtgewicht des Beschlages muss jedoch, wie im Galopprennsport auch, möglichst niedrig gehalten werden, damit es die Geschwindigkeit nicht negativ beeinflusst. Insgesamt ist die Hauptfunktion eines Beschlages für Trabrennpferde die, den Huf für die Bewegung im Renntrab möglichst optimal auszubalancieren. Wenige Gramm Gewichtsunterschied bzw. unterschiedliche Gewichtsverteilung am Hufschutz können den Ausgang eines Ren-

Im Schulbetrieb könnte oft ganz auf einen Hufschutz verzichtet werden.

▶ Schulbetrieb

Mit „Schulbetrieb" ist hier der klassische Reitverein gemeint, in dem sich der Reitunterricht größtenteils in der Halle oder auf dem Platz und in Gruppen abspielt. Es finden Longenunterricht, Einzel- und Abteilungsstunden statt, in denen hauptsächlich Wert auf das Erlernen des korrekten Sitzes, der Hilfen und das möglichst exakte Reiten von Hufschlagfiguren gelegt wird. Hin und wieder werden ein paar kleinere Sprünge eingebaut oder es findet gelegentlich ein kurzer Ausritt statt.

So genutzte Pferde benötigen in aller Regel weder einen besonderen Gleitschutz (schnelle und enge Wendemanöver werden nicht geritten), noch eine besondere Stoßdämpfung (es wird hauptsächlich auf weichem Hallen- oder Reitplatzboden geritten) oder einen Schutz vor zu hohem Abrieb. Vom reinen Nutzungsprofil her könnte man also im Schulbetrieb auf einen Hufschutz in den allermeisten Fällen ganz verzichten.

Wenn doch aus irgendeinem Grund ein Hufschutz benötigt werden sollte, spielt der Kostenfaktor eine größere Rolle als in anderen Sparten der Reiterei. Ein Schulpferd muss möglichst kostendeckend beziehungsweise gewinnbringend eingesetzt werden können – wird sein Hufschutz auf die Dauer zu teuer, wäre dies sicher schwer über höhere Stundenpreise auf die Reitschüler umzulegen. Beklebung fällt deshalb in der Regel aus. Das Anlegen von Hufschuhen vor jeder Unterrichtsstunde durch die Reitschüler ist ebenfalls nicht

nens bestimmen. Ein nur geringfügig falsch ausgeführter Beschlag kann den Traber im Rennen dazu veranlassen, in den Passgang oder Galopp zu fallen. Diese Tatsache hat auch dazu geführt, dass aus keiner anderen Pferdesportdisziplin in den vergangenen Jahrzehnten so viele Neuerungen und Spezialbeschläge hervorgegangen sind wie aus dem Trabrennsport. So stammen zum Beispiel die flexiblen Kunststoffbeschläge, die heute vor allem bei den Freizeitreitern immer beliebter werden, ursprünglich aus der Traberszene. Der Traberbeschlag ist eine Wissenschaft für sich und gute Traberschmiede sind gesuchte und gut bezahlte Menschen.

Eine Wertung ist hier nicht möglich – die beiden einzigen Kriterien sind die individuelle Gangmechanik des Pferdes und das insgesamt möglichst geringe Gewicht des Hufschutzes. Das kann sowohl mit leichten Eisen wie auch mit Klebebeschlägen, Materialkombinationen oder Kunststoff erreicht werden. Hufschuhe sind jedoch mit Sicherheit ungeeignet.

realistisch – ein korrektes Anlegen wäre bei wechselnden Personen nicht gewährleistet und auch nicht von den Reitschülern zu verlangen.

Wertung:
1. Kunststoff
2. Metallkern mit Gummiummantelung
3. Eisen

▶ **Freizeitreiten**
Mit diesem Begriff ist hier gemeint: Reiten ohne Wettkampfambitionen und hauptsächlich im Gelände. Wenn man im Dressur- oder Springsport von relativ gleich bleibenden Kriterien für alle, die diese Disziplin verfolgen, ausgehen kann (Pferde gleichen Typs, gleiche Untergründe, gleiche Nutzung, meist auch gleiche Haltung der Pferde), so sind die Freizeitreiter, ihr Reitverhalten, ihre Pferde und die Gegenden, in denen sie reiten, sehr verschieden. Es ist hier deshalb unmöglich, allgemeingültige Aussagen zu treffen. Generell ist nur zu sagen, dass der Hufschutz eines Freizeitpferdes möglichst vielseitig sein soll, da man sowohl in verschiedenem Gelände als auch mal auf dem Reitplatz oder über einen kleinen Sprung unterwegs ist. Starke Spezialisierungen sind hier nicht gefragt. Die Intensität der Nutzung schwankt meist jahreszeitlich sehr stark, mit Spitzen im Sommer und Flauten während der Wintermonate, ist aber eigentlich nie so hoch wie bei im Wettkampfsport eingesetzten Pferden. Oft bieten sich deshalb Hufschuhe sehr gut an, um die reitintensive Zeit zu überbrücken.

Im Freizeitbereich können Hufschuhe eine sehr gute Alternative sein.

Wertung:
1. Hufschuhe
2. Kunststoff
3. Metallkern mit Gummiummantelung
4. Kleben mit Dallmer Cuff
5. Eisen

▶ **Gangpferdereiten**
Wenn das Gangpferdereiten als Wettkampfsport betrieben wird, ist die wichtigste Funktion des Hufschutzes ähnlich gelagert wie im Trabrennsport – eine Begünstigung der erstrebten Gangmechanik. Die Rede ist hier natürlich nicht von extremen Auswüchsen, wie wir sie von manchen Bildern amerikanischer Saddlebreds kennen – endlos lange Hufe und Eisen mit diversen Gewichten und Einlegeplatten, um eine möglichst spektakuläre Aktion der Vorhand zu ermöglichen. Ein Einsatz von Hufschutz zu so stark manipulativen Zwecken, der Gesundheit und Wohlbefinden des Pferdes stark beeinträchtigt, ist selbstverständlich abzulehnen.

Trotzdem kann die Wahl des Hufschutzes deutliche Auswirkungen auf das Gangverhalten des einzelnen Pferdes haben, und das äußert sich bei Gangpferden oft in noch viel stärkerem Maße als bei den „dreigängigen" Pferden. Oft ist der Tölt (oder andere Vierschlaggangarten mit je nach Pferderasse anderer Bezeichnung wie Rack, Flat Walk, Running Walk etc.) eine recht störanfällige Gangart, die leicht aus dem Takt geraten kann, wenn nicht alles hundertprozentig stimmt. Welcher Bewegungsablauf gewünscht ist, ist im Übrigen ja auch oft eine Frage des Zuchtstandards der einzelnen Rassen. Ich denke mit Schmunzeln an einen Kollegen zurück, der nach dem Beschlag eines der ersten peruanischen Pasos in Deutschland stolz dem Besitzer (der während des Schmiedetermins lieber ein Bierchen getrunken hatte) berichtete: „Ich hab es hingekriegt, dass er nicht mehr bügelt! Er läuft jetzt kerzengerade!" Dass der Besitzer blass um die Nase wurde und alles andere als begeistert war, konnte der Schmied überhaupt nicht verstehen ...

Bei Gangpferden kann die Wahl des richtigen Hufschutzes großen Einfluss auf die Reinheit der Gänge haben.

Von enormer Wichtigkeit ist es deshalb beim Gangpferd, die Bewegung möglichst im Tölt und Trab VOR dem Bearbeiten der Hufe genau zu beurteilen und abzuwägen, was getan werden muss, um einen klaren Tölt zu erhalten oder zu fördern.
Ähnlich wie beim Trabrennen ist deshalb hier eine Wertung nicht möglich – der beste Hufschutz ist zunächst der, mit dem das einzelne Pferd am besten läuft. Ein Gleitschutz wird nicht gebraucht. Ob man einen leichteren oder schwereren Beschlag bevorzugt, hängt davon ab, welche Beinaktion vom Pferd verlangt wird, und Abriebfestigkeit ist eine Frage des hauptsächlich benutzten Untergrundes. Für freizeitmäßig eingesetzte Gangpferde gilt ansonsten das in den Rubriken „Freizeitreiten" oder „Wanderreiten" Gesagte.

▸ **Distanzreiten**
Distanzreiten ist eine typische Langzeitanforderung, ein Marathonsport. Das heißt, der Hufschutz muss ein möglichst ermüdungsfreies Laufen in höherer Geschwindigkeit und über einen längeren Zeitraum ermöglichen. Hierbei spielen sowohl niedriges Gewicht als auch gute Stoßdämpfung eine Rolle, da häufig auch über härtere Untergründe getrabt oder galoppiert wird. Abriebfestigkeit ist ebenfalls ein wichtiges Kriterium, da der Distanzsport und sein Training dem Pferd und damit dem Huf die höchste Anzahl an zurückzulegenden Kilometern abverlangt und die Abnutzung so sehr schnell in krassem

Ein Wanderritt kann Pferd und Reiter mit den verschiedensten Geländesituationen konfrontieren.

Missverhältnis zum nachwachsenden Hufhorn steht. Wie groß der Abrieb ist, ist aber natürlich auch sehr von der jeweiligen geographischen Region abhängig – ein Distanzritt auf der Schwäbischen Alb ist nicht vergleichbar mit einem Distanzritt in der Lüneburger Heide. Den Ausschreibungen für Distanzritte ist meist zu entnehmen, ob der Veranstalter aufgrund des Geläufs einen Hufschutz empfiehlt oder eventuell sogar vorschreibt. Schon eine leichte Fühligkeit des Pferdes durch zu stark abgelaufene Hufe führt auf einem Distanzritt zur Disqualifizierung.

Generell sollte man bei einem Distanzpferd auf sämtlichen „Spezialbeschlag" verzichten können. Wenn schon ein orthopädischer Hufbeschlag vonnöten ist, ist dieses Pferd von seiner Hufgesundheit her aller Voraussicht nach nicht dafür geeignet, Ausdauerleistungen in der Distanz zu bringen und dabei gesund zu bleiben. Huf und Hufschutz müssen so geformt sein, dass das Laufen möglichst kräftesparend optimiert wird und das Pferd gesund erhalten wird.

Wertung:
1. Kunststoff
2. Metallkern mit Gummiummantelung
3. Bekleben mit Dallmer Cuff
4. Eisen mit stoßdämpfender Einlage

▶ **Wanderreiten**

Wenn man tage- oder vielleicht sogar wochenlang mit dem Pferd in verschiedenem Gelände unterwegs ist, spielt die Abrieb-

festigkeit des Hufschutzes eine große Rolle. Schließlich möchte niemand vorzeitig seinen Ritt beenden, weil der Beschlag durchgelaufen ist, was bei Alu beispielsweise je nach Bodenbeschaffenheit schnell der Fall sein könnte.

Auf einem Wanderritt kann man auf die verschiedensten Untergründe treffen (Asphalt, Schotter, Fels, extrem tiefer Boden, Waldboden, dichtes Unterholz, Holzbrücken, Wasserdurchquerungen ...). Auch dem muss der Hufschutz Rechnung tragen. Eine Stoßdämpfung der Untergründe, auf denen geritten wird, ist vom Reittempo her zwar nicht so wichtig, dafür hat das Pferd aber durchaus 20–25 kg mehr Gewicht zu tragen als sonst, sodass die Gelenke allein hierdurch stärker belastet werden.

Der Hufschutz muss so angelegt sein, dass er dem Pferd ein möglichst ermüdungsfreies Laufen über einen langen Zeitraum ermöglicht (oft beträgt die Reitzeit sechs bis acht Stunden pro Tag). Auf längeren Touren wäre ein Beschlag vorteilhaft, der im Notfall (Verlust oder Lockerwerden eines Beschlages) mit relativ einfachen Mitteln wieder befestigt werden kann, evtl. notdürftig sogar vom Reiter selbst. Ein „Bekleb" wäre beispielsweise nicht ohne weiteres und von jedermann wieder zu ersetzen, wenn er auf einem Wanderritt verloren ginge.

Ich erinnere mich an einen Wanderritt, auf dem wir einen extrem steilen Anstieg aus dem Moseltal auf die Hunsrückhöhen zurücklegten. Auf dem schmalen, stein- und wurzelübersäten Waldpfad verfing sich eins der Pferde mit dem äußeren Schenkel des rechten Vordereisens unter einem Stück Wurzel. Es zog kräftig – das Resultat war ein völlig verbogener Eisenschenkel, aber ein Eisen, das noch gut saß. Zum Glück war auch nirgends Hornwand weggebrochen. Mit unserem Notbehelfswerkzeug konnten wir das krumme Eisen mit einiger Mühe zwar abnehmen, aber nicht wieder gerade biegen. Wir führten die Pferde bis in den nächsten Ort, wo sich ein netter Mann mit Schweißbrenner in einer Garage fand, der das Eisen erhitzte und den krummgezogenen Schenkel in seine Ausgangslage bog. Wir konnten das Eisen mit den mitgenommenen Ersatz-Hufnägeln bequem wieder aufnageln und den Ritt fortsetzen. Das Eisen hielt noch weitere 320 km und zehn Tage. Nicht jeder Beschlag hätte sich mit so provisorischen Methoden „reparieren" lassen.

Wenn der Wanderritt ohne Begleitfahrzeug und mit vollem Gepäck am Pferd durchgeführt wird, ist auch zu überprüfen, ob die Unterstützungsfläche des Hufes noch zur Aufnahme des erhöhten Gewichtes ausreicht, vor allem wenn das Pferd im Ver-

hältnis zu seinem Körper relativ kleine Hufe hat.

Wertung:
1. Metallkern mit Gummiummantelung
2. Kunststoff
3. Eisen, evtl. mit stoßdämpfender Einlage
4. Kleben mit Dallmer Cuff

▶ **Westernreiten**

Dieser Oberbegriff fasst bekanntermaßen verschiedene Disziplinen zusammen, die oft nichts weiter miteinander gemein haben als die Kleidung des Reiters. Schon die Westernsättel für die einzelnen Disziplinen unterscheiden sich stark voneinander. Auch vom Freizeitreiten im Westernstil soll hier nicht die Rede sein, denn hierfür gilt das schon unter „Freizeitreiten" Gesagte.

Die Westerndisziplinen Pleasure und Trail können im Hinblick auf den Hufschutz ruhigen Gewissens mit dem Dressurreiten verglichen werden. Auch hier geht es um eine moderat schnelle Fortbewegung ohne spektakuläre Stopp- oder Wendemanöver auf zumeist idealem Untergrund. Die Disziplin an sich stellt daher keine besonderen Anforderungen an den Hufschutz.

Ganz anders sieht es allerdings in der Reining aus, einer Disziplin, die schnelle Wendemanöver wie den „Rollback" oder rasante Stopps aus vollem Lauf verlangt. Eine Variante ist der so genannte Sliding Stop, bei dem das Pferd mit den Vorderbeinen noch weiterläuft, während die tief untergesetzte Hinterhand so stoppt, dass es noch einige Meter mit der Hinterhand über den Boden gleitet. Um so rutschen zu können, benötigt das Pferd natürlich alles andere als einen Gleitschutz, sondern

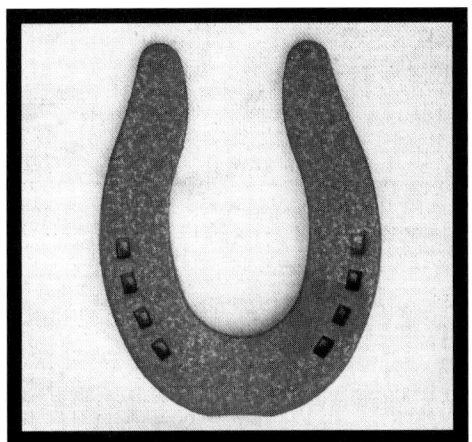

Die Sliding Plates des Reiningpferdes sind ein absoluter Spezialbeschlag.

rieren und Einfangen von Rindern, geht es um Reaktionsschnelligkeit und schnelle Stopps und Wendungen. Hier macht ein Gleitschutz wieder Sinn, damit das Pferd auf den Beinen bleibt, wenn es beispielsweise einem am Lasso zerrenden Rind mit fest in den Boden gestemmten Hufen Widerstand bieten soll. Scharfe Stollen jedoch, die es zu einem allzu abrupten Abstoppen bringen würden, würden Bänder und Sehnen in kurzer Zeit ruinieren. Der Gleitschutz wird deshalb durch Profilierung des Eisens realisiert. Für den Cowboy des Wilden Westens, der den ganzen langen Arbeitstag im Sattel verbrachte und weite Strecken zurücklegte, war der Schutz vor zu hohem Abrieb der Hufe seines Pferdes natürlich ein wichtiges Kriterium. Da die Working-Cowhorse-Disziplinen aber bei uns von harter Arbeit zu einem Freizeitspaß und einer Turnierdisziplin geworden sind, spielt dieser Aspekt keine so große Rolle mehr.

Eisen mit möglichst glatten, langen und breiten Schenkeln, mit denen es wie auf Schlittenkufen gleiten kann.

Die Schenkel des Eisens müssen außerdem so geformt sein, dass dem Pferd weder in einer Grätsche die Beine auseinander gerissen noch sie gegen- oder voreinander geführt werden.

Die Sliding Plates sind ein Beispiel für einen absoluten Spezialbeschlag, der nur für eine einzige Nutzungsform konzipiert ist und den Einsatz des Pferdes in anderen Disziplinen kategorisch ausschließt – der Versuch, mit Sliding Plates zu springen, wäre ein lebensgefährliches Unterfangen.

In der Reining, aber auch in der Pleasure legt man Wert auf eine möglichst flache Beinaktion des Pferdes, sodass der Hufschutz kein zu hohes Gewicht haben darf, das das Pferd zum höheren Anheben der Hufe veranlassen könnte.

Working Cowhorse (Cutting, Roping)
In diesen ursprünglichen Arbeitsdisziplinen der Cowboys, also beim Treiben, Sepa-

Barrel Race
In dieser Spezialdisziplin geht es ausschließlich um sehr enge Wendungen in hohem Tempo mit oft atemberaubenden Schräglagen. Der Hufschutz muss stabil genug sein, um die hohen einseitig wirkenden Kräfte in den „Kurvenlagen" auszuhalten, und darf nirgends überstehen, weil bei so engen Wendungen ansonsten eine hohe Gefahr des Abtretens bestünde.

Wertung:
In den Disziplinen Pleasure und Trail wie beim Dressurreiten oder Schulbetrieb.

Freizeitwesternreiten wie Freizeitreiten. In der Disziplin Reining evtl. Spezialbeschlag Sliding Plates hinten, ansonsten glatte Eisen mit Profilierung, möglichst leicht, evtl. Alu.

In den Working-Cowhorse-Disziplinen Eisen mit Profilierung, evtl. Kunststoff.

Beim Barrel Race Eisen mit Gleitschutz oder starker Profilierung

▶ Fahren

In der Sparte „Fahren" ist zunächst einmal zwischen den verschiedenen Möglichkeiten des Fahrens zu unterscheiden:

Kommerzielles Fahren

Hierunter sind z. B. regelmäßige Planwagenfahrten für Touristen zu verstehen, Rundfahrten über festgelegte Strecken und auch die in manchen Städten noch als Touristenattraktionen anzutreffenden Droschken- oder Fiakerpferde (z. B. Wien). Die Pferde sind oft über viele Stunden des Tages im Einsatz und bewegen sich, hauptsächlich im Trab, über größtenteils befestigte Untergründe wie Schotterwege oder Asphalt. Hieraus ergeben sich drei Hauptanforderungen an den Hufschutz: Er muss das Ausgleiten auf dem oft glatten Untergrund verhindern, er muss vor Abrieb schützen und er muss dem Pferd zur Schonung der Gelenke eine gute Stoßdämpfung gewährleisten. Das letzte Kriterium ist von besonderer Wichtigkeit, wenn die Pferde über lange Strecken auf Asphalt traben müssen. Sie erinnern sich an das historische Problem der Droschkenpferde in den Großstädten, wie im Kapitel über die Geschichte des alternativen Hufschutzes beschrieben.

Obwohl ein so genutztes Fahrpferd größtenteils auf geraden Strecken läuft und weder schnelle noch enge Wendungen zu absolvieren hat, braucht es doch einen Gleitschutz, damit es z. B. bei einer Bergabfahrt auf Asphalt mit den Hinterhufen genügend Halt auf dem Pflaster findet, um das Gewicht des Gefährtes zumindest teilweise über das Hintergeschirr aufzuhalten. Im Moment des Anziehens dagegen muss es sein Körpergewicht nach vorne ins Geschirr werfen und sich selbst nach vorne abdrücken, aus diesem Grunde benötigen Fahrpferde einen Gleitschutz vor allem im Zehenbereich der Vorderhufe. Mit einem glatten Hufeisen würden dem Pferd in dieser Situation buchstäblich die Beine unter dem Bauch weggezogen. Haben Sie schon einmal versucht, in Schuhen mit glattem Profil einen Rodelschlitten einen Schneehang hinaufzuziehen? Verzweifelt haben Sie versucht, Ihre Fußspitzen in den Schnee zu bohren oder die Füße seitlich zu verkanten, um nicht mit der Nase nach vorn auf dem Bauch zu landen.

Der Beschlag muss auch einiges an Belastung aushalten, sowohl hinsichtlich der Abriebfestigkeit als auch hinsichtlich der starken Kräfte, die z. B. im Moment des Anziehens punktuell auf den Zehenbereich des Hufes wirken. Obwohl ein Kunststoffbeschlag vom Gesichtspunkt der Stoßdämpfung und des Gleitschutzes auf Asphalt für das Fahren prinzipiell gut geeignet wäre, kann er doch nicht gewählt werden, wenn es sich um höhere Zuglasten und/oder gebirgige Gegenden handelt: Der mit nur wenigen dünnen Nägeln befestigte Kunststoff ohne stabile Zehenkappe würde sich im Moment des kräftigen Anziehens oder Bremsens bergab einfach verschieben, es würde dem Pferd „die Schuhe ausziehen". Die Situation wäre durchaus vergleichbar, wenn Sie in offenen Schlappsandalen versuchten, einen vollen Bierkasten die steile Garagenauffahrt hinaufzuschleppen.

Oft hat der Beschlag des Fahrpferdes auch korrektive Funktionen zu erfüllen, da Fahrpferde häufig zum Streichen neigen und dies durch guten Beschlag verhindert werden kann.

In manchen historischen und denkmalgeschützten Altstädten ist durchaus auch die Beschädigung des alten Straßenpflasters durch eisenbeschlagene Pferde ein Kriterium, sodass mitunter sogar von Seiten der Stadtverwaltung ein weicherer Beschlag vorgeschrieben wird.

Wertung:
1. Eisen, evtl. mit stoßbrechender Zwischeneinlage
2. Metallkern mit Gummi- oder PU-Ummantelung (mit der Einschränkung, dass die Abriebfestigkeit bei sehr intensivem Einsatz oft nicht hoch genug ist)
3. Kleben mit Cuff

Gelände- und Marathonfahren
Hier geht es nicht um eine gleichmäßige Vorwärtsbewegung auf befestigten Wegen, sondern um oft rasante Querfeldeinfahrten durch und um Hindernisse, z. B. durch eng stehende Bäume, durch Labyrinthe,

Im Gegensatz zum Fahren im Gelände oder auf befestigten Wegen stellt das Turnierfahren auf dem Platz keine erhöhten Anforderungen an die Griffigkeit des Hufschutzes.

Böschungen hinauf oder hinunter oder Wasserdurchquerungen.

Der Hufschutz muss also enge Wendemanöver ermöglichen und aushalten sowie Gleitschutz auf unterschiedlichen Naturböden bieten. Für einen Wettkampf muss der Gleitschutz auch je nach Terrain und Wetterverhältnissen auswechselbar sein, um den bestmöglichen Griff in der jeweiligen Situation zu gewährleisten. Stoßdämpfung ist weniger ein Kriterium, da größtenteils auf weicheren Untergründen gefahren wird und der jeweilige Einsatz auch zeitlich sehr viel beschränkter ist als z. B. beim kommerziellen Fahren.

Wertung:
1. Eisen
2. Kleben mit Dallmer Cuff
3. Metallkern mit Gummi- oder Kunststoffummantelung

Turnierfahren
Das dressurmäßige Fahren auf dem Platz stellt weit weniger strenge Anforderungen

an den Hufschutz als das Fahren auf befestigten Wegen oder im Gelände. Die Untergründe sind weich und eben, das Tempo moderat und gleichmäßig, sehr enge Wendungen kommen nicht vor. Das Pferd oder die Pferde müssen sich nicht kraftvoll ins Geschirr werfen, um eine schwere Last vorwärts zu bewegen, sondern müssen nur einen leichten Zugwiderstand überwinden. Ganz ähnlich wie beim Dressurreiten spielen weder Gleitschutz noch Abriebschutz oder Stoßdämpfung eine besondere Rolle. Taktreinheit und Gleichmäßigkeit der Gänge werden jedoch sehr wohl von den Pferden verlangt, sodass der Hufschutz dabei nicht hinderlich sein darf.

Wertung:
1. Alu
2. Kunststoff (wenn kein besonderer Korrekturbedarf)
3. Metallkern mit Gummiummantelung
4. Kleben mit Dallmer Cuff
5. Eisen
6. Andere Klebeschuhe/Metallkern mit PU-Ummantelung

Freizeitfahren
Welchen Hufschutz ein Freizeitfahrpferd braucht, ergibt sich nur im Einzelfall daraus, wie häufig, wo und wie schnell denn gefahren wird. „Freizeitfahren" ist natürlich ein schwer fassbarer Begriff, aber nehmen wir einmal an, dass zwei- bis dreimal pro Woche eine Ausfahrt von wenigen Stunden Dauer ins heimische Gelände stattfindet. Es wird weder querfeldein gefahren (was auch nicht erlaubt wäre), noch stundenlang auf Asphalt getrabt. Das Tempo kann ganz nach Belieben dem

Untergrund und den Wetterverhältnissen angepasst werden. Guter Gleitschutz ist aber für ein Fahrpferd immer wichtiger als für ein Reitpferd, weil es, einmal ins Rutschen gekommen, in der Schere oder an der Deichsel viel weniger Möglichkeiten hat, sich selbst auszubalancieren. Über das Geschirr fest mit dem Wagen verbunden, wird es einfach von den Beinen gerissen. Solche Unfälle können für alle Beteiligten sehr böse ausgehen. Dennoch kann der Gleitschutz beim Freizeitfahren moderater ausfallen als in den Wettkampfdisziplinen oder im Arbeitseinsatz des Pferdes.

Auch die Stoßdämpfung spielt im Freizeitbereich in der Regel nicht eine derart große Rolle. Hier ist aber im Einzelfall abzuwägen.

Beschläge wie der Öllöv, die vom Abrieb her einer wirklich harten Dauernutzung von mehreren Stunden pro Tag im Trab auf Asphalt nicht gewachsen wären, tun hier gute Dienste.

Wertung:
1. Metallkern mit Gummiummantelung
2. Eisen mit stoßdämpfender Einlage und Gleitschutz
3. Kleben
4. Hufschuhe
5. Kunststoff
6. Alu

▶ **Arbeitspferde im schweren Zug**
Hierzulande sind die wahren Arbeitspferde eine echte Rarität geworden, denn eigentlich brauchen wir Pferde nicht mehr zum Broterwerb, sondern hauptsächlich zu unserem Vergnügen. In manchen Ländern ist das durchaus noch anders, in Ost-

europa beispielsweise, wo Pferde noch in der Landwirtschaft arbeiten. In Mitteleuropa ist das Holzrücken im Wald eine der letzten Domänen des tatsächlichen Arbeitseinsatzes von Pferden.

Holzrückepferde brauchen einen extrem guten Gleitschutz, um im tiefgründigen Waldboden Halt zu finden, wenn sie sich zum Fortbewegen einer schweren Last mit voller Kraft und ihrem gesamten Körpergewicht ins Geschirr werfen. Im Wald geht es auch oft steil bergauf oder bergab. Das Pferd platziert seine großen Hufe mit einer erstaunlichen Genauigkeit in manchmal bedenklich eng erscheinende Lücken zwischen zwei Baumstämmen oder Wurzeln, sodass kein zu weit über den Tragrand überstehender Hufschutz, der möglicherweise auch noch abreißen würde, es hieran hindern darf. Das Pferd kann zwar ganz genau einschätzen, wie groß eine Lücke sein darf, damit sein Huf hineinpasst, aber ein überstehendes Eisen kann es nicht mit einkalkulieren – auch wenn es sich nur um wenige Millimeter handelt.

Der Hufschutz muss so modifiziert werden können, dass er auch im Winter bei Schnee und Eis verwendet werden kann. Gewicht des Hufschutzes und Stoßdämpfung spielen keine Rolle, denn es geht nur langsam und größtenteils auf sehr weichem bis tiefem Boden voran.

Wertung:
1. Eisen – ohne Alternativen

Arbeitspferde sind in gewissem Sinne auch die Dienstpferde der berittenen Polizei, die viele Kilometer über asphaltierte Großstadtstraßen zurücklegen müssen, im Ernstfall durchaus auch einmal im Ga-

lopp. Die Anforderungen entsprechen den im Abschnitt „Kommerzielles Fahren" beschriebenen – Stoßdämpfung und Gleitschutz sind von vorrangiger Bedeutung. Die New Yorker Polizei hat sich deshalb schon vor Jahren dafür entschieden, einen Großteil ihrer Pferde mit Mustad Nail Shoes auszustatten.

▸ Intensität der Nutzung und Bodenbeschaffenheit

Alle getroffenen Aussagen über die Anforderungen, die ein bestimmter Nutzungszweck des Pferdes an den Hufschutz stellt, werden bis zu einem gewissen Grad von der Intensität der Nutzung und der lokalen Bodenbeschaffenheit modifiziert. Wenn Sie Freizeitreiter sind und nur zweimal pro Woche ins Gelände gehen, können Sie eventuell ganz auf einen Hufschutz verzichten. Wenn Sie aber täglich mehrere Stunden unterwegs sind, sieht das schon wieder anders aus.

Eine Kutschfahrt im Wattenmeer ist nicht mit einer Stadtrundfahrt in Wien zu vergleichen. Zu einem Wanderritt in den Vogesen sollten Sie nicht ohne Gleitschutz aufbrechen, während er für einen Rundritt in der Rheinischen Tiefebene durchaus entbehrlich ist. Wenn Sie auf der Schwäbischen Alb leben, fragen Sie sich, ob Sie nicht vielleicht doch in verschleißresistente Hufeisen aus Titan investieren sollten, und schauen voller Neid auf den Distanzreiter aus der Lüneburger Heide, der schon seit Wochen täglich trainiert und dessen Pferd immer noch barhufig geht. Das Prinzip Hufschuhe funktioniert bei Ihrem Bekannten aus Brandenburg ganz fantastisch, aber Ihr Ausreitgelände besteht über drei Viertel des Jahres aus sehr schwerem, nassem Lehmboden und die teuren Stücke saugen sich pausenlos im tiefen Matsch fest. Bei den schönen Öllöv-Beschlägen ist die Gummiummantelung innerhalb kürzester Zeit kaputtgetreten, wenn Sie in den Alpen über Geröllfelder klettern.

▶ **Fallbeispiel**

Nehmen wir einmal ein Fallbeispiel für eine praktische Anwendung des oben Gesagten an.

Familie Meier hat ein Pferd, das sich die ganze Familie teilt. Jeder möchte vom guten Max, einem zehnjährigen Hannoveraner, etwas anderes:
Mutter hat im Urlaub in Portugal einen Kurs in klassischer Dressur absolviert, hat dabei Blut geleckt und möchte mit Max nun auf dem Platz in dieser Richtung weiterarbeiten.
Vater hat es nicht so mit dem Reiten und möchte Max am Wochenende lieber mal vor die Gig spannen und ein bisschen spazieren fahren.
Und der Sohn geht zwei- bis dreimal pro Woche mit ein paar Reiterfreunden ins Gelände.
Welchen Hufschutz braucht jetzt so ein Pferd, das von allem ein bisschen, aber nichts ausschließlich tut?
Gehen wir die Sache systematisch an, betrachten zunächst anhand des vorher Gesagten, was denn für jede einzelne Nutzungsform der Idealbeschlag wäre, und werten diesen jeweils mit Punkten von 10 bis 60.

Auswertung für Mutter Meier –
Dressurreiten:

Alu	60 Punkte
Kunststoff	50 Punkte
Metallkern mit Gummiummantelung	40 Punkte
Kleben	30 Punkte
Eisen	20 Punkte
Hufschuhe	10 Punkte

Auswertung für Vater Meier –
Freizeitfahren:

Metallkern mit Gummiummantelung	60 Punkte
Eisen	50 Punkte
Kleben	40 Punkte
Hufschuhe	30 Punkte
Kunststoff	20 Punkte
Alu	10 Punkte

Auswertung für den Sohn Meier –
Geländereiten:

Hufschuhe	60 Punkte
Kunststoff	50 Punkte
Metallkern mit Gummiummantelung	40 Punkte
Kleben	30 Punkte
Eisen	20 Punkte
Alu	10 Punkte

In der Summe ergeben sich für die einzelnen Hufschutzvarianten also folgende Punktzahlen:

Metallkern mit Gummiummantelung	140 Punkte
Kunststoff	120 Punkte
Hufschuhe	100 Punkte
Kleben	100 Punkte
Eisen	90 Punkte
Alu	80 Punkte

Ein Beschlag aus Metallkern mit Gummiummantelung, also z. B. der Öllöv-Beschlag, würde in diesem Fall den Anforderungen aller drei Reiter der Familie am besten gerecht. Die Dressurreiterin muss etwas zurückstecken, was das Gewicht des Beschlages betrifft (er ist relativ schwer), aber das macht in ihrem Fall nichts, weil sie noch nicht so weit ist, dass ihr der fliegende und freie Mitteltrab von Max im Grand Prix Punkte einbringt.

Der Fahrer hat einen sicheren Gleitschutz auf der Straße und Max eine angenehme Stoßdämpfung. Solange Vater das Fahren nicht allzu sehr zu intensivieren gedenkt, wird dieser Beschlag auch dem Abrieb standhalten.

Der Geländereiter hat vielleicht etwas mehr Hufschutz am Pferd, als er eigentlich bräuchte, er kann sich damit aber unbedenklich durch jedes Gelände wagen. Sollte er allerdings überlegen, übernächstes Wochenende doch an der geplanten Fuchsjagd mit Springen teilzunehmen, wäre es jetzt eine weise Entscheidung, die Öllöv-Variante mit vorgefertigten Gewinden zu nehmen, in die für den großen Tag Stollen eingeschraubt werden können.

Sie können es sicher schon nicht mehr hören, aber es muss noch einmal darauf hingewiesen werden: In unserem Fallbeispiel ergab sich der Wunschbeschlag *einzig und allein* aus der Nutzung des Pferdes! Bisher wurde noch gar nicht berücksichtigt, ob dieser Beschlag denn für dieses individuelle Pferd aufgrund seiner Anatomie, seiner Gliedmaßenstellung, seiner Hornqualität und seinem Gangverhalten überhaupt geeignet ist.

Genau dies bleibt aber das wichtigste Kriterium zur Auswahl eines Hufschutzes überhaupt, das alle anderen außer Kraft setzt!

Kehren wir noch einmal zur Familie Meier zurück. Im oben beschriebenen Fall könnte es nun durchaus passieren, dass der Öllöv-Beschlag aus irgendeinem Grund nicht realisiert werden kann – vielleicht weil der Schmied keine Erfahrung in der Verarbeitung, nicht das notwendige Spezialwerkzeug und die Beschläge auch nicht vorrätig hat. Man beschließt, es ihm nicht zu schwer zu machen und auf die nächstbessere Lösung auszuweichen, die da war: Kunststoff. Dem steht auch nichts entgegen, vorausgesetzt, der Sohn verzichtet auf seine Fuchsjagd mit Springen – denn diese wäre ohne einen wirklich guten Gleitschutz ein äußerst waghalsiges Abenteuer! Sollte er unbedingt teilnehmen und seine Knochen nicht riskieren wollen, fallen die Hufschuhe an dritter Stelle der Wunschliste aus demselben Grund aus und es bleiben die Eisen.

▶ Haltung des Pferdes

Seitdem der Mensch gemerkt hat, dass man Pferde nicht nur jagen und aufessen, sondern auch als Arbeitstier nutzen kann, das Pferd also als Haustier domestiziert wurde, hat sich seine Lebensform drastisch verändert. Es kann nicht mehr wie seine wilden Vorfahren über nahezu unendlich große Flächen mit den verschiedensten Untergründen streifen, sondern ist auf relativ kleinem Raum gefangen. Der Einfluss der Jahreszeiten macht sich nicht mehr so stark bemerkbar, der Abrieb des Hufhornes steht durch intensive Nutzung sehr schnell nicht mehr im Verhältnis zum Nachwachsen neuen Hornes.

Wir können unseren Pferden heute die Bedingungen ihrer wild lebenden Vorfahren nicht mehr bieten – wir können aber versuchen, uns daran zu orientieren, sie teilweise nachzuahmen und vor allem die richtigen Konsequenzen aus den Gegebenheiten zu ziehen. Wir begrenzen den Raum, in dem sich die Pferde aufhalten dürfen, und erzwingen somit die Notwendigkeit einzugreifen.

Auch wenn es im Herbst tagelang geregnet hat und das Wasser auf der Wiese steht, hält die Grasnarbe, wenn eine Gruppe von Pferden diese Wiese passiert. Problematisch wird es schon, wenn dieselben Pferde wieder zurücklaufen. Wenn Sie aber einen Zaun darum ziehen und die Pferde nur einen Tag auf dieser Wiese belassen, ist sie am Abend als solche nur noch mit großer Fantasie zu erkennen. Das ist traurig, aber ein Faktum, dem wir uns zu stellen haben und das nicht wegzudiskutieren ist.

Einem Irrtum sollten Sie auf keinen Fall unterliegen: zu denken, dass jedes Pferd auch ganz ohne Hufschutz auskommen müsste, wo doch Wildpferde auch nicht mit Hufeisen auf die Welt kommen und trotzdem überleben. Zum einen sind da die angesprochenen geänderten Umwelt- und Nutzungsbedingungen unserer Hauspferde. Zum anderen haben Pferde mit problematischen Hufen in freier Wildbahn schlicht und einfach nicht überlebt, sondern fielen bei erstbester Gelegenheit einem Raubtier zum Opfer. Ein lahmendes Pferd, das nicht sofort und schnell fliehen konnte, war ein totes Pferd. Die Natur hat

also eine strenge Selektion auch in Richtung Hufe betrieben, die der Mensch, als er das Pferd zum Haustier machte, nicht mehr in diesem Maße fortführte. In vielen Zuchten wurde leider kaum auf die Hornqualität der Hufe Wert gelegt – ein Paradebeispiel für geradezu rassetypische Problemhufe sind heute die Lipizzaner.

Davon abgesehen würden Sie sich, wenn Sie sich die Hufe heute noch halb wild oder wild lebender Pferde betrachten, die keine Hufpflege durch den Menschen erfahren, in ganz vielen Fällen mit Grausen abwenden und nach dem Tierschutzverein rufen. Viele Hufe wild lebender Pferde sehen gar nicht so glatt und rund aus, wie wir uns das vielleicht denken, sondern sind rissig und ausgefranst. Der Tragrand kürzt sich nicht gleichmäßig, sondern es brechen immer wieder größere Stücke aus. So aussehende Hufe sollten wir nicht zum Gradmesser der Hufpflege unserer Pferde machen.

▶ Der Boden schafft den Huf

Wer von Ihnen Erfahrungen in der Aufzucht von Fohlen hat, weiß es: Der Untergrund, auf dem sich das Fohlen die meiste Zeit aufhält, spielt eine entscheidende Rolle nicht nur für die Entwicklung der Hornqualität, sondern auch für die Hufform und letztendlich für die Stellung der Gliedmaßen. Generell ist zu sagen, dass weiche Böden weitere und weichere Hufe formen und härtere Untergründe engere Hufe.

Sie sehen diesen Unterschied deutlich an verschiedenen Pferderassen, die aus Ländern mit verschiedenen klimatischen Gegebenheiten stammen. Der breite und

Pferde dieses Rassetyps haben oft breite Hufe mit flacher Sohlenwölbung.

mat über Generationen feuchte Wiesen waren, hatten noch nicht genügend Zeit, sich dem trockenen, schmirgelnden Untergrund anzupassen. Pferde südländischer Rassen wie Araber, Berber etc. haben in der Regel viel engere Hufe mit steileren Wänden als ihre nordischen Vettern.

Aber selbst Fohlen gleicher Rasse werden unterschiedliche Hufformen entwickeln, wenn sie auf unterschiedlichen Böden aufwachsen. Ein Haflingerfohlen, das in Herdenhaltung auf der Almwiese groß wird, erhält einen ganz anderen Huf als ein Haflingerfohlen in der niedersächsischen Elbmarsch. Die Größe des Hufbeines ist zwar genetisch festgelegt und bleibt unveränderlich. Wenn die den Knochen umschließende Hornkapsel aber aufgrund des weichen Bodens und der Feuchtigkeit weiter wird, nimmt die Festigkeit des Hufhornes ab, da der Anteil des weichen Kitthornes ansteigt. In der Regel werden die Hufe weicher und das Horn bröckelig. Die Pferdezüchter in der Norddeutschen Tiefebene beschlagen aus diesem Grunde sehr häufig schon anderthalb- oder zweijährige Pferde, um dieser Tendenz entgegenzuwirken.

Dies soll Sie nun aber nicht zu der Schlussfolgerung verleiten, dass besonders harte und steinige Böden also besonders gut für die Hufe sein müssten. Sie würden den Huf zu sehr austrocknen und damit ein Splittern und Brechen begünstigen. Wie so oft im Leben ist die goldene Mitte das Ideal – mäßig feste und eindrückbare Untergründe mit mittlerer Feuchtigkeit.

flache Huf des schweren Nordlandpferdes (es lebt heute in unseren Kaltblutrassen, teilweise auch im Fjordpferd fort), dessen ursprüngliche Heimat Wälder und Sumpfgebiete waren, hat sich im Laufe der Evolution optimal an seine Umweltbedingungen angepasst. Je breiter die Hufe waren, desto wirkungsvoller wurde ein Einsinken in den weichen Untergrund verhindert. Verpflanzen wir ein solches Pferd in das Erzgebirge und nutzen es ohne Hufschutz, sind Hufprobleme vorprogrammiert.

Ein schönes Beispiel hierfür sind auch die „Wildpferde" der Namib-Wüste in Afrika. Die Population entstand ursprünglich aus halb- und warmblütigen Kavalleriepferden, die den deutschen Kolonialherren Anfang des neunzehnten Jahrhunderts in die Wüste entliefen. Sie überlebten und verwilderten, aber viele von ihnen litten und leiden heute noch an extremen Hufproblemen. Immer wieder wird der Bestand dezimiert, weil Pferde schlichtweg nicht mehr laufen können und auf der Strecke bleiben. Die Hufe der Pferde, deren Hei-

Sie erkennen, dass Klima und Bodenbeschaffenheit ganz entscheidenden Einfluss auf den Zustand der Pferdehufe nehmen.

Das Pferd ist, wie wir schon bei der Betrachtung des Hufes in den Jahreszeiten gesehen haben, im begrenzten Maße in der Lage, seine Hufe zu trainieren, sozusagen „abzuhärten" und dem Untergrund anzupassen. So wie Sie eine kräftige Hornhaut an den Fußsohlen erst dann entwickeln, wenn Sie wirklich oft und über verschiedene Untergründe barfuß laufen, so kann auch das Pferd dies bis zu einem bestimmten Grad tun.

Schon die alten Griechen wussten um die Zusammenhänge von Haltung des Pferdes und Beschaffenheit seines Hufhorns. So schrieb der griechische Hippologe Xenophon (446–356 v. Chr.), der das erste überlieferte Werk zur Haltung und Nutzung des Pferdes mit dem Titel „Über die Reitkunst" verfasste: „Feuchte und weiche Fußböden der Stände sind guten Hufen

ganz und gar nicht dienlich (...) Um ferner ihr Weicherwerden zu verhindern, sollte der Stallboden mit unregelmäßigen Steinen, etwa von der Größe eines Pferdehufes, beschüttet sein, die gut zusammenzufügen sind, denn solche Stallfluren geben den Füßen der darauf stehenden Pferde Festigkeit."

Welche Konsequenzen hat die Frage der Haltung nun also für die Auswahl eines Hufschutzes? Ganz deutlich möchte ich betonen, dass ich mit der Aufzählung der Haltungsumstände keine Bewertung verbinde. Jede Methode der Haltung hat irgendwelche Vorteile – teils für den Menschen, teils für das Pferd. Und dieses Buch soll nicht der Ort sein, hierüber zu befinden. Es geht nur darum, aufzuzeigen, was Hufschutz mit der Haltung zu tun hat. Ob Sie vielleicht die Haltungsumstände Ihres Pferdes zugunsten seiner Hufe ändern wollen oder können, bleibt allein Ihre Entscheidung.

▶ Die Hufe in der Boxenhaltung

Mit Boxenhaltung ist hier die Haltung des Pferdes in einem abgeschlossenen und überdachten Raum gemeint, der eine Größe von 9–18 qm hat. Der Boden ist entweder mit Gummibelag ausgelegt und/ oder wird mit einer Einstreu aus Stroh, Sägespänen, Allspan, Torf usw. oder deren Gemisch eingestreut. Die Reinigung der Box erfolgt täglich vollständig, oder täglich werden nur Teile der Einstreu entfernt und die Komplettsäuberung erfolgt in größe-

Der Boden, auf dem ein Fohlen aufwächst, hat entscheidenden Einfluss auf die Entwicklung seiner Hufe.

ren Zeitabständen. Die Pferde stehen in der Box alleine und werden vom Menschen in der Halle unter dem Sattel bewegt oder in der Halle/auf dem Reitplatz laufen gelassen. Alternativ werden die Pferde vom Menschen in der Halle, auf dem Reitplatz oder der Wiese mit Artgenossen zusammengebracht und können sich dort begrenzte Zeit austoben.

Bei Pferden, die in der oben beschriebenen Art der Boxenhaltung leben, gibt es für den Huf und seinen Schutz zwei Kardinalprobleme:

1. Über das ganze Jahr steht das Pferd auf dem gleichen trockenen Untergrund. Er ist immer gleich weich, es gibt keine jahreszeitlichen Schwankungen. Der Huf erfährt keine Reizung durch einen harten Untergrund. Egal ob der Bodenbelag in der Box aus Gummi, Stroh oder Spänen besteht, trocknen die Hufe (bei vorgeschriebener Ausführung) stark aus. Im Fall der Matratzenhaltung gibt es dieses Problem weniger, allerdings entzieht der Huf die benötigte Feuchtigkeit der Stallmatratze – das heißt, die Feuchtigkeit ist nicht Tau auf dem Weidegras, sondern Urin und Ammoniak. Das bedeutet, dass in vielen Fällen fäulnisbefallene oder minderwertige und wenig widerstandsfähige Hornqualitäten entwickelt werden. Bei diesen Hufen ist vor allem das Weichhorn des Strahles, aber auch das Horn der weißen Linie von Fäulnis bedroht. Während das Aussehen der Strahlfäule und die Auswirkungen hinlänglich bekannt sind, wird der Gefahr der Hornfäule unter diesen Haltungsbedingungen wenig Aufmerksamkeit geschenkt. Wenn diese Pferde mit einem genagelten Hufschutz beschlagen sind, so kann die

Hornfäulnis durch die Nagelkanäle weit nach oben in die weiße Linie eindringen und dafür sorgen, dass sich die Hornqualität schnell zu von Fäulnis befallenem, dunkel verfärbtem Horn von etwas schmieriger Struktur verändert.

Ich unterstelle, dass in den meisten Ställen ordentlich ausgemistet wird und daher das Problem der zu stark ausgetrockneten Hufe das häufigere ist.

Das sehr oft praktizierte Bewegen des Pferdes auf dem Hallenboden oder auf dem Reitplatz verstärkt die Problematik des Austrocknens. Besonders tiefe Sandböden schmirgeln an der Glasurschicht des Hufhorns und begünstigen die Austrocknung weiter. Regelmäßiges Wässern und Waschen der Hufe mit klarem Wasser kann nur begrenzt Abhilfe schaffen.

2. Das Hornwachstum ist viel stärker als die Abnutzung des Hornes, mit der Konsequenz, dass die Pferde aus dieser Haltung sehr schnell und immer wieder zu lange Hufe haben. Wenn sie doch gelegentlich im Gelände auf abriebintensiven Untergründen bewegt werden, besteht die Gefahr, dass Teile des zu stark nachgewachsenen und trockenen, spröden Hornes einfach ausbrechen und sich der Tragrand nicht gleichmäßig abnutzt.

In der Praxis hat diese Haltung drei Konsequenzen:

1. Durch die ausgetrockneten und spröden Hufe kommt es schon bei geringen Belastungen zu unkontrolliertem Ausbrechen der Hufe.

Die Hufe müssen vorsorglich mit einem Beschlag geschützt werden.

Eine ausschließliche Boxenhaltung führt oft zu Problemen in der Hornqualität.

ändert wird. Diese über oft sehr lange Zeiträume praktizierten massiven Umstellungen führen zu einem vermehrten Verschleiß der Pferdebeine und bedingen in vielen Fällen einen korrektiven orthopädischen Beschlag.

Nicht zu vergessen sind die Pferde, welche sich Unarten des Verhaltens in der Box angewöhnen, wie zum Beispiel Weben, Scharren, Gegen-die-Wände-Treten oder einfach nur das Springen in Richtung Nachbarbox. Viele dieser Unarten führen zu einem gravierend einseitigen Verschleiß des Hufhorns und machen einen Hufschutz notwendig.

Deshalb ist es in vielen Reitställen so – vor allem in der Nähe der Ballungszentren, wo jede Weide auch potenzielles Bauland ist –, dass viele Pferde beschlagen sind, obwohl sie eigentlich nur zwischen Box und Reithalle leben. Leider ist es also nicht so einfach, nur aufgrund der Nutzung eines Pferdes auf ausschließlich weichem Untergrund davon auszugehen, dass kein Hufschutz notwendig ist.

Generell kann man durchaus sagen, dass die Hornqualität von ausschließlich in Boxenhaltung lebenden Pferden relativ schlecht ist. Das hat ganz häufig zur Folge, dass flexible, genagelte Kunststoffbeschläge unter diesen Bedingungen nicht befriedigend funktionieren. Denn wie Sie ja schon wissen, wird ein sowieso schon instabiler Huf durch einen Kunststoffbeschlag eher geschädigt als verbessert. Vermutlich hört man gerade deshalb sehr oft aus den „konservativen" Kreisen der Reit-

2. Durch die langen Standzeiten in der Box bewegen sich die Pferde ohne Aufwärmphase sehr heftig und unkoordiniert, wenn sie sich selbst überlassen werden und frei bewegen können. Eine von tiermedizinischer Seite sichere Erkenntnis ist leider, dass sich die Pferde in diesen Situationen irreversible Knorpelschäden, Gelenkprobleme sowie Sehnen- und Bänderschäden zuziehen. Als Ergebnis sind die Tiere oft auf umfangreiche, schwierige und kostspielige orthopädische Beschläge angewiesen.

3. Die sehr viel Zeit in der Box verbringenden Pferde haben, wie die meisten anderen Pferde auch, sehr häufig Stellungsanomalien. Mit den länger werdenden Hufen äußern sich diese Verstellungen aber stärker. Zwar wird dieser Effekt durch die Weichheit des Untergrundes geschmälert, behält aber einen Teil der Wirkung. Heftige Korrekturen bei der Arbeit des Hufschmiedes in zu langen Zeitintervallen belasten die Knorpelflächen und die Bänder des Pferdebeines außerordentlich, da hier massiv gekürzt und die Stellung des Beines ver-

135

AUF EINEN BLICK

Boxenhaltung

- Die Hufe von Boxenpferden haben häufig eine schlechtere Hornqualität, sodass oft auch bei wenig intensiver Nutzung ein Hufschutz notwendig wird.

- Die schlechtere Hornqualität spricht gegen flexiblen Kunststoffbeschlag und eher für Eisen, starre genagelte Beschläge oder Bekleben.

- Die Gefahr des Verlierens oder Abreißens von Beschlägen oder Klebeschuhen ist bei der Boxenhaltung am geringsten.

stall- und Turnierreiterei, dass Kunststoffbeschläge nicht taugen. Diese Reiter haben Recht – aber nur für ihren Fall und ihre Bedingungen! Wie so häufig im Leben sind auch hier keine absoluten und verallgemeinernden Aussagen möglich. Es lassen sich lediglich Tendenzen erkennen, denn die gleiche Haltungsform kann sich natürlich auf die einzelnen unter den exakt gleichen Bedingungen lebenden Pferden völlig unterschiedlich auswirken! Für viele Boxenpferde wäre ein Klebe-Hufschutz eine sehr gute Lösung, da die vielleicht schon geschwächte Hornwand nicht noch weiter durch Nägel beschädigt werden muss.
Vom Standpunkt der Haltbarkeit des Hufschutzes her betrachtet hat die Boxenhaltung natürlich durchaus auch Vorteile. Zum einen findet so gut wie kein Abrieb statt, zum anderen ist die Gefahr des Abreißens in tiefem Matsch oder durch Baumwurzeln und Steine auf der Weide nicht gegeben. Die Bewegung des Pferdes kann durch den Menschen kontrolliert werden, sodass die Möglichkeiten für kor-

rektiven oder orthopädischen Beschlag größer sind als bei der Offenstall- oder Weidehaltung.

▸ **Die Offenstall- oder Auslaufhaltung**
Die Pferde leben in Gruppen in einem Laufstall zusammen, an den sich ein jederzeit frei zugänglicher befestigter oder teilweise befestigter Auslauf und/oder die Weide anschließt.
Vorausgesetzt, die gesamte Anlage ist genügend groß, bewegen sich die Pferde den ganzen Tag über hin und her. Bei barfüßigen Pferden ist so im Gegensatz zu Pferden in reiner Boxenhaltung ein gewisser Abrieb gewährleistet, der aber entscheidend von den gewählten Untergründen abhängt. Wenn die Pferde sich zwischen einem mit Gummimatten ausgelegten Stall und einem Auslauf aus Holzhackschnitzeln hin und her bewegen, kann von Abrieb natürlich keine Rede sein.
Ein Huf in zur Nutzung des Pferdes idealer Hornqualität würde sich bilden, wenn das Pferd das ganze Jahr über auf einem weder

Verschiedene Untergründe wirken sich in der Haltung vorteilhaft auf die Hufe aus. Hier schließt ein weicher Paddock an einen mit Mineralbeton befestigten Weg an.

und die Hufe eine bessere Form erhalten, höher als bei Haltung auf nur einem einzigen und immer gleich bleibenden Untergrund. Wenn die Haltung gute Voraussetzungen dafür schafft, dass ein Pferd aufgrund seiner Hornqualität barfuß laufen kann und nur in Zeiten erhöhter Belastung einen Hufschutz braucht, wird ein flexibler Kunststoffbeschlag aller Voraussicht nach gut funktionieren.

Wenn Robusthaltung allerdings so verstanden und betrieben wird, dass nur die robustesten Pferde sie überleben und auch im Winter nur ein zugiger Unterstand auf einer hoffnungslos verschlammten und vermisteten Wiese zur Verfügung steht, ist neben diversen anderen Gesundheitsproblemen auch mit viel zu weichen, mürben und fauligen Hufen zu rechnen. Mauke, Strahlfäule und das Aufsteigen von Fäulnisbakterien in die zerfallende weiße Linie sind die Folge. Eventuell vorhandene Beschläge reißen sich ab und nehmen schlimmstenfalls größere Teile der Hornwand mit.

So drastische Missstände sind ja glücklicherweise recht selten. Trotzdem ist winterlicher Matsch ein Problem, das ein großer Prozentsatz von Pferdehaltern in mehr oder weniger hohem Maße hat. Auch wenn weite Teile von Stall und Auslauf trockenes Stehen ermöglichen, gibt es eventuell Bereiche im Auslauf oder auf der Weide, die sehr nass und tiefgründig sind.

zu trockenen noch zu nassen Wiesenboden laufen würde – das heißt auf einem, der elastisch federt. Solche Bedingungen haben wir aber bestenfalls im Frühjahr. Im Sommer wird es schon wieder trockener und im Herbst zu nass.

Da wir also diese immer gleich bleibende Idealbedingung nicht schaffen können, ist es das Beste für den Huf, wenn ihm ständig verschiedene Untergründe zur Verfügung stehen – sowohl harte als auch weiche, sowohl trockene als auch nasse Bereiche. In vielen modernen Ställen ist dies heute schon realisiert und die Pferde können beliebig zwischen einem eingestreuten Liegebereich, einem gepflasterten oder geschotterten Außenbereich und zusätzlich einem Auslauf mit weichem Untergrund (Holzhackschnitzel oder Sand) wechseln sowie eventuell noch einem Stück Weide, das im Winterhalbjahr als Matschauslauf geopfert wird.

Unter solchen Haltungsbedingungen ist die Wahrscheinlichkeit, dass gutes und widerstandsfähiges Hufhorn gebildet wird

Wenn solche „Matschlöcher" bestehen, ist die Gefahr, dass ein Hufschutz (gleich welcher Art) abreißt, extrem erhöht. Hier ist das Können des Schmiedes wirklich gefordert! Er muss ganz genau abwägen, wo und wie viele Nägel er platziert und wie er den Beschlag so formt, dass er optimal sitzt. Von einem Kollegen hörte ich nach einem ziemlich trockenen und matschfreien Winter einmal einen Ausspruch, der mir gut gefiel und in Erinnerung geblieben ist: „Das war ein guter Winter für schlechte Schmiede!" Will sagen: Auch mangelhaft angebrachte Beschläge hielten unter diesen Bedingungen über die gesamte Beschlagsperiode.

Wenn erhöhte Verlustgefahr für den Hufschutz durch die Boden- und Witterungsverhältnisse besteht, ist es für den Besitzer recht schmerzlich, wenn es sich um einen besonders teuren Hufschutz gehandelt hat – beispielsweise einen Klebeschuh. Bei allen Klebeschuhen kommt in dieser Situation noch hinzu, dass sie große Teile der Hornwand mit sich reißen können, wenn der Kleber zu gut hält.

Die Anbringung von Klebeschuhen ist auch gar nicht möglich, wenn das Pferd zu nass steht oder stand. Das Hufhorn hat dann so viel Feuchtigkeit gespeichert, dass der Kleber nicht halten wird, auch wenn der Huf vor der Beklebung gewissenhaft gesäubert und abgetrocknet wurde. Hier würden nur mehrere Tage absolut trockenen Stehens vor der Beklebung Abhilfe schaffen. Ein Hufschutz wie das Einhorn-Verbundhufeisen zum Beispiel erfordert nahezu klinische Bedingungen bei der Anbringung und optimale Haltungsbedingungen des Pferdes, damit er befriedigende Resultate bringt. Bei einer Matschauslaufhaltung wäre das viele schöne Geld, das man für diesen Hufschutz ausgegeben hat, buchstäblich in den Sand gesetzt.

Ein weiterer Aspekt in der Auslauf- oder Weidehaltung ist der der Sicherheit. Auf kurzem, trockenem Gras können sowohl Eisen als auch Kunststoffbeschläge rutschen wie auf Eis. Wenn die Weide dann noch abschüssig ist und die Herde aus Pferden besteht, die gerne miteinander herumtollen oder sich immer wieder gegenseitig jagen, besteht ein durchaus ernst zu nehmendes Sicherheitsrisiko.

Können die Pferde auch im Winter jederzeit auf die Weide? Dann muss ihr Hufschutz, sofern vorhanden, unbedingt wintertauglich sein. Bedenken Sie diese Tatsache nicht erst, wenn der erste Schnee schon gefallen oder die Wiese hart gefroren und mit Raureif überzogen ist.

Wann immer mehrere Pferde zusammen auf mehr oder weniger engem Raum gehalten werden, ist auch die Verletzungsgefahr durch Huftritte ein Kriterium, das bei der Auswahl des Hufschutzes berücksichtigt werden muss. Ein Eisenbeschlag, womöglich auch noch mit Stollen, kann einen Huftritt gegen ein anderes Pferd, der ansonsten vielleicht völlig harmlos gewesen wäre, verheerende Folgen haben lassen. In manchen Pensionsställen mit Gruppenhaltung wird sogar zur Auflage gemacht, dass die Pferde an den Hinterhufen nicht mit Eisen beschlagen sein dürfen. Inwiefern diese Forderung gerechtfertigt ist, lässt sich nur im Einzelfall überprüfen. Wenn Sie ein paar ältere Wallache zusammen halten, die sich schon seit Jahren kennen, haben Sie diesbe-

AUF EINEN BLICK

Offenstall- oder Auslaufhaltung

- Die Hornqualität ist in der Regel besser, wenn die Pferde verschiedene Untergründe zur Verfügung haben und sich regelmäßig bewegen.

- Daraus ergibt sich, dass nur zeitweiser Hufschutz (Hufschuhe) oder flexible Kunststoffbeschläge voraussichtlich bei Pferden aus Auslaufhaltungen besser funktionieren.

- Bei nassen, tiefen Bodenverhältnissen besteht erhöhte Verlustgefahr für den Hufschutz.

- Bei nassen, tiefen Bodenverhältnissen sind Klebeschuhe nicht anzuraten.

- Es ist zu überprüfen, ob das Pferd durch seinen Hufschutz auf der Weide oder im Auslauf nicht eventuell einer höheren Gefahr des Ausgleitens ausgesetzt ist.

- Bei Gruppenhaltung von Pferden ist die gegenseitige Verletzungsgefahr durch Huftritte zu bedenken.

züglich vielleicht nichts zu befürchten. Ein neues Pferd kurzerhand in eine schon bestehende Herde zu stellen, womöglich auch noch auf beengtem Raum, und allen Pferden die Hintereisen zu belassen, ist allerdings eine Herausforderung des Schicksals.
Wenn aus Gründen der Nutzung des Pferdes oder seiner Hufform bzw. seiner Gangmechanik kein Kunststoffbeschlag möglich ist, es aber in einer Gruppe mit „Trittgefahr" gehalten wird, wäre ein starrer Hufschutz mit Gummi- oder PU-Ummantelung die nächstbessere Möglichkeit.

▶ **Ausbildungsstand von Pferd und Reiter**
Das hat doch nichts mit dem Hufschutz zu tun, meinen Sie? Sie irren!
Ich werde mich zum Beispiel tunlichst hüten, einem jungen Dressurpferd, dem gerade die ersten Schritte in den Seitengängen an der Hand begreiflich gemacht werden, Eisen mit Stollen zu verpassen. Es ist einfach abzusehen, dass es sich bei den ersten ungeschickten Versuchen selbst auf die Füße treten und dabei vielleicht verletzen wird.
Bei einem Jungpferd, das gerade angeritten wird und die ersten Male unter dem Reiter geht, ist damit zu rechnen, dass es noch nicht sofort seine gewohnte Balance wiederfindet – es wird nicht im Gleichgewicht sein, sich etwas schwankend und unsicher fortbewegen. In dieser Situation wäre es unklug, ihm beispielsweise noch zusätzliche Schwierigkeiten durch ungewohnte Hufschuhe zu bereiten oder ihm weit überstehende Kunststoffbeschläge anzupassen, die es sich beim ersten Aus-

fallschritt zur Seite, mit dem es sein Gleichgewicht zu halten versucht, selbst von den Hufen tritt. Und die Sliding Plates werde ich dem Westerncrack erst dann verpassen, wenn er weiß, worum es beim Sliding Stop geht.

Auch das Können des Reiters spielt eine größere Rolle, als Sie vielleicht denken. Ein Pferd, das von einem weit ausgebildeten Reiter gekonnt in Versammlung geritten wird, zeigt einen ganz anderen Bewegungsablauf als eines, das frei einhertrabt. An dieser Stelle darf ich vielleicht eine kurze Geschichte zur Verdeutlichung anbringen:

Lange Jahre habe ich regelmäßig ein Dressurpferd beschlagen, das mit seinem Reiter in Prüfungen der Klassen M und S immer gut platziert wurde. Der Beschlag war nun schon seit Jahren gleich und bestand aus Eiereisen vorn und einfachen, glatten Eisen hinten.

Eines Tages wurde das Pferd verkauft, ging in einen anderen Stall in einer anderen Region und ich hörte lange Zeit nichts mehr von ihm. Bis mich eines Tages der neue Besitzer anrief und verzweifelt darum bat, ich möge doch kommen und das Pferd wieder beschlagen. Der neue Schmied verstehe offenbar sein Handwerk nicht, da das Pferd sich ständig die Eisen abtrete und sich auch sonst in seinem Gangwerk sehr negativ verändert habe. Da doch früher unter meiner Betreuung alles so gut funktioniert hatte, sollte ich doch bitte das Pferd wieder übernehmen, meine hohen Anfahrtskosten würden gerne getragen. Nur widerwillig sagte ich zu. Ich machte mich lediglich deshalb auf den Weg, weil mich der Fall einfach interessierte. Nachdem

mir das Pferd vorgeführt und vorgeritten worden war, stand mein Urteil recht schnell fest: Mein Kollege hatte absolut saubere Arbeit geleistet und die bewährte Art des Beschlagens auch genau so von mir übernommen. Er hatte nichts verändert und ihn traf keinerlei Schuld. Das Problem lag ganz woanders – beim neuen Besitzer des Pferdes, der bei weitem nicht an das Reitkönnen seines Vorgängers heranreichte und einfach durch seinen schlechten Sitz und seine schlechte Einwirkung diese verschlechterten Bewegungen und auch Rückenverspannungen beim Pferd hervorgerufen hatte.

▶ Der Geldbeutel – Kosten und Nutzen

Schockiert, weil das schnöde Geld hier doch keine Rolle spielen sollte?

Kein Grund zur Empörung, denn was nutzt die Entscheidung, eine sehr kostspielige Maßnahme anzuwenden, die in recht kurzen Intervallen wiederholt werden muss, wenn abzusehen ist, dass damit die finanziellen Möglichkeiten überbeansprucht werden und vielleicht die richtigen Intervalle nicht eingehalten werden können.

Wenn aus irgendeinem Grund, z. B. weil die Hufe sehr stark ausgebrochen sind und ein neuerliches Beschlagen mit Nägeln unmöglich ist, das Bekleben der Hufe mit Hufschuhen als Alternative angedacht ist und man die Information hat, dass eine Beklebung aller Hufe leicht bei 400–500 DM liegen wird, und dann noch weiß, dass die Beklebung nach sechs Wochen erneuert werden muss und in den Sternen steht, ob man die Hufschuhe ein zweites Mal verwenden kann, dann muss man vorher entschieden haben, ob man zu dieser Investition nicht nur bereit, sondern auch in der Lage ist.

Es gibt für jede Maßnahme eine Alternative. Vorher muss man sich klar machen, was für das Pferd notwendig ist und welches Ergebnis man verfolgen möchte.

In oben genannten Beispiel könnte man auch auf das Reiten in den nächsten Monaten verzichten und dem Pferd eine ausgeprägte Weideruhe verordnen. Viel billiger, eventuell nicht schlechter für das Pferd, aber eine grausam reitlose Zeit für den Besitzer.

Klebeschuhe wären für viele Pferde und unter vielen Umständen eine Ideallösung. Sie wird in den allermeisten Fällen aber allein wegen der hohen Kosten nicht dauerhaft umgesetzt.

Manchmal habe ich den Verdacht, dass auch das Thema des Barfußlaufens eine so ungeheuere Resonanz fand, weil einige Pferdebesitzer dabei durchaus den Vorteil der Kostenersparnis sahen. Ähnliches mag auch in dem Bestreben vieler Pferdehalter mitschwingen, selbst das Anbringen eines genagelten Kunststoffbeschlages zu erlernen.

Das aber kann man eigentlich nur so lange als legitim betrachten, wie es ehrlich zugegeben wird. Was dann im Einzelfall davon zu halten ist, steht auf einem anderen Blatt und soll hier nicht beurteilt werden. Richtig ärgerlich wird es dann, wenn von dem einen oder anderen Reitersmensch das Wohl des Pferdes als Hauptargument für das Barfußlaufen in den Vordergrund geschoben wird, es aber in Wahrheit um gar nichts anderes geht als das liebe Geld! In so einem Fall ist meine Meinung recht radikal: Wer es sich nicht leisten kann, für eine regelmäßige und sorgfältige Wartung der Hufe seines Pferdes Sorge zu tragen, der sollte es lieber weiterhin beim Reiten auf Verleihpferden oder einer Reitbeteiligung belassen. Er tut seinem Tier wirklich keinen Gefallen.

Der Kostenfaktor eines Hufschutzes ist natürlich insbesondere da von Bedeutung, wo die Pferde ihrem Besitzer mit ihrer Arbeitsleistung Geld einbringen müssen, also beispielsweise in Schulbetrieben. Nur zu oft haben solche Betriebe sowieso schon Probleme, überhaupt kostendeckend, geschweige denn gewinnbringend zu arbeiten. Wenn da noch Sonderausgaben für exotische Hufschutzvarianten hinzukommen, ist die Grenze des wirtschaftlich Vertretbaren schnell überschritten. Auch wenn der Klebeschuh für den alten Pollux, der täglich eine Stunde zu 15 DM in der Abteilung läuft, ideal wäre, so ist doch der Stallbesitzer sicherlich weder in der Lage noch willens, alle vier bis sechs Wochen mehrere hundert Mark dafür an den Schmied abzutreten.

Im Sportbereich spielt Geld dagegen häufig keine Rolle – das Pferd muss starten und möglichst auch siegen, koste es, was es wolle. Dem Besitzer eines erfolgversprechenden Renntrabers ist der perfekt ausgetüftelte Hufschutz nie zu teuer, auch wenn der Spezialschmied dafür aus München nach Hamburg anreisen muss.

Jeder Pferdebesitzer muss seine persönliche Schmerzgrenze im Bereich Ausgaben für den Hufschutz selbst festlegen – bei vielen Entscheidungen im Leben geht es um das Geld, das braucht nicht totgeschwiegen zu werden und es muss auch niemandem peinlich sein!

Wenn man eine Staffelung der einzelnen Hufschutzvarianten nach Kosten aufstellen wollte, hätte die von billig nach teuer in der Regel folgendermaßen auszusehen (wobei nicht nur die reinen Materialkosten, sondern auch die Arbeitszeit des Schmiedes mit eingerechnet sind): Eisen – Alu – Kunststoff – Beschläge aus Materialkombinationen – Hufschuhe – Bekleben.

Allerdings muss auch hier schon wieder differenziert werden – ach, ich höre Sie schon seufzen: „Gibt es denn in diesem Buch nirgends eine eindeutige und einfache Aussage, welcher Hufschutz der beste ist?" Leider nein – es kann Ihnen niemand abnehmen, alle Kriterien nach den persönlichen Umständen selbst genauestens abzuklopfen und dann zu entscheiden, was in Ihrem ganz speziellen Fall dabei als das Optimum herauskommt.

Bezüglich der Kosten kann es also durchaus sein, dass der teurere Hufschutz sich als der billigere erweist. Wenn Sie beispielsweise nur sehr sporadisch etwas im Gelände reiten, machen sich die momentan sehr hoch erscheinenden Anschaffungskosten für Hufschuhe auf die Dauer vermutlich trotzdem bezahlt, weil Sie sie viele Monate, vielleicht sogar Jahre lang verwenden können.

Ein im Aufbringen nicht so teurer Alubeschlag könnte aber zu einem recht teuren Spaß werden, wenn Sie so viel auf stark schmirgelnden Untergründen mit Ihrem Pferd unterwegs sind, dass dieser nach spätestens zwei Wochen dünn gelaufen ist und dass er an der Zehe durchbricht. Von den zusätzlichen Kosten abgesehen wäre dieser Fall auch für Ihr Pferd sehr ärgerlich, denn Sie müssen nach so kurzer Zeit die Hornwand schon wieder erneut mit Nägeln belasten. Wägen Sie also ab – auch bezüglich Ihrer eigenen finanziellen Möglichkeiten.

▸ Zeitaufwand: Sind Sie ein bequemer Mensch?

Vermutlich nicht – sonst hätten Sie dieses Buch nicht gekauft und würden sich nicht so viele Gedanken um den bestmöglichen Hufschutz Ihres Pferdes machen. Trotzdem sollte auch bedacht werden, dass manche Formen des Hufschutzes einfach mehr Aufwand und Wartungsarbeiten erfordern als andere.

Auch wenn Sie vielleicht der Meinung sind, das Wohl des Pferdes solle doch über allem anderen stehen, so ist es durchaus legitim, auch Faktoren des Zeitaufwandes und der Pflege anzusprechen.

Bei der Verwendung von Hufschuhen zum Beispiel müssen Sie sich darüber im Klaren sein, dass Sie vor jedem Ritt nicht nur Zeit auf das Anlegen der Schuhe selbst, sondern auch auf eine gründliche Reinigung der Hufe vorher verwenden müssen, wenn Sie nicht böse Scheuerstellen riskieren möchten. In der kalten und nassen Jahreszeit kann das durchaus etwas länger dauern.

Wenn Sie der Gedanke schreckt, mit klammen, feuchten Fingern am verdreckten Verschluss eines Hufschuhes herumzunesteln oder sich ein matschiges Pferdebein zwischen die Knie zu klemmen, um einen Hufschuh aufzuziehen, sollten Sie Ihre Entscheidung für diesen Hufschutz noch einmal gut überdenken. Die Huf-schuhe selbst wollen nach einem Matsch-ritt auch gerne gereinigt werden.

Bei vielen Kunststoffbeschlägen gestaltet sich das Auskratzen der Hufe durch den hinteren Steg etwas umständlicher als ge-wohnt. In manchen Fällen benötigen Sie einen besonders flachen Hufkratzer.

Bei einem Klebe„eisen", das mit Laschen an der Hufwand befestigt ist, müssen Sie damit rechnen, dass die eine oder andere Lasche während der Beschlagsperiode viel-leicht einmal nachgeklebt werden muss.

Der Zeitaufwand, der für das Anbringen des jeweiligen Hufschutzes aufgebracht werden muss, ist nicht nur für den Schmied, sondern eventuell auch für Sie ein Kriterium. Während ein geübter Schmied für Eisen, Kunststoffbeschläge oder kombinierte Beschläge in etwa gleich lange braucht, dauert das Bekleben von vier Hufen doch eine ganze Weile und schnell können mit allen Vor- und Nach-bereitungen ein paar Stunden daraus werden. Die Hufe müssen vor dem Be-kleben absolut sauber und trocken sein, eventuell noch zusätzlich entfettet oder angeschmirgelt werden. Ebenfalls nicht vergessen darf man, dass das Pferd auch länger stillstehen muss als beim konven-tionellen Beschlag!

BEURTEILUNG DES PFERDES

Maßgeblich für die Auswahl des Hufschut-zes sind die zum Zeitpunkt der Beurtei-lung vorgegebenen Dispositionen des Pferdes. Anhand dieser Fakten muss fest-gelegt werden, welcher Hufschutz zu die-sem Zeitpunkt für ein bestimmtes Pferd der beste sein wird. Durch die Beurteilung bin ich imstande, alle zur Verfügung ste-henden Hufschutzmöglichkeiten vom hier besten bis zum schlechtest geeigneten zu ordnen. Eventuell werde ich feststel-len, dass grundverschiedene Hufschutz-formen für das beurteilte Pferd den glei-chen Nutzen bringen würden und auch vergleichbare Nachteile durch den Huf-schutz entstehen könnten. Daraus ergibt sich, dass die Beurteilung des Pferdes als Auswahlkriterium für den Hufschutz al-leine nicht taugen wird. Auch die Beurtei-lung umfasst hier nur die Gesichtspunkte, welche für die Auswahl eines richtigen Hufschutzes von Belang sind. Jede Beur-teilung setzt Schwerpunkte, und so muss sich eine Beurteilung des Pferdes – ob das Pferd z. B. als Voltigierpferd einsetzbar ist – von der hier aufgezeigten unterschei-den. Auch werden die Auswertungen der hier beobachteten Fakten nicht für die Aus-führung des Beschlages taugen.

Vielleicht erhellt ein Beispiel die Problema-tik ein wenig: Nach der gründlichen Beur-teilung eines Pferdes stellt sich heraus, dass dieses Pferd zum Zeitpunkt der Beur-teilung gut entwickelte, gesunde Hufe mit ausreichend Hornsubstanz besitzt, die Gliedmaßenführung gerade und regel-mäßig, sogar exzellent ist. Das Pferd ist lebhaft, schwungvoll und rundherum har-monisch. Es ist gut trainiert, somit gut bemuskelt und voller Tatendrang. Auf-grund dieser Beurteilung kommen wir zum Schluss, dass ein Hufschutz nicht notwendig ist. Der Reiter weiß aber, dass er in den nächsten Wochen viel Zeit hat und sehr häufig reiten wird. Zum Schutz vor übermäßiger Abnutzung soll also ein Hufschutz ausgewählt werden. Durch die Beurteilung müsste nun der Einsatz eines Hufschuhes die ideale Wahl sein. Der Hufschuh gibt dem Huf den Abnutzungsschutz bei den Ausritten.

Wenn es nun aber in den nächsten Wochen sehr warm und trocken sein wird, sodass sich die Umweltverhältnisse kurzfristig ändern, wird sich die Abnutzung des Hufes auf der Wiese, also in der Ruhezeit des Pferdes, ebenfalls verstärken und bald ist ein permanenter Hufschutz vorzuziehen. Nach erneuter Beurteilung und der allgemeinen Bestätigung der ersten Beurteilung mit der einzigen anderen Feststellung des verstärkt abgenutzten Hufhorns wäre jetzt ein Kunststoffbeschlag oder das Bekleben mit Hufschuhen die geeignete Maßnahme.

Nun kommen der Geldbeutel und die finanziellen Vorstellungen des Pferdehalters zum Tragen, denn bei gleichem Nutzen ist der Plastikbeschlag wesentlich billiger. Sollte dieser Pferdebesitzer allerdings wissen, dass er in zwei Wochen bei einer Jagd mitreiten will, so würden die Nutzung des Pferdes und die anderen Erfordernisse an den Hufbeschlag, die daraus erwachsen, den Beschlag mit Eisen bestimmen.

Auf der Basis der Beurteilung werde ich Ihnen zeigen, wie durch Abfragen der unterschiedlichsten und nicht zu jedem Zeitpunkt relevanten Kriterien der richtige Hufschutz bestimmt werden kann. Ich hoffe, es ist ganz klar geworden, dass bei demselben Pferd und demselben Reiter von Termin zu Termin ein anderes Ergebnis herauskommen kann!

▶ Beobachtung und Bestandsaufnahme

Die wichtigste Maßnahme und ein unabdingbares Muss für die Auswahl des geeignetsten Hufschutzes ist die Beurteilung des Pferdes.

Bitte schrecken Sie jetzt nicht zurück, weil Sie vielleicht schon mal eine Hengstbeurteilung des Beauftragten eines Zuchtverbandes im Rahmen der Hengstkörung erleben durften und vollkommen beeindruckt von der Kompetenz des Pferdefachmanns in Ehrfurcht erstarrten.

Vielleicht verstanden Sie weder die Begriffe, die hier eingesetzt wurden, noch stimmte das Beurteilungsergebnis in irgendeiner Weise mit Ihrem eigenen Eindruck überein.

Sicherlich sagte nun der eine oder andere zu sich selbst, dass er noch eine Menge lernen muss, weil er all das nicht so gesehen hatte, wie mit den schönen Worten vom Experten verkündet wurde. Ich kann Sie beruhigen.

Bei diesen Beurteilungen hat der Vorsitzende der Körkommision in seinem Hinterkopf das für diese Pferderasse festgehaltene Zuchtziel streng auf das Exterieur bezogen. Er verglich das ihm vorgestellte Pferd Punkt für Punkt mit dem Bild des Idealpferdes in seinem Hinterkopf. Hätten Sie dieses imaginäre Bild ebenfalls genauso präsent und könnten nun diese beiden Bilder in Ihrer Vorstellung übereinander legen, so könnten Sie genauso sicher Ihre Beurteilung herunterspulen.

Um diese Art der Pferdebeurteilung soll es hier nicht gehen.

Sie brauchen kein Zuchtziel im Kopf zu haben, wenn es darum geht, nur Ihr Pferd genau anzuschauen, Punkt für Punkt die Ergebnisse zu notieren und abschließend das Gesehene zu analysieren.

Die Beurteilung Ihres Pferdes können Sie nicht alleine durchführen. Sie brauchen eine Assistenz. Beginnen Sie mit der Beurteilung des ganzen Pferdes. Es reicht zur Auswahl des richtigen Hufbeschlages nicht, die Hufe des Pferdes zu betrachten. Sie werden gleich erkennen, warum.

▶ Beurteilung des ganzen Pferdes im Stand

Ihr Partner hält das Pferd nun am Strick und Sie schauen sich Ihr Pferd einmal ganz genau an.

Die Beurteilung beginnt mit der bewussten Begutachtung des Allgemeinzustandes Ihres Pferdes. Ist das Auge wach und munter, macht Ihr Pferd einen mobilen und gesunden Eindruck? Sie sollten es nun auf frische (oder auch schon etwas ältere) Verletzungen überprüfen. Für diese Informationen ist es unerlässlich, sich einmal kurz zu bücken, um auch den Bauch sehen zu können und das Pferd anzufassen. Nur wenige Menschen sind in der Lage, unklare oder verdickte Sehnen nur optisch und aus größerer Entfernung erkennen zu können, und wenn Sie ein Pferd mit starkem Behang an den Beinen haben, kann so etwas keiner mehr sehen.

Nun versuchen Sie sich einmal den Körperbau Ihres Pferdes bewusst anzusehen. Ist es ein leichtes, hoch im Blut stehendes Pferd, mittelschwer oder sehr kräftig, ist das Pferd sehr dünn oder ist es überge-

wichtig? Wie stark ist Ihr Pferd bemuskelt, wie ist der Glanz des Haarkleides etc. etc.

Dann sollten Sie die Aufmerksamkeit ganz bewusst auf die Rahmigkeit des Pferdes lenken. Jetzt also doch so ein Fachwort – aber die Erklärung ist ganz simpel. Wenn Sie ein Pferd von der Brust bis zum Schweif ansehen, die Beine mit ins Bild nehmen und sich einen Kasten darum vorstellen, ist dieser Kasten dann eher ein Quadrat oder ein Rechteck?

Diese Unterscheidung ist recht wichtig, denn hier werden Erkenntnisse für die späteren Beobachtungen beim vorgeführten Pferd gewonnen. Bei einem quadratischen Pferd mit einer kurzen Mittelhand und langen Beinen werden wir stärker auf Bewegungsstörungen wie z. B. das Greifen, also die Berührung der Vorderbeine oder Hufe durch die Hinterbeine, achten müssen.

Beim Pferd im Rechteckformat schauen sie sich bitte recht intensiv die Sattellage an. Verdickungen und Aufwölbungen in der

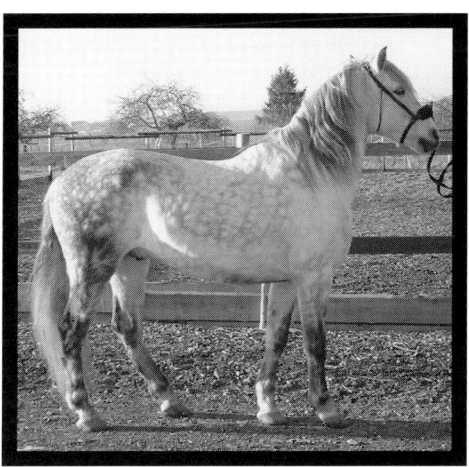

Beispiel für ein typisches Quadratpferd, hier ein Andalusier

Nierenpartie können ein Indiz für einen stark verspannten Rücken sein. Wenn Sie sich nicht sicher sind, dann fahren Sie doch mal mit zwei Fingern links und rechts der Wirbelsäule am Widerrist beginnend nach hinten. Bei mäßig starkem Druck sollte Ihr Pferd auf keinen Fall den Rücken zum Boden hin wegdrücken! Viel öfter als man denkt, haben Bewegungsstörungen und mitunter sogar Lahmheiten ihre eigentliche Ursache im Rücken!

Gehen Sie einmal ganz um Ihr Pferd und betrachten sich die Brust und die Kruppe sehr genau. Ist die Brust breit oder ist sie eng? Welche Form hat die Kruppe von hinten gesehen? Ist sie herzförmig oder ist die Wirbelsäule der höchste Punkt?

Auf der Abbildung erkennen Sie drei völlig unterschiedliche Pferdetypen: ein Warmblut, ein Haflinger und eine Vollblüterin. Fehlergucker werden sicher viele Mängel der Pferde erkennen können, aber die Pferde sind insgesamt stimmig und rassetypisch.

Nach den vielen nun beobachteten Details entscheiden Sie für Ihr Pferd doch bitte, und das sehr intuitiv, ob es ebenfalls in sich „stimmig" ist. Hätte der Haflinger die schmale Brust der Vollblüterin oder der Warmblüter die kurzen kräftigen Beine des Haflingers, wäre die Harmonie des Gesamteindrucks gestört.

Nun sollten Sie noch einmal nachdenken, wie alt Ihr Pferd ist. Falls Sie es von einem der dubiosen Pferdehändler kauften, war es zu diesem Zeitpunkt vermutlich „acht Jahre" alt, und in diesem Fall wäre es sicherlich vernünftig, jetzt einmal selber zu schauen, wie alt das Pferd nun wirklich sein könnte.

▶ Zahnaltersbestimmung

Bei Pferden, die etwa zwischen drei und zwanzig Jahre alt sind, deren Alter also nicht schon allein durch körperliche Charakteristika sofort erkennbar ist, ist die Betrachtung der Zähne die einzig annähernd sichere Methode der Altersbestimmung.

Ungenauigkeiten in der Zahnaltersbestimmung können durch rassetypische Eigenschaften, Gebissfehler oder futterbedingten ungleichmäßigen bzw. zu schnellen Abrieb auftreten.

Das Pferd hat pro Kieferseite drei Schneidezähne, drei prämolare und drei molare Backenzähne. Beim Hengst kommt auf jeder Kieferseite oben und unten zwischen Schneide- und Backenzähnen der so genannte Hakenzahn hinzu. Bis auf die letz-

Drei ganz unterschiedliche Pferdetypen.

Zur genauen Altersbestimmung ist manchmal ein Blick ins Pferdemaul nötig.

Bis die neuen Zähne auf den gegenüberliegenden Kieferseiten so groß sind, dass sie zum ersten Mal miteinander in Reibung treten, ist das Pferd etwa drei Jahre alt (erste Zangenreibung), vier Jahre alt (erste Mittelzahnreibung) bzw. fünf Jahre alt (erste Eckzahnreibung).

► **Altersbestimmung anhand der Abnutzung**

a) Anhand der Kunden

Ab dem Alter von etwa fünf Jahren sind alle Zähne gewechselt und nur noch der Abnutzungsgrad an den so genannten Kunden (dunklere Vertiefungen in der Reibefläche der Zähne) kann Aufschluss über das Alter geben. Diese rillenartigen Vertiefungen werden durch Abreibung immer flacher und verschwinden an den einzelnen Zähnen etwa in folgendem Alter völlig:

Unterkiefer		Oberkiefer	
Zangen	6 J.	Zangen	9 J.
Mittelzähne	7 J.	Mittelzähne	10 J.
Eckzähne	9 J.	Eckzähne	11 J.

Im Alter von ca. 13 – 15 Jahren besteht also keinerlei Vertiefung mehr in den Reibeflächen der Schneidezähne.

b) Anhand des Querschnittes der Zahnreibefläche

Zur Unterstützung der Bestimmung betrachtet man außerdem den Querschnitt der Reibeflächen, der sich wie folgt verändert:

ten drei Backenzähne werden alle Zähne vom Milchgebiss zum bleibenden Gebiss gewechselt.

Die Altersbestimmung wird ausschließlich an den Schneidezähnen durchgeführt, welche man, von der Kiefermitte ausgehend, in Zangen, Mittelzähne und Eckzähne unterteilt. Sie brechen in dieser Reihenfolge beim Fohlen im Alter von etwa sechs Tagen, sechs Wochen und schließlich sechs Monaten durch. Zuallererst müssen wir also überprüfen, ob wir es noch mit Milchzähnen zu tun haben oder nicht. Der spätere Wechsel von Milchzähnen zu bleibenden Zähnen ist dann ein wichtiges Kriterium zur Altersbestimmung.

► **Altersbestimmung anhand des Zahnwechsels**

Das Abstoßen der Milchzähne findet in folgender Reihenfolge statt:

Zangen	2½ Jahre
Mittelzähne	3½ Jahre
Eckzähne	4½ Jahre

	Zangen	Mittelzähne	Eckzähne
Queroval:	5–7 J.	7–12 J.	8–13 J.
Rund:	12–13 J.	12–18 J.	14–19 J.
Dreieckig:	19–23 J.	20–24 J.	21–25 J.
Längsoval:	über 23 J.	über 24 J.	über 25 J.

▶ **Altersbestimmung anhand der Zahnwölbung**

Mit zunehmendem Alter verändert sich der Winkel, in dem die Schneidezähne von Ober- und Unterkiefer aufeinander treffen, von stumpf zu spitz. Der Grad dieser Winkelung ist jedoch nur ein sehr grober Anhaltspunkt zur Altersbestimmung. Es bedarf sehr viel Erfahrung und Vergleichsmöglichkeiten unterschiedlicher Pferde, um aus der Winkelung das tatsächliche Alter bestimmen zu können.

Darüber hinaus gibt es noch weitere, sehr viel detailliertere Kriterien zur Zahnaltersbestimmung, deren Darlegung hier allerdings zu weit führen würde. Für den Laien sind die oben genannten Anhaltspunkte ausreichend, um das ungefähre Alter eines Pferdes zu bestimmen.

Nachdem Sie nun auch über das Alter des Pferdes Bescheid wissen, überprüfen Sie bitte doch noch einmal den Eindruck, den das Pferd auf Sie machte, und denken darüber nach, für welche Verwendung sich dieses Gebäude des Pferdes besonders eignen würde.

Als Anhaltspunkt sei kurz erwähnt, dass sich der Springreiter wohl eher ein quadratisches Pferd wünscht, der Holzrücker im Wald ein schweres Pferd mit starken Knochen, der Westernreiter ein kurzes Pferd und der Distanzreiter eher ein schlankes.

▶ **Beurteilung der Hufe im Stand**

Beim ersten Blick auf die Hufe Ihres Pferdes werden wir uns die Stellung der Gliedmaßen noch gar nicht genau ansehen, sondern dieser Blick hat das Ziel, die Hufe auf sichtbare Erkrankungen oder Krankheitszeichen hin zu untersuchen. Wir suchen also nach Abweichungen vom gesunden Huf.

Der gesunde Huf

▶ Die Hufwand verläuft geradlinig ohne Einschnürungen oder Auswölbungen vom Kronrand zum Tragrand.

▶ Der Tragrand ist weiter als der Kronrand. Der Winkel der Außen- und der Innenwand zum Boden ist gleich.

▶ Die Hornwand ist glatt und glänzend.

▶ Es sind weder Längs- noch Querrisse zu erkennen.

▶ Der Kronrand verläuft gleichmäßig absinkend von der Zehe zur Tracht, ohne dass Verlagerungen oder Ein- und Ausbuchtungen zu erkennen sind.

▶ Die Ballen sind kräftig und gleichmäßig.

▶ Die Hufknorpel sind elastisch. (Wenn Sie den Huf aufheben und mit den beiden Daumen auf den Ballen drücken, dann spüren Sie die Hufknorpel. Der Knorpel soll sich glatt an fühlen und Sie müssen ihn leicht bewegen können.)

▶ Die Hornsohle ist gleichmäßig gewölbt. Die Hufwand ist über die weiße Linie mit der Sohle fest verbunden.

▶ Die Eckstreben verlaufen geradlinig und werden deutlich von der weißen Linie begrenzt.

▶ Der Hornstrahl ist gut entwickelt und kräftig.

► Der Strahl liegt mit den Trachten auf einer Höhe.

► Zehenwand und Trachtenwand verlaufen von der Seite gesehen parallel. (Ist die Trachtenwand spitzer als die Zehenwand spricht man von untergeschobenen Trachten.)

► Bei den Vorderhufen ist das Längenverhältnis von Zehenwand zur Länge der Tracht 2:1.

► Bei den Hinterhufen ist das Verhältnis von Zehenwand zu Trachtenwand 3:1.

Nun überprüfen Sie den Huf auf seine Form und die Symmetrie. Die Verlängerung des Strahls durch die mittlere Strahlfurche über die Strahlspitze an die Zehe sollte den Huf in zwei gleiche Hälften teilen. Die Vorderhufe sollten runder als die Hinterhufe sein. Die Form der Hinterhufe ist spitzrund. Die weiteste Stelle ist weiter hinten als bei den Vorderhufen. Beim regelmäßigen Huf sollte der Tragrand von vorne gesehen ca. 2 cm weiter als der Kronrand

sein. Ist die Differenz größer, spricht man von einem weiten Huf, ist sie ein wenig enger, ist es ein enger Huf. Bei jeder dieser Hufformen ist die Sohle gut gewölbt. Ist sie flacher als normal, spricht man von einem Flachhuf, ist sie nach unten gewölbt, spricht man von einem Vollhuf. Der Flachhuf und der Vollhuf sind in der Regel bei weiten Hufen zu finden. Sollte das bei Ihrem Pferd der Fall sein, schauen Sie ab Seite 186 unter „Flachhuf/Vollhuf" im Kapitel über die Huforthopädie.

Die klare Unterscheidung, ob es sich nur um einen im Verhältnis zum Pferdekörper zu großen oder tatsächlich um einen weiten Huf im oben beschriebenen Sinne handelt, ist äußerst wichtig! Weite oder enge Hufe dürfen niemals mit großen oder kleinen Hufen verwechselt werden. Sie sind eine Abweichung vom Normalen, die häufig einer Korrektur oder zumindest erhöhter Aufmerksamkeit bedürfen.

Links: enger Huf, rechts: weiter Huf

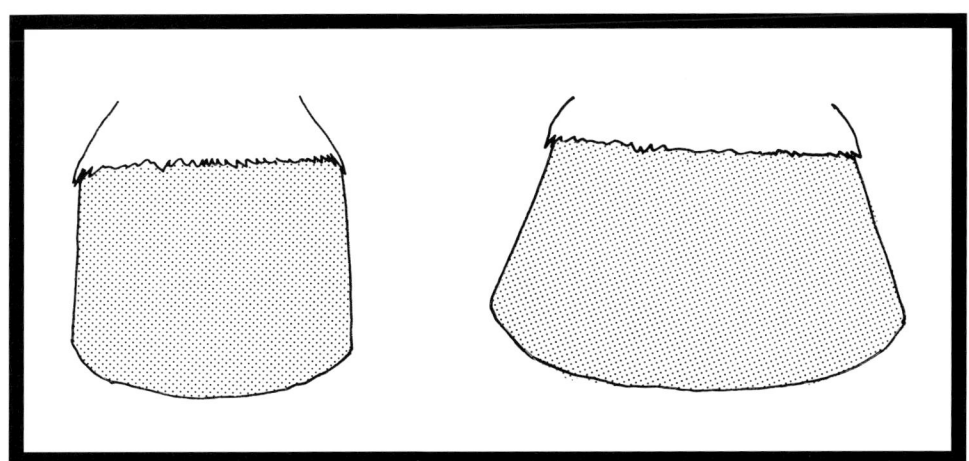

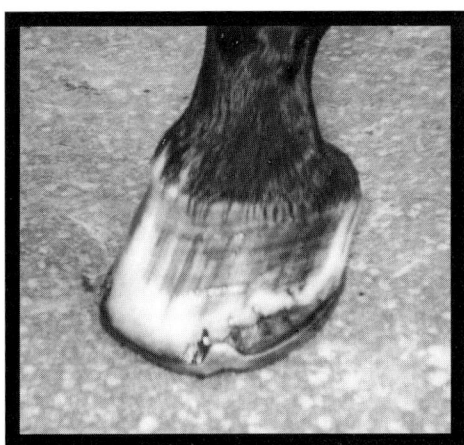

Dieser Beschlag ist zum Zeitpunkt der Beurteilung zu kurz und zu eng. Im Bereich äußere Zehe/äußere Wand liegt massiver Hornverlust vor. Nach Abnahme des Eisens und Zurichten des Hufes ist zu überprüfen, ob hier überhaupt noch genagelt werden kann oder ob Kleben angezeigt ist.

Sie mit dem Hufräumer über die Sohle fahren, hinterlassen Sie dann weiße Spuren oder läuft das Metall des Hufräumers wie über ein Glas oder eine Stahlplatte? Ist der Strahl weich oder gar faulig? Oder ist der Stahl des Hufes knochenhart? Hat die Hornwand kleine Ansätze zu Rissen, sind Hornteile ausgebrochen etc.?

Der zweite Teil der Hufbeurteilung bezieht sich auf den eventuell noch am Huf befindlichen Beschlag (oder Bekleb).

Wie ist der Abnutzungsgrad des Hufschutzes, hat sich der Hufschutz etwa verdreht (was bei Kunststoffbeschlägen gerne passiert) oder ist der Schutz ungleichmäßig abgenutzt (mehr an der Zehe oder an einer Hufwand)? Oder sind Nägel abgebrochen, haben sich die Nieten geöffnet? Ist die Abnutzung der Beschläge an den paarigen Gliedmaßen gleich stark und an denselben Stellen?

Sollte zwischen Kronrand- und Tragrandmaß kein Unterschied oder das Tragrandmaß sogar enger sein, liegt ein Tragrandzwanghuf vor. Häufig werden Sie Zwischenformen, wie halbeng-halbweit oder Ähnliches finden. Diese oftmals erworbenen Hufe sind dann ein Ergebnis der Gliedmaßenführung des Pferdes.

Sie müssen nun die Hufe der paarigen Gliedmaßen vergleichen. Die Hufe der Vorhand sollten beide völlig gleich sein, wie auch die der Hinterbeine.

Wichtig ist nun auch, sich die Größe der Hufe im Verhältnis zum Körper des Pferdes anzusehen. Ist das Verhältnis gestört, sind die Hufe für das Gewicht des Pferdes zu groß oder zu klein, so hat das entscheidende Auswirkung auf die Wahl des Hufschutzes. Ein schweres Pferd kann eine enge Krone haben, zu der dann die Hufe regelmäßig sind, so wie ein leichtes Pferd bei einer weiten Krone ebenso hierzu passende Hufe trägt.

Überprüfen Sie bitte auch die Qualität und die Beschaffenheit des Hufhorns. Wenn

▶ Die Gliedmassenstellung im Stand

In jedem guten Hufbeschlagsbuch ist mit interessanten Skizzen und vielen Fotos die Stellung in der Ruhe beschrieben und erklärt. Für die Auswahl des passenden Hufschutzes ist sie aber meiner Ansicht nach gar nicht wichtig. Mich interessiert die Stellung in Ruhe ohnehin nur zweit-

Ein Pferd für die Beurteilung wirklich richtig hinzustellen, ist sehr schwer. Auf diesem Foto steht der Hengst rückständig, er ist es aber tatsächlich gar nicht. Die Hinterbeine stehen zur Betrachtung nicht parallel.

Im Stand steht dieses Pferd etwas bodeneng und zehenweit.

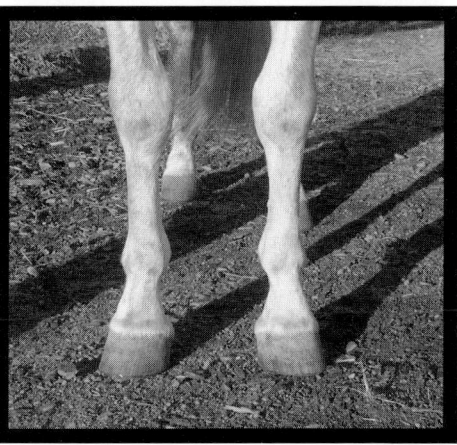

rangig, da nach meiner Überzeugung alle relevanten Verstellungen erst durch ihren Einfluss auf die Bewegung deutlich werden. Oft habe ich beobachtet, dass Pferde, die im Stand diverse Verdrehungen und Knickungen in Ihren Beinen vorwiesen, dann in der Bewegung mit gerader Gliedmaßenführung und überragenden Bewegungen bestachen. Viele dieser in der Ruhe begutachteten Fehlstellungen heben sich gegenseitig auf, und das gilt vor allem auch für die über Kreuz liegenden Gliedmaßen der anderen Hand. Deshalb ist es außerordentlich wichtig, auch bei der Beurteilung nie den Gesamteindruck des Pferdes zu verlieren, um dann die Rückschlüsse auf die Wahl des Hufschutzes zu ziehen.

Eine Ausnahme von der Regel „Beurteilung nur in Bewegung" ist allerdings zu

machine: Die Beurteilung, ob der Huf zum Fesselstand passt, ist im Stand ein Muss! Sie müssen überprüfen, ob eine gedachte Linie durch das Fesselbein und den Huf eine Gerade ergibt oder ob eine Knickung nach vorne bzw. hinten entsteht.

Dasselbe Pferd im Trab: Hätten Sie diese schöne gerade Gliedmaßenführung aufgrund der Stellung in Ruhe vermutet?

Passt der Huf zum Fesselstand? Rechts: zu spitz zum Fesselstand; Mitte: zu stumpf zum Fesselstand; links: passend zum Fesselstand. Unten: Die jeweilige Korrektur kann und muss in jedem Lebensalter des Pferdes vorgenommen werden.

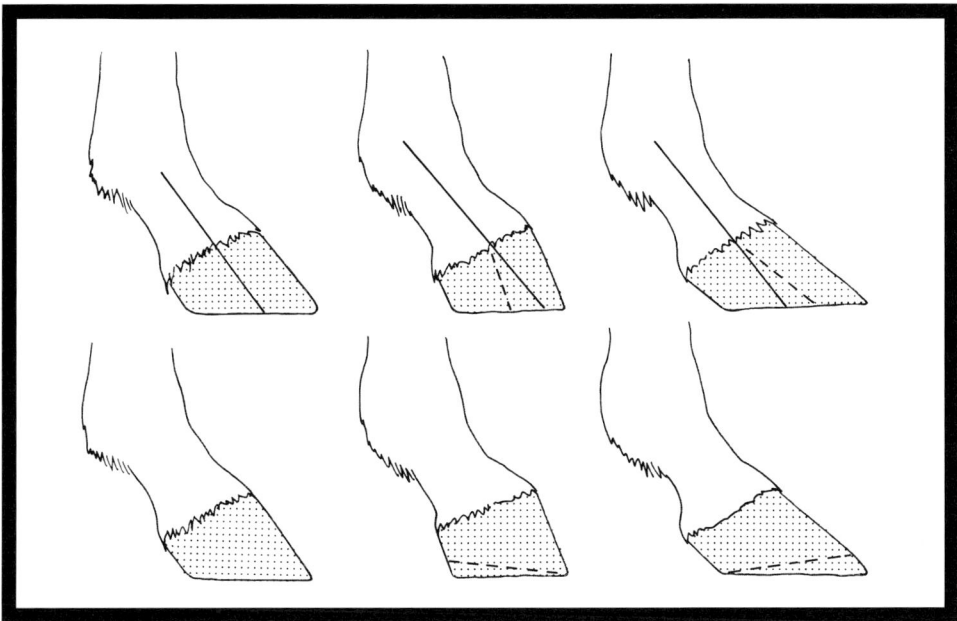

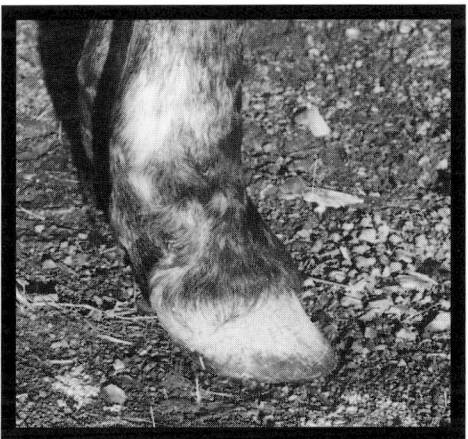

Die Kontrolle des Fesselstandes ist ein Muss. Hier ist er etwas zu spitz, außerdem erkennt man untergeschobene Trachten.

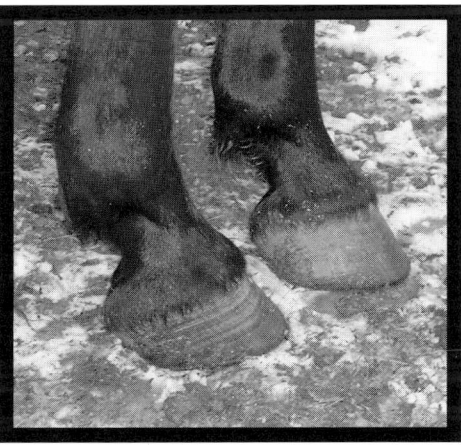

Hier ist der Fesselstand im Gegenteil zu stumpf.

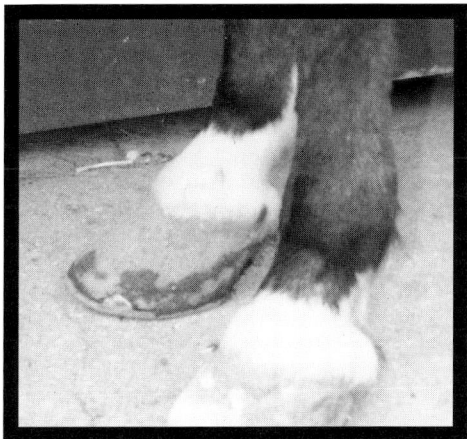

Hier sieht man einen sträflich vernachlässigten Huf. Das Eisen war viel zu lange am Huf, sodass der Fesselstand viel zu spitz geworden ist.

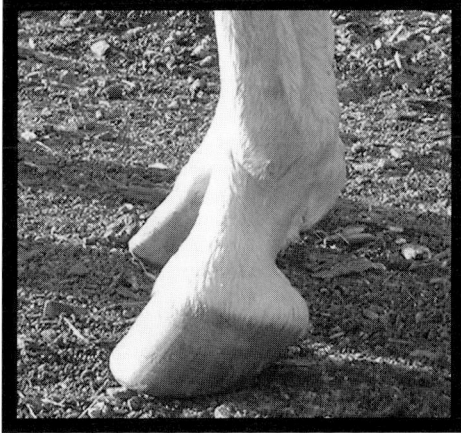

Das Problem der untergeschobenen und eingerollten Trachten ist sehr häufig. Der Verlauf von Trachten- und Zehenwand ist nicht parallel, außerdem sind die Trachtenwände nach innen eingebogen.

Ein Beispiel für schlechtes Vorführen: Das Pferd ist durch die Pfütze irritiert und läuft nicht gerade, der Standpunkt des Betrachters lässt keinerlei Rückschlüsse auf die Gliedmaßenführung zu.

führbahn reicht dann oft in der Breite kaum noch aus und das Ergebnis wird verfälscht.

▶ Von hinten

Wenn das Pferd von Ihnen weggeführt wird, dann betrachten Sie bitte nur die Führung der Hintergliedmaßen. Beim Musterpferd sollten Sie beobachten, dass die Gliedmaße gerade nach vorne geführt wird, wobei jedes Bein unter dem Aufhängepunkt im Becken geführt ist.

Ich kann Sie beruhigen, denn ich habe diese Gliedmaßenführung höchstens ein Dutzend Mal gesehen und bei fast allen dieser Pferde gab es genau aus diesem Grunde Probleme!

▶ Beurteilung der Gliedmaßenführung in der Bewegung (Schritt)

Sie bitten nun also Ihren Helfer, Ihnen das Pferd im Schritt vorzuführen. Suchen Sie sich dafür eine ca. 50 m lange ebene und rutschfeste Vorführbahn. Der Helfer soll das Pferd mit nicht zu langem Strick in angemessenem Tempo vorführen, ohne es dabei anzusehen.

Ich sage das nicht ohne Grund, denn zu oft habe ich in meinen Seminaren erlebt, wie schwer den Besuchern das Vorführen der Pferde gefallen ist. Das zu langsame Gehen vor allem in Verbindung mit dem Anschauen des Pferdes führt zu unrunden Bewegungen des Pferdes, teilweise sogar zu schwankendem Gang. Die Vor-

So ist es richtig: Das Pferd läuft gerade, der Führstrick hängt locker durch und zieht den Kopf nicht zur Seite.

Auch von hinten muss das Pferd in Bewegung betrachtet werden.

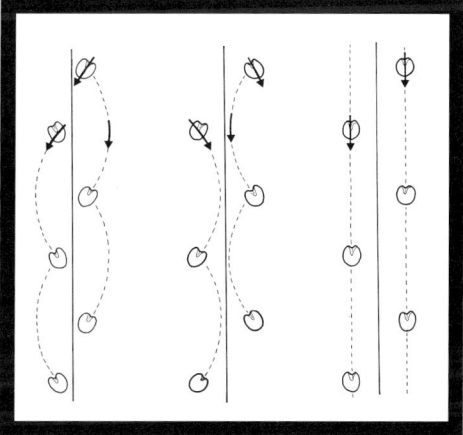

Gliedmaßenführung, von oben betrachtet (in der Pferdebeurteilung von vorn und hinten zu überprüfen). Links: um die stützende Gliedmaße; Mitte: gegen die stützende Gliedmaße; rechts: gerade

Weitaus häufiger zu beobachten ist eine Gliedmaßenführung der Hinterbeine „gegen die stützende Gliedmaße". Das auf dem Weg nach vorne befindliche Bein in der Luft beschreibt eine leichte Kreisbahn, wobei sich das nach vorne laufende Bein dem auf dem Boden befindlichen Bein (stützendes Bein) zuerst nähert und dann wieder nach außen strebt. Wenn diese Gliedmaßenführung bei Ihrem Pferd zu beobachten ist, dann sollten Sie schon im Schritt genau aufpassen, wie dicht sich die beiden Hinterbeine kommen. Wenn Sie eine Streichgefahr (also die Berührung der Hinterbeine) erkennen, so sollten Sie sich das im Trab noch einmal genau ansehen.
Die nächste auch sehr oft anzutreffende Bewegungsvariante der Hinterbeine ist die Gliedmaßenführung „um die Stützende".

Im Gegensatz zu oben verläuft die Kreisbahn des nach vorne strebenden Beines nun so, als wäre das auf dem Boden befindliche Bein das Zentrum des Kreises.
Die beiden letzten sehr oft zu sehenden Bewegungsformen sind die geradlinige Führung der Beine sehr eng und sehr weit, also mit V- oder A-förmiger Stellung der Hinterbeine.

▸ **Von vorne**
Nun wird das Pferd im Schritt auf Sie zugeführt und Sie beobachten die Gliedmaßenführung der Vorderbeine. Regelmäßig wäre die gerade Gliedmaßenführung nach vorne, wobei das Karpalgelenk immer senkrecht über dem Huf liegen müsste. In sehr vielen Fällen wird das nicht der Fall sein und Sie werden sehen, dass die Huf-

Gliedmaßenführung von der Seite betrachtet. Oben: regelmäßig; Mitte: flacher Bewegungsbogen – diese Pferde neigen vermehrt zum Stolpern und Gleiten (Rutschen); unten: hoher Bewegungsbogen – diese Pferde neigen zum Stampfen.

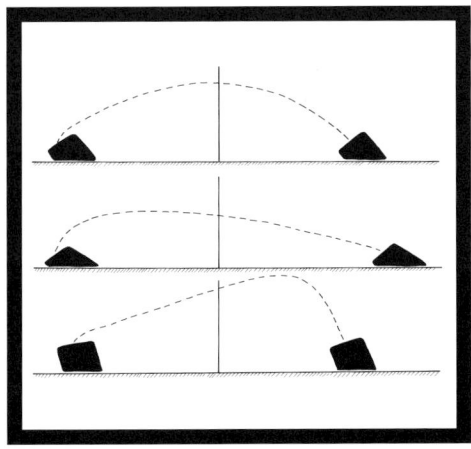

zehe nach innen oder außen abweicht oder das Karpalgelenk nicht ständig über dem Huf läuft, das Pferd mit den Vorderbeinen gegen oder um die stützende Gliedmaße läuft oder die Vorderbeine „bügeln", d. h. nach außen pendeln.

► **Von der Seite**
Nun gehen Sie bitte etwas zur Seite und lassen das Pferd gerade und schwungvoll an sich vorbeilaufen. Achten Sie im Schritt auf die Bögen, die von den Gliedmaßen beschrieben werden. Verläuft dieser Bogen sehr flach über dem Boden? Wie sieht der Bogen aus? Ist der höchste Punkt, der vom Huf erreicht wird, in der Mitte des Weges, am Anfang oder am Ende? Wie dicht kommen sich der Vorder- und der Hinterhuf? (Greifgefahr, wenn die nach vorne fliegenden Hinterbeine das zu spät abschwingende Vorderbein an einer Stelle berühren können.)

► **Beurteilung der Fussung**
  in der Bewegung
Beim zweiten Vorführen im Schritt achten Sie bitte nur auf die Fußung der Hufe. Es gibt nur wenige Möglichkeiten, die aber teilweise schwer zu erkennen sind.
Im Idealfall fußt ihr Pferd plan auf. Wenn das der Fall sein sollte, versuchen Sie optisch und akustisch zu überprüfen, ob Ihr Pferd zu den Leisetretern oder den Stampfern gehört. Genau wie bei den Menschen auch treten die verschiedenen Pferde trotz gleichen Körpergewichts nicht gleich kräftig auf den Boden. Das wird teilweise an dem Bewegungsbogen von der Seite gese-

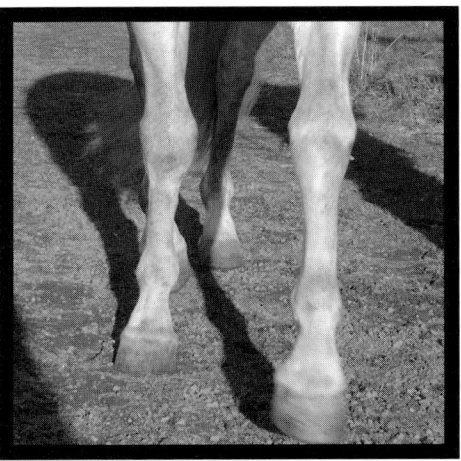

Beurteilung der Fußung im Trab: Dieses Pferd fußt mit der äußeren Zehe und der äußeren Wand zuerst auf.

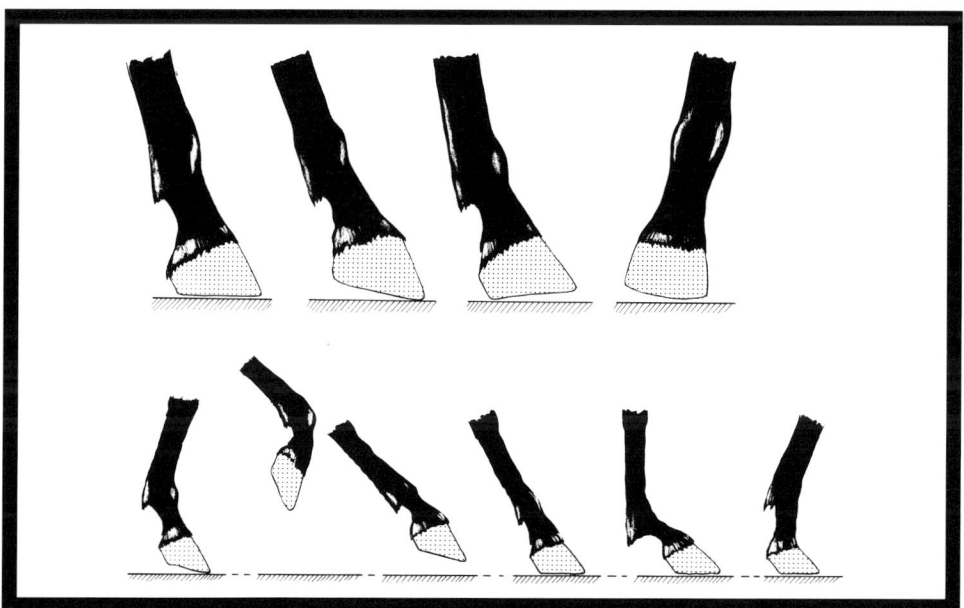

Oben: Fußungsarten. Von links nach rechts: plane Fußung; Zehenfußung; Trachtenfußung; Fußung mit der inneren oder äußeren Seitenwand.
Unten: Phasen eines Schrittes (Vorderbein), von links nach rechts: 1) Abrollen/ Abschwingen. (Die Vordergliedmaßen sollen über die Hufzehe abrollen, die Hintergliedmaßen sollen keine Abrollbewegung zeigen und sofort abschwingen – das Hufbein der Vordergliedmaße weist eine Zehenrichtung auf, das der Hintergliedmaße nicht. Zehenrichtung bedeutet, dass das Hufbein an der Spitze leicht nach oben aufgebogen ist.) 2) und 3) Vorschwingen oder Schweben. 4) Fußen oder Auftreten – (erste Stützbeinphase). 5) Durchtreten und Belasten. 6) Abstemmen (zweite Stützbeinphase) – Phase der höchsten Belastung für die tiefe Beugesehne. In den Phasen 1, 3 und 4 kommt es zu Hornabrieb.

hen liegen (wenn der höchste Punkt des Bogens im letzten Drittel liegt, wird das Pferd voraussichtlich kräftiger auftreten als bei einem gleichmäßigen Bogen mit dem Hochpunkt in der Mitte), ist aber nicht immer so. Versuchen Sie auch zu hören, ob die paarigen Gliedmaßen gleich kräftig auf den Boden treten. Ihr Pferd könnte aber auch einseitig, zuerst mit der Innenseite oder der Außenseite des Hufes, auffußen.
Wenn zuerst die Tracht den Boden berührt, spricht man von der Trachtenfußung. (Wenn ich ein Pferd sehe, das eine Trach-

tenfußung zeigt, werde ich zuerst überprüfen, ob dieses Pferd schon einmal Hufrehe hatte. Dazu taste ich die Hufkrone ab. Wenn in der Mitte der Zehenwand an der Krone eine kleine Mulde zu ertasten ist, dann ist dies ein sicheres Indiz für eine eventuell schon überstandene Hufrehe, die aber zu einer Veränderung der Lage des Hufbeines geführt hat.)

Selten ist die Fußung zuerst mit der Hufzehe. Vor allem an den Hinterbeinen sollte man auf Drehungen des Hufes achten, die häufig kurz vor dem Abschwingen zu beobachten sind.

▶ Beurteilung im Trab

Nun müssen Sie die ganze Prozedur im Trab wiederholen. Ihre Assistenz wird Sie verfluchen, aber ein ganz wesentlicher Punkt der Beurteilung ist im Schritt unter den Tisch gefallen.

▶ Überprüfung auf Lahmheit

Die wesentlichste aller Bewegungsstörungen ist die Lahmheit. Jeder vernünftige Pferdefreund wird sich auf eine Beurteilung auf den Ausschluss der Lahmheit im Schritt nicht verlassen. Vor jedem neuen Beschlag und überhaupt vor jeder Arbeit an den Hufen ist die Kontrolle auf Lahmheit unbedingt durchzuführen. Ein Verzicht darauf erbringt letztlich keine Zeitersparnis.

Ich möchte an dieser Stelle eine mir sinnvoll erscheinende und in vielen Reitsportdisziplinen schon verwendete Einteilung der Lahmheiten einführen.

Die Lahmheiten des Pferdes werden in fünf Lahmheitsgrade eingeteilt:

▶ L1 steht bei dieser Einteilung für die leichte Taktunreinheit,

▶ L2 ist die leichte Lahmheit, wobei eine Reittauglichkeit schon fraglich ist, bis zu L5, bei der das Pferd stocklahm ist.

Die Lahmheitsgrade L3 bis L5 sind leicht zu erkennen: Achten Sie auf die Nickbewegung des Kopfes bzw. der Kruppe. Ist so eine Nickbewegung erkennbar, dann geht Ihr Pferd lahm, und Sie sollten den Tierarzt hinzuziehen. Die Erkennung, auf welchem Bein das Pferd lahm ist, gestaltet sich manchmal recht problematisch, denn Sie wissen nicht, ob das Stützbein (also der Bereich unterhalb des Karpalgelenkes) oder das Hangbein (der Bereich oberhalb des Karpalgelenkes) die Ursache für die Lahmheit ist. Somit ist die Information, wann das Pferd den Kopf oder die Kruppe oben hat, oft nicht alleine aussagefähig.

Bei den Lahmheitsgraden L1 und L2 ist die Erkennung sehr viel schwerer. Versuchen Sie neben den optischen Informationen auch auf Ihr Gehör zu achten. Manchmal kann eine Unreinheit des Taktes am ehesten akustisch wahrgenommen werden. Überprüfen Sie, ob das Pferd in der Trabbewegung einen freien, entspannten Eindruck macht. Ein Indiz dafür kann sein, dass Ihr Pferd seinen Schweif frei und mitschwingend trägt. Dies hat nun etwas mit Ihrer Intuition zu tun, aber Sie kennen Ihr Pferd und sollten eigentlich sowieso der beste Kenner des Tieres sein. Sollte Ihr Pferd auf Sie einen verspannten oder miesepetrigen Eindruck machen, dann wechseln Sie doch einmal den Untergrund der Laufbahn. Gehen Sie auf eine Wiese oder auf einen weichen Weg und vergleichen Sie den Eindruck, den das Pferd nun auf Sie macht. Besonders bei unbeschlagenen Pferden musste ich viel zu oft feststellen, dass diese Tiere auf beiden Vorderbeinen oder beiden Hinterbeinen oder sogar auf allen Beinen zumindest „fühlig" waren und die Bewegung auf weichem Untergrund ganz anders aussah.

▶ Taktreinheit

Taktreinheit ist mit dem Auge kaum zu erkennen, besser ist die Reinheit des Taktes mit dem Ohr wahrnehmbar.

Leider ist eine vollkommene Taktreinheit nicht sehr oft vorzufinden. Wie diffizil die Erhaltung der Taktreinheit ist, erklärt sich durch ein kleines Beispiel: Stellen Sie sich einmal vor, dass Sie Ihre Reitstiefel tragen. Am linken Stiefel verlieren Sie den Absatz. Der Absatz eines Reitstiefels hat eine Höhe von ca. 2 cm. Wenn Sie nun versuchen loszugehen, werden Sie sowohl nach dem subjektiven Empfinden als auch nach dem objektiven Wahrnehmen eines Beobachters humpeln. Da das Pferd einen sehr hoch entwickelten Bewegungsapparat besitzt, stören schon geringe Veränderungen

den Bewegungsablauf radikal. Sehr einsichtig ist die folgende Rechnung: Wenn Ihr Pferd eine Gliedmaßenlänge von 1 m hat, so bewirkt die um einen Millimeter stärkere Kürzung des äußeren Tragrandes eine Verstellung des Pferdebeines um 1 cm in Richtung bodenweit. Ein Millimeter wird bei einer guten Hufraspel mit einem einzigen Raspelhieb entfernt.

Wenn ich nun den linken Vorderhuf unbemerkt um einen Millimeter kürzer schneide als den anderen, so wird das Pferd eine Schrägstellung der Schulter bekommen. Neben der daraus folgenden einseitigen Muskelverspannung wird sich die Schrittlänge des linken und des rechten Beines unterscheiden. Übertrieben wird das Pferd vom nun etwas längeren Bein vermehrt auf das kürzere „fallen". Das kürzere Bein wird am Huf anders und vermehrt abreiben. Je stärker die ungleiche Länge ist, umso stärker wird sich das Beschriebene auswirken. Dasselbe gilt bei unterschiedlichen Hufformen der paarigen Gliedmaßen. Die Problematik der daraus resultierenden Taktunreinheit ist grob vernachlässigt und sollte stärker beobachtet werden.

Nun müssen Sie genauso wie im Schritt die Gliedmaßen- und Hufführung Ihres Pferdes im Trab ansehen. In vielen Fällen werden die Unterschiede gering sein, manches Mal allerdings werden Sie überrascht feststellen, dass sich die Beine des Pferdes im Trab vollkommen anders bewegen. Ich

Auf diesem Foto sieht man sehr schön, dass Vorder- und Hinterhufe gleichzeitig und gleich hoch vom Boden abschwingen, das Pferd also in dieser Phase taktrein läuft. Das Vorführen ist hier vorbildlich.

AUF EINEN BLICK

Beurteilung in der Bewegung

▶ Beurteilung im Stand:
Ganzes Pferd nach Harmonie,
Stimmigkeit, allgemeinem Eindruck
Suche nach Verletzungen
Passt der Huf zum Fesselstand
Huf, Zustand, Auffälligkeiten

▶ Beurteilung im Schritt
Die Beurteilung erfolgt von vorne,
von der Seite und von hinten
Beurteilung der Gliedmaßenführung
Beurteilung der Fußung

▶ Beurteilung im Trab:
Ebenfalls Beurteilung von vorne,
der Seite und von hinten
Ausschluss von Bewegungsstörungen,
vor allem der Lahmheit, Überprüfung der
Taktreinheit
Beurteilung der Gliedmaßenführung
Beurteilung der Fußung

erinnere mich sehr gut an einen Isländer, der mit extrem enger Führung der Hinterbeine im Schritt auffiel und im Trab eine extrem weite Gliedmaßenführung der Hinterbeine aufwies.

▶ **Überprüfung auf Bewegungsstörungen**
Achten Sie als Nächstes auf die beiden anderen wesentlichen Bewegungsstörungen: Greifen und Streichen. Wenn ein Pferd „greift", berühren die Hinterhufe den Trachten-Ballen-Bereich oder die Sohlen der Vorderhufe im Moment deren Abschwingens vom Boden. Wenn das Pferd mit Eisen beschlagen ist, kann man oft ein deutliches „Klack" hören.
Beim Streichen berühren sich die Hufe der jeweils gegenüberliegenden Gliedmaßen. Wenn Sie sich nicht sicher sind, ob sich Ihr Pferd streicht, können Sie den Huf mit Touchierfarbe oder einfach bunter Kreide markieren, um dann an eventuell vorhandenen Farbspuren an der gegenüberliegenden Gliedmaße ein Streichen erkennen zu können.
Zum Schluss der Beurteilung können Sie sich die Stellung der Beine noch einmal genau ansehen und versuchen zu ergründen, wie die beobachtete Bewegung durch die vorhandene Stellung zu erklären ist. Vielleicht haben Sie erkannt, dass viele Verstellungen sich gegenseitig ausgeglichen haben und sich insgesamt ein harmonisches Bewegungsbild ergab. Es ist gar nicht so selten, dass im Spitzensport sehr erfolgreiche Pferde im Stand negativ beurteilt werden müssten. So mancher „Experte" hätte diese Pferde sicher sehr abwertend beurteilt und dann gestaunt, wie erfolgreich sie im großen Sport laufen und dabei auch noch gesund bleiben. Selbst der berühmte Vollbluthengst Oleander, eines der besten Rennpferde Deutschlands, war im Stand nicht korrekt – er stand bodenweit.

► **Auswertung der Beurteilung**
All die Mühe, die Sie sich jetzt gemacht haben, ist natürlich kein Selbstzweck. Die Auswertung gibt den ersten Anhaltspunkt für die Wahl des richtigen Hufschutzes. Übrigens: Was Sie gerade gemacht haben, ist leider keine einmalige Aktion für Sie gewesen, denn die gewonnenen Informationen können bei jeder Beurteilung anders ausfallen und somit auch jeweils andere Hufschutzformen bedingen! Diesen Satz haben Sie schon einmal gelesen; und weil er so wichtig ist, werden Sie ihn sicherlich noch ein weiteres Mal lesen müssen! Doch wird Ihnen die Beurteilung im Lauf der Zeit sicher leichter fallen als beim ersten Mal.

▶ **Information 1: Hufgröße und Hufform**
Sie haben das Pferd in seinem Rahmen beurteilt und sich Gedanken gemacht, ob die Hufgröße in einem guten Verhältnis zum Rest des Pferdes steht.
Ihr Pferd hat einen regelmäßigen Huf, bei dem die Seitenwand am Tragrand gemessen an jeder Seite ca. 1 cm weiter ist als am Kronrand. Voraussichtlich sind Sie sich aber nicht sicher und Sie sollten deshalb versuchen, sich rechnerisch der Problemlösung zu nähern. Dazu müssen Sie, falls Sie es nicht schon wissen, das Pferdegewicht bestimmen und mit der Größe der Hufe in Beziehung bringen. Sie können sich den Gang zur nächsten Großwaage ersparen, wenn Sie folgende Berechnungsformel anwenden: Die Maße von Brustumfang und Körperlänge des Pferdes in die Formel eingesetzt ergeben in etwa das Körpergewicht des Tieres in Kilogramm (siehe Abbildung).

$$\frac{\text{Brustumfang (cm)}^2 \times \text{Körperlänge (cm)}}{11900}$$
$$= \text{Körpergewicht in kg}$$

Messen Sie nun die beiden Vorderhufe aus.
Nehmen Sie zuerst das Maß an der weitesten Stelle des Hufes (Maß A) und danach das Maß von der Mitte der Zehe bis zu einer Trachtenecke (Maß B). Bei regelmäßigen Vorderhufen weichen diese beiden Maße in Zentimetern nur sehr unwesentlich voneinander ab.
Sollte das Maß B größer als Maß A sein, dann haben die Vorderhufe Ihres Pferdes eher die Form eines Hinterhufes. Zur Berechnung der Kennzahl, um die es nun gehen soll, bilden Sie in diesem Fall aus Maß A und Maß B den Mittelwert. (Die Summe der beiden Maße geteilt durch zwei).

So werden die Maße zur Gewichtsberechnung abgenommen.

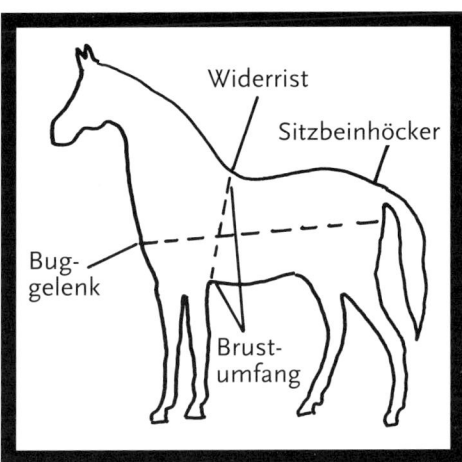

So nimmt man das Maß der Hufe ab: A) Weiteste Stelle; B) Mitte der Zehe bis zu einer Trachtenecke

ten Trachten der Fall ist. Bitte verwenden Sie in diesen Fällen für die Kennzahlberechnung den kleineren ermittelten Wert und lesen Sie das Kapitel über den korrektiven Beschlag mit großer Aufmerksamkeit.

Die Kennziffer können Sie sehr einfach errechnen:

Pferdegewicht geteilt durch ermitteltes Maß weiteste Stelle = Kennzahl.

Beispiel:
Für ein Pferd ist ein Körpergewicht von 502 kg ermittelt worden. Bei der Vermessung der Hufe ergab sich für das Maß A und das Maß B = 13,5 cm.

Rechnung: $502 : 13,5 = 37,18$

Kennziffer für die Hufgröße
Die Kennziffer gibt Auskunft über das Verhältnis von Körpergewicht zu Hufgröße. Kennzifferwerte von 36,5 bis 37,5 sind die am häufigsten vertretenen. Ist die Kennziffer über 37,5, ist Ihr Pferd für seine Hufgröße etwas zu schwer oder die Hufe sind für den Rahmen des Pferdes einfach zu klein. Wenn die ermittelte Kennziffer kleiner als 36,5 ist, ist Ihr Pferd sehr schmächtig für seine Hufe, oder besser: Die Hufe sind einfach recht groß für das Pferd.

Kleiner werdende Kennziffern sind vom Grundsatz her unbedenklich, führen aber in vielen Fällen zu Bewegungseinschränkungen bzw. -störungen des Pferdes. Beim regelmäßig stehenden Pferd stehen beispielsweise die Vorderhufe in einem Ab-

Etwas größer ist das Problem, wenn Maß B kleiner als das Maß A ist. Das kann bedeuten, dass Ihr Pferd eine recht ungewöhnliche Hufform oder untergeschobene Trachten hat. (Von untergeschobenen Trachten spricht man, wenn die Trachtenwand von der Seite gesehen spitzer als die Zehenwand ist.) Es kann sogar sein, dass Sie den Punkt der Trachtenecke gar nicht recht zu bestimmen wissen, so wie es bei eingeroll-

stand, dass ein dritter Huf dazwischen Platz hätte. Größere Hufe verringern diesen Abstand. Nicht zu verwechseln sind die hier gemeinten großen Hufe für das Pferd mit weiten Hufformen; hier sind gesund und durchaus gut entwickelte Hufe gemeint, die nur besser zu einem schwereren und größeren Pferd passen könnten.

Weite Hufformen hingegen haben in den meisten Fällen bei einer schlechteren Hornqualität eine geringe oder deutlich zu geringe Sohlenwölbung und oftmals Zusammenhangstrennungen von Hornwand und Sohle (lose oder hohle Wände).

Bei steigender Kennziffer sind Werte von 40 und mehr in der Regel problematisch, da die Belastung der Hufe durch das Körpergewicht hier gegen einen Grenzwert geht. In diesem Fall müssen Sie die Qualität des Hufhorns sehr aufmerksam im Auge behalten und sich um einen stoßdämpfenden Beschlag Gedanken machen.

Wie viel Gewicht hat denn jeder Huf zu tragen, und wann ist der Huf zu kurz?
Leider muss ich Sie schon wieder mit ein wenig Mathematik quälen. Sie werden aber sehen, dass die Mühe sich lohnt, denn wir verlassen damit den Bereich der Spekulation und schaffen nachprüfbare Tatsachen.

Entscheidenden Einfluss auf die Höhe des zu errechnenden Wertes für die Fläche des Tragrandes hat dessen Breite. Je weiter die Abnutzung des Hufes fortschreitet, umso breiter wird der Tragrand. Das erklärt sich aus der Wölbung der Hornsohle. Je stärker der Huf abnutzt, desto kleiner wird durch seine kegelige Form das Maß der weitesten Stelle. Nun können Sie überprüfen, ob die eben ermittelte Kennzahl ein Ergebnis eines zu stark abgelaufenen Hufes oder ein immer bestehendes Problem Ihres Pferdes ist. Der Tragrand hat im Normalfall die Breite der Hornwand + weiße Linie + Bereich der Sohle in Stärke der Hornwand. Wird der Tragrand breiter und umfasst einen breiteren Bereich der Sohle, so können Sie annehmen, dass die Hufe Ihres Pferdes zur Zeit zu kurz sind und damit der normale Betrag der Kennziffer niedriger liegen würde.

Sind die Hufe stark gewachsen und müssten getrimmt werden, so wird das Pferd nur auf der äußeren Hornwand laufen und der Tragrand sehr dünn erscheinen. Je kleiner die Fläche des Tragrandes ist, umso größer ist das Gewicht, das jeder Quadratzentimeter tragen muss. Bei großer Belastung steigert sich die Abnutzung. Der Tragrand wird also umso breiter, je stärker sich der Huf im Laufe der Zeit abnutzt.

Berechnen wir nun eine Referenzzahl. Der Huf besitzt eine unregelmäßige und damit sehr schwierig zu berechnende Fläche. Auch der Tragrand ist nicht an allen Teilen gleich dick. Wie die äußere Hornwand sich von der Zehe zur Tracht hin verjüngt, verhält es sich ähnlich mit der Stärke des Tragrandes. So habe ich zur Bildung der Referenzzahl anfänglich von der einen zur anderen Tracht die Länge des Tragrandes gemessen und über die verschiedenen Stärken des Tragrandes das Mittel gebildet, um auf diesem Weg eine möglichst genaue Näherung der Tragrandfläche zu bekommen.

Um aber nun zu vergleichen, ob die Belastung des Pferdehufes durch das aufstehende Gewicht groß, sehr groß oder klein ist, muss man in diesem Fall nicht einen genauen Wert ermitteln, sondern nur mit den abgenommenen Werten in gleicher Weise verfahren, um die Werte vergleichen zu können. Die Formel zur Berechnung der Fläche eines Kreisringes eignet sich zu diesem Zweck hervorragend.

Etwas schwieriger ist die Auswahl für die Breite des Tragrandes. Bei gesunden Hufen schwankt die Breite des Tragrandes, abgenommen an der weitesten Stelle des Hufes, je nach seiner Größe zwischen etwa 1,5 und 2,5 cm. Wenn Sie die Hufe des Pferdes dahingehend genau überprüfen, werden viele von Ihnen feststellen, dass sich die Tragrandbreite der inneren von der äußeren Wand unterscheidet. Der breitere Tragrand liegt dabei an der steileren Wand und ist ein Indiz für die höhere Abnutzung dieser Wandhälfte durch eine höhere Belastung. Nehmen Sie zur Berechnung des Referenzwertes daher das Maß der dünneren Tragrandseite, welche das höhere Maß zumindest von Teilen des Hufes Rechnung trägt.

Ist der ganze Tragrand des Pferdes dünn, also beschränkt auf die äußere Hornwand, ist das ein Indiz für gut gewachsene Hufe, die aus Sicht der Beurteilung zur Zeit keinen Hufschutz brauchen. (Die Betrachtungen aus der Pferdenutzung können natürlich ein anderes Ergebnis erbringen)

Berechnung der Referenzzahl zur Belastung des Tragrandes
Als Berechnungsgrundlage zur Ermittlung der Referenzzahl arbeiten wir mit folgender selbst entwickelter Formel:

A (relevante Fläche) = $0{,}785 : (D^2 - d^2)$.
D = Außenmaß;
d = Außenmaß, wo der Tragrand am breitesten ist, minus Maß vom Tragrand

Beispiel:
Sie haben bei einem Pferd an der weitesten Stelle als Maß A 13,5 cm gemessen. Das Maß B von der Zehe zur Tracht war 14,5 cm. Sie mitteln wie folgt:
13,5 cm + 14,5 cm = 28 cm
Mittel: 28 cm : 2 = 14 cm
Für die Fläche A des Tragrandes ergibt sich bei einer Tragrandbreite von 2 cm:

$$A = 0{,}785\,(14\,cm^2 - 12\,cm^2)$$
$$= 40{,}8\,cm^2$$

Nach der oben angegebenen Berechnungsformel haben Sie für das Pferd 520 kg Körpergewicht errechnet.
Da das Körpergewicht des Pferdes durch die Lage des Körperschwerpunktes in Höhe der Sattelgurtlage im unteren Drittel des Leibes nicht gleichmäßig auf die vier Beine verteilt ist, sondern die Vorderbeine etwa 60 % und die Hinterbeine ungefähr 40 % der Last aufnehmen, rechnen wir wie folgt:

Körpergewicht 520 kg geteilt durch 100 mal 60 für die Vorderbeine = 312 kg
312 kg : 2 = 156 kg Belastung pro Vorderbein

Wenn Sie nun das Gewicht pro Bein durch die errechnete Näherungsfläche teilen, erhalten Sie die Belastung in kg/cm² im Stand:

156 kg : 40,8 cm² = 3,8 kg pro Quadratzentimeter

Da Sie die Hufe vor allem bei der Arbeit mit
dem Pferd belasten, müssen Sie das Gewicht von Sattel und Reiter in die Berechnung einfließen lassen.
Das Sattel- und Reitergewicht liegt ungefähr über dem Körperschwerpunkt und
kann somit ebenfalls im Verhältnis 60:40
aufgeteilt werden

Beispiel: Der Reiter wiegt 75 kg + 15 kg für
den Sattel = 90 kg.

90 kg : 100 x 60 = 54 kg, welche die Vorderbeine belasten. Geteilt durch 2 = 27 kg Ge-
wichtszuladung pro Bein

Damit verändert sich die Belastung in kg/
cm² für den Tragrand wie folgt:

156 kg + 27 kg = 183 kg
183 kg : 40,8 cm² = 4,5 kg pro Quadratzentimeter

Das Gewicht von Sattel und Reiter bewirkt
also eine Zunahme der Belastung von fast
20 % im Stand auf hartem Boden. In der
Bewegung wechseln die Verhältnisse permanent: So wie sich die Lastaufnahme
auf einen bis zu vier Hufen verteilt, so
wächst die Gesamtbelastung im Quadrat
der Geschwindigkeit. Wenn das Pferd also

**Hier ist der Tragrand reduziert auf die
äußere Schutzschicht des Horns, also zu
schmal. Es besteht die Gefahr, dass er bei
Belastung wegbricht, besonders wenn
das Horn zu hart ist.**

doppelt so schnell läuft, werden die Hufe
nicht doppelt, sondern viermal so stark belastet.
Mit der Berechnung der Gesamtbelastung
der Vorderfüße als Summe von Pferd, Sattel und Reitergewicht und einer realisti-
schen Lastverteilung auf Vorder- und Hinterbeine haben Sie nicht die tatsächliche
Zahl für die Gewichtsaufnahme pro Quadratzentimeter errechnet, aber Sie haben
eine Referenzzahl, deren Wert Sie auf die
Abweichung vom Vorgabewert nach oben
oder unten vergleichen können. Sie haben
nur die entsprechenden Werte für die Vorderbeine ermittelt, da diese höher belastet
und deshalb für die Betrachtung wichtiger
sind.

*Bedeutung der Referenzzahl
für die Tragrandbelastung*
Wenn bei Ihrem Pferd eine Belastung von
4,2 bis 4,7 kg pro Quadratzentimeter Tragrandfläche herauskommt, liegen Sie in
einem Bereich, in dem sich für den Be-

AUF EINEN BLICK

Gewichtsbelastung berechnen

1. Kennziffer für das Verhältnis von Pferdegewicht zu Hufgröße:

$$\frac{\text{Pferdegewicht}}{\text{weiteste Stelle des Hufes in cm}}$$

Normalbereich

kleiner als   36,5 – 37,5   größer als

Hufe zu groß		Hufe zu klein
kein Hufschutz	freie Auswahl	Polsterung oder Hufschuhe, Stoßbrechung nötig

2. Referenzwert für die Belastung des Tragrandes:
Eine Vergleichsgröße, die sich aus der Summe von Reitergewicht, Gewicht des Sattels, des Gepäcks etc. und dem Pferdegewicht geteilt durch den Näherungswert für die Fläche des Tragrandes ergibt.
(Sollte sich bei der Messung des Tragrandes ein sehr breites Maß ergeben, ist vermutlich L1 oder L2 vorhanden und es gelten die Bemerkungen im Kapitel „Korrektiver Beschlag", Seite 188.

Berechnung der Referenzzahl:
• Maß an der weitesten Stelle nehmen
• Maß von der Tracht zur Zehenmitte nehmen

Sind beide Maße (annähernd) gleich, so sind die Vorderhufe regelmäßig. Wenn Maß A an der weitesten Stelle kleiner als Maß B ist, hat der Vorderhuf eine dem Hinterhuf ähnliche Form und Sie mitteln die Werte.
Ist das Maß A größer als Maß B, rechnen Sie nur mit dem kleineren Wert weiter.

$$\frac{\text{Maß A} + \text{Maß B}}{2} = \text{Mittelwert (D)}$$

D – Außenmaß, wo der Tragrand am breitesten ist = d

$A = 0{,}785 \ (D^2 - d^2) = \text{anrechenbare Fläche}$

$$\frac{\text{Pferdegewicht} + \text{Reitergewicht} + \text{Sattelgewicht}}{100}$$

x 60 = Gewichtsbelastung der Vorderbeine

Wenn Sie dieses Ergebnis durch 2 teilen, haben Sie die Belastung für ein Bein.

Referenzzahl:
$$\frac{\text{Gewichtsbelastung für einen Vorderhuf}}{A}$$

Normalbereich

kleiner als   4,2 – 4,7   größer als

kein Hufschutz nötig eventuell Hufschuh	keine besonderen Anforderungen an den Hufschutz	Stoßbrechung nötig

schlag des Pferdes keine besonderen Ansprüche ergeben.

Liegt der Wert im oberen Bereich, dann nimmt der Bedarf an zusätzlichen Maßnahmen zur Stoßdämpfung zu. Das können stoßbrechende Einlagen zwischen Huf und Eisen sein, die wie an anderer Stelle schon erwähnt einige Nachteile haben, oder es können Beschläge sein, die aufgrund ihrer Konstruktion eine verbesserte der Stoßdämpfung bringen.

Wenn der Belastungswert im unteren Teil oder unter dem Referenzwert liegt, wird der Huf in geringerem Maße verschleißen und ein Hufschutz ist entweder gar nicht notwendig oder nur sporadisch durch einen Hufschuh. Das gilt aber nur, wenn die Betrachtung der Hornsubstanz ein gutes Ergebnis erbrachte.

▶ Information 2: Das Alter des Pferdes

Das Wissen um das Alter des Pferdes ist für die Gedanken um die Auswahl des Hufschutzes von großer Bedeutung: In sehr vielen Fällen wird eine Beurteilung der Bewegung des Pferdes grobe Abweichungen vom Regelmäßigen ergeben. Oft werden dann undurchdachte Korrekturmaßnahmen eingeleitet, die dem Pferd nur sehr vordergründig nutzen.

Wenn ein Pferd das Schwellenalter von etwa fünf Lebensjahren erreicht hat, wenn es also ausgewachsen und fertig entwickelt ist (die Angabe „fünf Jahre" beinhaltet eine gewisse Varianz, denn ein englischer Vollblüter ist früher ausgewachsen als ein Isländer), wird der korrektive Eingriff in die nun fertig ausgebildeten Bewegungsabläufe langfristig eher schaden als nutzen.

Doch keine Regel ohne Ausnahme:
• Bei Bewegungsstörungen, die kurzfristig größeren Schaden erwarten lassen, als er durch die Korrektur mittelfristig eintreten wird, ist ein Eingreifen sinnvoll.
• Die Huf- und Fesselachse von der Seite müssen in jedem Lebensalter des Pferdes überprüft und zum Regelmäßigen korrigiert werden.

▶ Information 3: Hornqualität (Härte)

Die Hornqualität hängt von vielen Faktoren ab. Wie wir schon gesehen haben, beeinflussen äußere Faktoren wie die Jahreszeiten und das Wetter die Hornqualität. Oder die Eigenschaften der von uns geschaffenen Lebensumgebung wirken sich auf die Ausbildung der Hufe und die Qualität des Hornes aus. Ebenfalls wichtig sind die endogenen („inneren") Einflüsse, denn gute Hornqualität kann nur entstehen, wenn über das Futter alle zur Hornproduktion notwendigen Spurenelemente in ausreichender Menge zur Verfügung stehen. Das berühmte Biotin kann, in erhöhter Dosis gefüttert, tatsächlich eine Verbesserung der Hornqualität des nachwachsenden (nicht des schon bestehenden) Hufhornes bewirken.

Die Bandbreite der erreichbaren Hornqualitäten ist aber für die verschiedenen Hufe nicht beliebig. Auch die beste Fütterung kann einen schlechten Huf nicht zu einem guten Huf machen, wenn beispielsweise gleichzeitig sehr ungünstige Haltungsbedingungen auf die Hornqualität wirken. Auch sind die weiten Hufe durch ihre Konstruktion nie so belastbar zu „halten" oder zu „füttern", wie das bei einem regelmäßigen Huf möglich ist. Die Zahl der Horn-

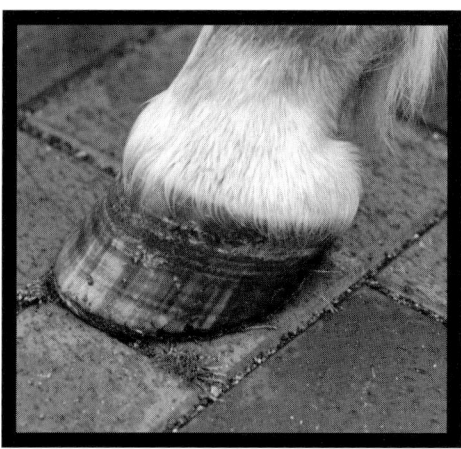

Hier ist das Horn des äußeren Tragrandes weggebrochen, von außen ist nur noch das Blättchenhorn der weißen Linie sichtbar. Mit diesen Hufen ist das Pferd nicht mehr ohne Schutz belastbar. Wenn die Nutzung es erlaubt, wäre ein Hufschuh sicher eine gute Lösung zur Überbrückung, bis wieder genug festes Horn nachgewachsen ist.

röhrchen ist beim weiten Huf nahezu gleich der Anzahl beim regelmäßigen. Im weiten Huf befindet sich ein größerer Kitthornanteil, sodass die Hornsubstanz des weiten Hufes immer etwas weniger belastbar und abriebfest ist, als es beim genauso gehaltenen und gepflegten regelmäßigen Huf sein wird. Die weiten Hufe zeigen eine weitaus größere Empfindlichkeit auf alle exogenen (äußeren) Einflüsse, die zur Verschlechterung der Hornqualität führen.
Beim engen Huf hingegen, der im Übrigen für einige Rassen typisch ist, ist das Hufhorn stärker verdichtet und folglich auch abriebhärter. Ein so ausgebildeter Huf hat eine geringere Oberfläche, ist also in einem geringeren Maß von dem Problem der völligen Austrocknung im Hochsommer betroffen. Wenn Sie aber die Gedanken zur Belastung des Hufes aus der Komponente Gewicht berücksichtigen, liegt nahe, dass der enge Huf, sobald auf harten Böden geritten werden soll, dringlich mit einem gut stoßdämpfenden Beschlag (oder Bekleb) geschützt werden muss.

Genauso schlüssig ist es wohl, dass Pferde mit weiten Hufen durch die entweder schon sichtbaren, aber in jedem Fall drohenden Hufprobleme weitaus häufiger geschützt werden müssen. Da bei diesen Hufformen die Belastungen geringer sind als im Fall des regelmäßigen Hufes, aber das Hufhorn auch weniger belastbar ist, fällt die Entscheidung über den richtigen Hufschutz allein aus dieser Betrachtung schwer: Allgemein würde ich sagen, dass die Stoßbrechung hier unerheblicher ist und dass ein Hauptaugenmerk auf die Verhinderung einer weiteren Hufweitung gelegt werden muss. Der Beschlag mit Hufeisen führt in aller Regel zu etwas enger werdenden Hufen. In allen Fällen kann man aber mit dem Eisenbeschlag (oder einem anderen starren Beschlag) eine Hufweitung verhindern. Die weiten Hufe neigen oft zusätzlich zu Trachtenproblemen, die durch die korrektive Wirkung eines lang gelegten Eisens vermieden werden können.
Aber nicht die Form des Hufes alleine entscheidet über die Hornqualität. Alle Hufformen unterliegen auch externen Einflüssen. Bei der Betrachtung der Hornqualität möchte ich nur die Extremsituationen beschreiben. Neben der normalen Horn-

qualität kann das Horn zu hart oder zu weich (feucht) sein. Es ist an dieser Stelle wichtig, die „weichen Hufe" und auch die „harte Hornqualität" genau zu definieren.

Die zu harten Hufe
Sie haben bei der Beurteilung festgestellt, dass die Metallspitze des Hufräumers über die Sohle gleitet wie über eine Glasscheibe. Wollen Sie sichergehen, versuchen Sie mit dem Hufmesser ein wenig Horn z. B. entlang der äußeren Strahlfurche zu schneiden. Auch das Messer gleitet über die Sohle ohne zu schneiden; nur wenn das Messer einen hervorstehenden Ansatz bekommt, können Sie etwas Horn entfernen. Dieses Horn platzt in einem ganzen Stück aus der Sohle.
Der Strahl hat eine Härte erlangt, die der des Harthorns nahezu entspricht. Hufhorn dieser Konsistenz neigt bei Belastung zu Zusammenhangstrennungen wie Hornspalten, Tragrandspalten, Eckstrebenbrüchen und auch quer verlaufenden Hornrissen.
Bei starker mechanischer Belastung des Hufhorns, wie es bei einem Geländeritt auf unebenen und harten Böden der Fall ist, wird sich dieses Horn nicht gleichmäßig abnutzen, sondern unvorhersagbar teils in großen Stücken ausbrechen. Typischerweise geschieht dies meist zuerst an der Zehe, wobei die Ausbruchstücke sehr häufig quaderähnliche Form haben.
Die Verwendung von Hufnägeln ist beim Vorliegen solcher Hornqualitäten teilweise recht problematisch. Viele von Ihnen haben schon gesehen, dass der frisch eingeschlagene Hufnagel kurze Risse ober- und unterhalb der Austrittsstelle provoziert. Je

größer (damit ist nicht die Länge der Nägel, sondern ihr Querschnitt gemeint) die gewählten Nägel sind, umso mehr ist diese Tendenz zu beobachten. Sind die Hufnägel jedoch zu klein, wird der angenagelte Beschlag nicht halten. Ist der Hufbeschlag leichter, kann auch der Nagel in kleineren Größen gewählt werden. Ein Kunststoffbeschlag wird diesem Anspruch gut gerecht.
Durch die Härte des Horns ist auch die Fähigkeit der Hornkapsel zu Formveränderungen eingeschränkt. Der Hufschutz muss somit die Aufgabe der Stoßbrechung mit übernehmen. Von diesem Aspekt gesehen muss hier ein Hufschutz gewählt werden, der sehr gute stoßdämpfende Eigenschaften besitzt. Auch dies spricht für Kunststoff. Ob ein permanenter Hufschutz nötig ist, ergibt sich aus der Klärung der Frage nach der Entstehung der harten Hornqualität.
Ist gewährleistet, dass die Hauptnutzung des Pferdes auf weichen Untergründen stattfindet, sinkt der Anspruch an die stoßbrechenden Eigenschaften des Beschlages. Sie sollten jedoch beachten, dass bei harten und sehr harten Hornqualitäten vor allem auf Sandplätzen, die z. T. durch ihre Trockenheit die weitere Austrocknung des Hufes unterstützen, ein Abschmirgeleffekt am Huf beobachtet wird. Die Abnutzung ist sehr oft nicht nur auf den Tragrand beschränkt, sondern umfasst auch das Wandhorn der Zehe und der jeweils vorderen Bereiche der Seitenwände. Unter diesen Umständen bietet nur ein Hufschuh oder die Beklebung des Hufes mit einem Dallmer-Produkt akzeptablen Abnutzungsschutz.

Die zu weichen Hufe:
Bei den zu weichen Hufen ist ein großes Maß an Sättigung mit Feuchtigkeit festzustellen. Die Hornqualität ist sehr weich, aber es sind keine krankhaften Veränderungen erkennbar. Bei den zu weichen Hufen sollte man sich intensiv überlegen, wie die Hornqualität in diesen Zustand kommen konnte.

Die weichen Hufe sind zu erkennen, wenn die Metallspitze des Hufräumers durch die Sohlenfläche gezogen wird und eine tiefe weiße Spur hinterlässt. Die weichen, da zu feuchten Hufe haben nur eine geringe Resistenz gegen mechanischen Abrieb. Geringe Belastungen kürzen den Huf schon in einem nicht vertretbaren Maße. Schlimm und daher mit sehr großer Aufmerksamkeit zu beobachten ist das rasche Entstehen von teils massiven Fehlstellungen. Anders als bei den harten Hufen, wo Ausbruchstellen sofort auffallen und Korrekturbedarf einfach sichtbar wird, entstehen die Verstellungen des weichen Hufes schleichend. Aus der Vorwärtsbewegung des Pferdes resultierende Hufbereiche mit höherer Belastung werden sehr schnell eine über das Normalmaß hinausgehende Abnutzung zeigen und können so zu vermeidbarem, weil leicht zu verhinderndem Korrekturbedarf und Beschlag führen. Nachvollziehbarerweise ist mit den zu weichen Hufen auch ein zum Teil stark eingeschränkter Halt der Hufnägel verbunden.

Sie erinnern sich an die Wirkungsweise der Hufnägel: In der weichen Hornsubstanz ist der mechanische Halt der Nägel schlechter. Je leichter der Beschlag gewählt ist, umso besser wird der Hufschutz hal-

ten. Wenn ein genagelter Hufschutz erste Wahl ist, dann sollte der möglichst leichte Beschlag mit einer Nagelgröße, wie sie für einen schweren Beschlag üblich ist, aufgeschlagen werden. Der klebbare Hufschutz ist bei dieser Hornqualität in den meisten Fällen ungeeignet, da nach meiner Erfahrung und meiner Recherche keine brauchbaren Klebverbindungen zustande kommen.

Ein Hufschuh als abnehmbarer Hufschutz wäre erste Wahl, wenn sichergestellt ist, dass ein Übermaß an Abnutzung nicht schon alleine durch die Freizeit des Pferdes (also die Zeit, in der Sie nicht reiten) entstehen kann.

▶ Information 4: Die Gliedmaßenführung des Pferdes von der Seite

Sie haben bei der Beurteilung erkannt, ob Ihr Pferd einen gleichmäßigen Bogen bei der Gliedmaßenführung des Beines nach vorne beschreibt oder ob der Bogen seinen Hochpunkt am Anfang oder am Ende der Kurve hatte. Sie haben erkannt, welche Höhe der Bogen hatte.

Wenn Ihr Pferd den gleichmäßigen Bogen mit dem höchsten Punkt in der Mitte des Weges zeigt, erwächst aus dieser Beurteilung kein besonderer Anspruch an den Hufschutz. Anders ist das in folgenden Fällen:

Hufschutz für Pferde mit kurzem, hohem Bewegungsbogen
Das Pferd beschreibt einen kurzen Bogen, der höchste Punkt liegt am Ende des Weges und der Huf fährt in stumpfem Winkel zu Boden. Diese Gliedmaßenführung ist typisch für Pferde mit rückständiger Stel-

lung. Der Huf ist stumpf und die Fessellinie ist recht steil. Bei dieser Gliedmaßenführung „knallt" der Huf regelrecht auf den Boden und es entsteht ein ungeheurer Bodendruck. Durch die steil gestellte Fesselung und den steil gestellten Huf ist die Winkelung der Gliedmaße schlechter ausgebildet, um Stöße, die bei der Auffußung entstehen, zu kompensieren. Bei Kaltblutpferden ist diese Gliedmaßenführung recht typisch und man kann bei ihnen sogar manchmal beobachten, dass sie nach Erreichen der höchsten Stelle der Gliedmaßenkurve den Huf nach hinten führen.

Bei dieser Gliedmaßenführung hat die Stoßbrechung und die Fähigkeit des Beschlages, Energie zu absorbieren, sehr große Bedeutung. Die betroffenen Kaltblüter werden in ihren Aufgaben häufig nur im Schritt eingesetzt. Die Probleme, die aus dieser Bewegung des Pferdebeines entstehen, wachsen mit der Geschwindigkeit, in der das Pferd geritten wird. Bei vorwiegender Arbeit auf weichen Böden sind die Auswirkungen auf die Gesundheit des Pferdes geringer, aber immer noch vorhanden.

Der entstehende Aufprall bei der Auffußung muss in seiner Auswirkung mit zwei Maßnahmen bekämpft werden:

• Da die Größe der Hufflächen ein wichtiger Faktor zur Beeinflussung des entstehenden Druckes ist, soll die Huffläche mittels des Hufschutzes so weit wie möglich künstlich vergrößert werden.

• Der Hufschutz muss gute stoßbrechende Eigenschaften besitzen.

Der Beschlag mit Hufeisen ist bei dieser Gliedmaßenführung für Pferde, die auch in den schnellen Gangarten genutzt werden sollen, ungeeignet. Alle Erfahrungen zeigen, dass der Eisenbeschlag eher den Erhalt der etwas engeren Hufformen unterstützt und die Pferde beim Einsatz anderer Hufschutzarten deutlich weitere Hufe entwickeln. Des Weiteren kann mit dem Eisenbeschlag eine Stoßbrechung nur durch die Zwischenlage von Kunststoffen, Leder oder anderen puffernden Materialien erreicht werden. Diese Zwischenlagen sind zum einen nicht so effektiv und verschlechtern zum anderen die Festigkeit des Sitzes am Huf deutlich.

Hufschutz für Pferde mit langem, weitem Bewegungsbogen

Das Pferd weist einen langen Bogen in seiner Gliedmaßenführung auf; der höchste Punkt der Bewegungskurve ist am Anfang und der Boden verläuft flach in ichtung Bogen. Diese Gliedmaßenführung steht für Pferde mit einer vorständigen Gliedmaßenstellung. Die Hufe sind häufig in der Form spitz und das Pferd ist in der Regel weich gefesselt.

Durch die lange Zehenwand verzögert sich das Abrollen und Abschwingen, und nach dem Abfußen wird der Huf schnell nach oben gezogen, um dann in einem gleichmäßigen sanften Verlauf zum Boden zurückgeführt zu werden. Diese Pferde fallen durch einen raumgreifenden Schritt und lange Trabbewegungen auf. Sie neigen zum Stolpern und haben eine in Untersuchungen nachgewiesene stärkere Fußungsreibung beim Auffußen. Der Huf nutzt sich im Trachtenbereich am stärksten ab, weil die raumgreifende Bewegung zu einem späten Auffußen und damit dazu führt, dass die Tracht auf dem Weg des Körpers über das Bein längere Zeit belastet wird als andere Teile des Tragrandes. Diese Pferde verschleißen ihre Trachten somit in höherem Maße oder bilden aufgrund der Belastung untergeschobene und eingerollte Trachten. Mit zu spitzen Hufen verstärkt sich diese Tendenz weiter.

Der Hufschutz hat also bei dieser Gliedmaßenführung folgende Aufgaben:

• Am Hufschutz muss eine ausgeprägte Zehenrichtung vorhanden sein oder diese muss angebracht werden können, um den Zeitpunkt des Abfußens so früh wie möglich zu erlauben.

• Der Hufschutz muss zur Entlastung der Tracht beitragen, indem er, nach hinten verlängert, eine bessere Lastverteilung erreicht.

• Der Hufschutz darf die natürliche Fußungsreibung nicht verstärken, weil das Pferd durch ein solches „Schliddern" einen unsicheren Gang bekommt. Er darf die Fußungsreibung aber auch nicht verhindern, weil sie bei diesen Pferden zum Gesundheitsschutz des Pferdes wichtig ist.

Durch die fehlende Fähigkeit, eine im Trachtenbereich nötige Unterstützung zu geben, fallen flexible Kunststoffbeschläge als anzuratender Hufschutz aus. Das Hufeisen kann, lang genug gelegt, die nötige Unterstützung der Tracht bieten, wenngleich die Verbesserung der Situation viel Geduld braucht. Nach allen unseren Erfahrungen ist Hufschutz mit Metallkern und PU- oder Gummiummantelung am ehesten geeignet, die Situation zu stabilisieren oder zu verbessern. Das Gummimaterial beschränkt zwar die Gleitbewegung des Hufes beim Auffußen, ist aber durch die Materialstärke in sich ausreichend verformbar, um die Energie aufzunehmen.

Diese Hufschutzform ist sowohl kleb- als auch nagelbar. Welche Variante geeigneter ist, wird in der Auswahl durch die anderen Kriterien bestimmt.

Hufschutz für Pferde mit extrem flachem Bewegungsbogen

Der Bogen der Gliedmaßen des Pferdes ist ausgesprochen flach, eventuell schleifen die Hufe sogar über den Boden.

Lange Zeit wurde diese Gliedmaßenführung nur alten, verbrauchten und kranken Pferden nachgesagt. Nach unserer Beobachtung ist das Problem der sehr flachen Gliedmaßenführung sehr oft anzutreffen. Vor allem sind dabei die Hintergliedmaßen betroffen.

Unüblicherweise rollen die Pferde hier mit den Hinterhufen ab, bevor sie das Bein anheben. Normal schwingen die Hinterhufe ohne Abrollen einfach ab. Da diese Beobachtung sehr oft bei Rechteckpferden mit langer Mittelhand anzutreffen ist und verstärkt bei Pferden, die unzulänglich geritten sind, ist hier eine Abhilfe durch den Hufbeschlag alleine oft nicht denkbar. Ein leichter Hufschutz wäre aber anzuraten und hilfreich, solange noch nicht erkennbar ist, dass die Hufe über den Boden gezogen werden.

Anders ist die Situation, wenn der flache Bogen aus einer erworbenen Fehlstellung des Pferdes resultiert. Beispiel: Infolge Überlastung sind die Trachten der Vorderhufe verstärkt abgenutzt. Die Stellung des Pferdes an der Vorhand ändert sich zu Hufen, die zu spitz zum Fesselstand sind. Die Gliedmaße wird verstärkt vorständig stehen, um den Fesselträger und die tiefe Beugesehne zu entlasten. Durch diese erworbene Verstellung wird die Rückenmuskulatur verstärkt belastet und der Rücken nach unten durchgedrückt. Die Gliedmaßenführung der Hinterhand verändert sich aus einer verstärkt rückständigen Haltung zum Abrollen der Hufe und einer flacheren Gliedmaßenführung.

Wie in vielen Fällen darf auch hier der Fehler der isolierten Betrachtung eines Hufes oder eines Beines nicht gemacht werden. Bei der Auswertung der Beurteilung darf das „Ganze" niemals aus den Augen verloren werden.

Hufschutz bei Greifen

Wenn sich ein Pferd greift, ist es von besonderer Wichtigkeit, festzustellen, an welcher Stelle das Hinterbein die Vorderextremität berührt. Es kann zum Greifen kommen, wenn der Hinterhuf mit seiner Zehe die Sohlenfläche des abschwingenden Vorderbeines trifft, der Hinterhuf den Vorderhuf zwischen Ballen und Tracht berührt oder der Hinterhuf den Vorderhuf im Ballenbereich trifft. Greifberührungen im Bereich Fesselbeuge oder Sehne sind selten und würden sofort massive Verletzungen bedingen.

In aller Regel sind quadratische Pferd eher greifgefährdet als rechteckige. Greifen ist häufig eine sporadisch auftretende Bewegungsstörung, die mit dem Trainingszustand und dem Ermüdungsgrad des Pferdes zusammenhängt. Neben dem Heruntertreten des Eisens oder einem klackenden Geräusch im Trab kann das Greifen jederzeit massivste Verletzungen verursachen. Die Ursache des Greifens muss erkannt und beseitigt werden, und der Hufschutz muss die Verletzungsauswirkung einer Berührung gering halten.

Da bei einem in schnelleren Gangarten bewegten Reitpferd die potenzielle Gefahr des Greifens immer gegeben ist, hat sich schon seit der Jahrhundertwende der prophylaktische Greifbeschlag durchgesetzt. Das klassische Hintereisen hatte genau wie das Vordereisen auch eine Zehenkappe (Zehenaufzug). Die seitlichen zwei Zehenkappen gaben nun die Möglichkeit, ein gerades Zehenteil zu schmieden, bei dem die Hornwand des Hinterhufes über das Eisen hinausstand. Jede Berührung des Hinterhufes in einem Bereich des Vorderbeines oder Vorderhufes geschah nun mit dem Hufhorn des Hinterhufes anstatt mit dem Eisen. Leiden müssen wir immer wieder sehen, dass diese alte Erkenntnis des Hufbeschlages heute vielfach missachtet wird. Es werden zwar Hufeisen mit zwei seitlichen Zehenkappen benutzt, die aber „sauber" mit dem vorderen Verlauf der Zehe gelegt sind. Das sollte so nirgends zu sehen sein!

Bei vom Greifen bedrohten Pferden ist durch die Beschläge aus neuen Materialien eine Verwendung des Hufeisens als Beschlag ohnehin fragwürdig. Umso geringer das Hufschutzgewicht ist, umso eher wird der Huf wieder den Boden erreichen und die Gefahr des Greifens sinken.

Immer wieder ist zu beobachten, dass versucht wird, das Greifen alleine über Veränderungen an den Vorderhufen zu bekämpfen. Man legt den Hufschutz kürzer und verstärkt die Zehenrichtung des vorderen Beschlages. Dies ist mit Verlaub eine naive und dumme Vorgehensweise, denn die mittelfristig negativen Auswirkungen der zu kurz gehaltenen Beschläge sollten hinlänglich bekannt sein. Im Übrigen möchte ich daran erinnern, dass schon die Ur-Ur- Großväter der Schmiede von heute das Problem der durch Greifen heruntergetretenen Hufeisen mit der so genannten andalusischen Aufrichtung bekämpften. Dabei wurde das vordere Hufeisen am Schenkelende dünner geschmiedet und in Richtung der Ballen heraufgebogen. Der hintere Huf konnte dadruch am Schenkelende des Eisens nicht mehr „einhaken".

Mit der verstärkten Zehenrichtung wird nicht das erwünschte frühere Abfußen des Vorderhufs erreicht, sondern nur eine Veränderung der vorderen Gliedmaßenkurve. Somit wird also nicht das Greifen verhindert, sondern der Berührungspunkt an eine andere Stelle verlagert. Erkauft ist dieses mit der Verflachung der vorderen Bewegungsbahn.

Die heute sinnvollste Methode sowohl zur Bekämpfung des Greifens als auch zur Reduzierung der negativen Folgen bei Reitpferden ist wohl der Beschlag mit flexiblem Kunststoff.

Vor allem im Gelände kann es durch Stolpern oder die angesprochenen Dispositionen immer zum Greifen kommen. Durch die Nachgiebigkeit des Kunststoffbeschlages wird das Pferd den Beschlag nicht verlieren, da der Kunststoff nach der Berührung wieder seine Ursprungsposition einnimmt. Zu dem ist der an den Hinterhufen angebrachte Kunststoffbeschlag leichter und verkürzt die Luftphase, was das Problem des Greifens von Haus aus verhindern kann. Der Kunststoffbeschlag mindert das Verletzungsrisiko, da er vom Material weich ist und nach wenigen Schritten im Gebrauch keine scharfen Außenkanten mehr hat.

Hufschutz bei Streichen
Streichgefährdet sind Pferde, deren Gliedmaßenführung „gegen die Stützende" ist. Wenn sich die paarigen Gliedmaßen beim Vorführen sehr nahe gekommen sind oder schon eine Berührung sichtbar wird, so besteht sofortiger Handlungsbedarf. Vor allem bei jungen Pferden, bei schlecht ausbalancierten und bei nicht oder wenig trainierten Pferden ist mit dem Streichen zu rechnen. Auch hier muss der Berührungspunkt oder die Zone des größten Berührungsrisikos erkannt werden. Es ist denkbar, dass sich die beiden Hufe an der inneren Seitenwand streichen, der Huf in einem Bereich des anderen Beines oder oftmals auch der Fesselkopf im Bereich des anderen Beines zur Berührung kommt.

Neben den Erwägungen für den Beschlag des Pferdes, das „gegen die stützende Gliedmaße" läuft, wobei das geringere Gewicht des Hufschutzes diese Tendenz verbessern wird, wird das Streichen mit Maßnahmen der gezielten Auswahl des Hufschutzes wenig zu bekämpfen sein. Während meiner Zeit in der Hufbeschlagsschule wurde zwar als Streichbeschlag die Verwendung eines Hufeisens mit einem Hohlschenkel auf dem einen und einem Stollen auf dem anderen Schenkel gelehrt, dessen Wirkung auf dem unterschiedlich starken Einsinken des Stollens und des Hohlschenkels auf weichen Böden beruht. Ich hoffe allerdings, dass dieses Hufeisen aus dem Werkzeugkasten aller Schmiede mittlerweile verschwunden ist, denn dieser Beschlag wird schlimmere Konsequenzen für die Pferdegesundheit haben als das Streichen.

Mit dem Hufschutz kann die Auswirkung des Streichens vermindert werden, wenn der Beschlag weich und verformbar ist. Gummiummantelte oder PU-Beschläge sind geeignet. Das Streichen ist grundsätzlich nur durch die Veränderung der Gliedmaßenstellung zu verhindern. Wenn das Pferd schon älter ist, so ist die Gefahr von schlimmen Verletzungen durch das Streichen so groß, dass die negativen Auswirkungen der Stellungsveränderung des älteren Pferdes hier zu tolerieren sind.

▶ Information 5: Die Beurteilung der Gliedmaßenführung von vorn und hinten

Wie auch bei der Beurteilung der Gliedmaßenführung von der Seite ergibt die regelmäßige Bewegung keine Vorgaben für die Auswahl des Hufschutzes. In diesen Fällen ist die Auswahl allein nach der Auswertung der anderen Kriterien zu treffen.

Hinterbeine:
Hufschutz für Pferde mit Gliedmaßenführung „gegen die Stützende"
Je weiter die Gliedmaßenführung von der geraden Linie abweicht, desto stärker wird sich das Gewicht des Hufschutzes auf die Gliedmaßenführung auswirken.
Die Wirkung von mehr oder weniger Gewicht wird im Trabrennsport eingesetzt, um Bewegungsstörungen zu korrigieren oder das „Springen" zu verhindern. Die Freunde der Gangpferde nutzen die Einflussmöglichkeiten durch Gewicht – nicht immer zum Nutzen der Pferde – in der Ausbildung und der Ausprägung extremer Gänge. Beim Reitpferdebeschlag ist der Einfluss des Hufschutzgewichtes bislang

sehr vernachlässigt worden und erst durch die Vorreiter der Kunststoffbeschläge richtig thematisiert worden.
Das beschleunigte Gewicht des Beschlages vermag die Kreisbahn der Bewegung gegen die Stützende so zu verändern, dass das Bein am Anfang eine etwas längliche, nahezu gerade Linie gegen die Stützende beschreibt, um dann im engeren Radius zum Landepunkt zu ziehen.
Ein schwerer Beschlag kann somit eine noch unauffällige Gliedmaßenführung des unbeschlagenen Pferdes zum streichgefährdeten Pferd verändern. Das Gewicht des Beschlages wird vor allem bei jungen und schlecht trainierten Pferden die Streichgefahr bei Ermüdung erhöhen.

Bei gleicher Hufgröße haben die Beschläge folgendes Gewicht:

Alubeschlag	ca. 180 g
Trabereisen 5 mm	ca. 190 g
Kunststoffbeschlag	ca. 200 g
Metallkern, gummiummantelt	ca. 240 g
Klebbarer Hufschuh mit T-Schiene	ca. 380 g
Hufeisen	ca. 410 g
Schnallbarer Hufschuh	ca. 420 g

(Die Gewichte unterscheiden sich von Modell zu Modell zum Teil erheblich.)

Wenn sich aus der Auswertung aller Auswahlkriterien mehrere Varianten anbieten, denken Sie an den Gewichtseinfluss des Hufschutzes und entscheiden sich für den leichtesten.
Sollte sich Ihr Pferd schon streichen, ist zu unterscheiden, ob es das nur unter dem Sattel tut oder auch, wenn es sich selbst überlassen ist. Lesen Sie auf Seite 174,

unter „Hufschutz bei Streichen" nach. Der Bewegungsablauf gegen die Stützende resultiert aus der hakenengen (kuhhessigen) Stellung der Hinterbeine, oft in Verbindung mit der zehenweiten Stellung. In vielen Fällen ist diese Stellung nicht ganz ungewünscht, da das Pferd bei dieser Gliedmaßenstellung in den schnellen Gangarten die Hinterbeine seitlich an den Vorderbeinen vorbeischwingt.

Dies kann quadratische Pferde vor dem genauso großen Übel des Greifens bewahren. Wenn trotz dieser Maßnahmen immer noch eine Streichgefahr besteht, so muss jeder Hufschutz so gestaltet sein, dass bei einer Berührung der Gliedmaßen kein Schaden entsteht. Neben der leichten Hufschutzform ist also ein Hufschutz anzuraten, dessen Material möglichst keinen Schaden anrichtet. Kunststoffe sind in diesem Fall die erste Wahl.

Hufschutz für Pferde mit Gliedmaßenführung „um die Stützende"
Wenn Ihr Pferd um die stützende Gliedmaße geht, gelten alle Erwägungen bezüglich des Gewichtes des Hufschutzes genauso. Auch die Auswirkung des Um-die-Stützende-Laufens wird umso mehr verstärkt, je schwerer der Hufschutz gewählt ist. Die Auswirkung dieser Bewegungsführung ist nicht so dramatisch wie die Bewegung gegen die Stützende, doch wird das Pferd bei starker Ausprägung dieser Gliedmaßenführung einen deutlich schwankenden Gang zeigen.

▶ **Information 6: Fußung**
Neben der regelmäßigen Fußung, die keinen besonderen Einfluss auf die Wahl des Hufschutzes hat, kann es sein, dass Ihr Pferd mit der Zehe, mit der äußeren oder inneren Zehe, der inneren oder äußeren Wand, der inneren oder der äußeren Tracht oder der Tracht insgesamt zuerst auffußt.

Hufschutz für Pferde mit Trachtenfußung
Bei dieser Art der Auffußung berühren die Trachten den Untergrund zuerst. Diese Weise der Auffußung des Pferdes ist bei (fast allen) Pferden zu beobachten, die in der Vergangenheit an Hufrehe erkrankt waren, kommt aber auch bei anderen Pferden vor. Zwei Arten des Hufschutzes können hier als erste Wahl zur Anwendung kommen. Wenn das Horn des Hufes von schlechter Qualität ist, wird die Trachtenfußung deutliche Spuren an den Trachten erzeugen. In den meisten Fällen sind die Trachten nach hinten abgerundet oder/ und haben eine bröcklige Hornsubstanz. Der Eisenbeschlag soll in diesen Fällen sehr lang gelegt sein, eine angeschmiedete Trachtenrichtung und, wenn notwendig, auch eine angebogene Trachtenaufrichtung besitzen.

Mit diesen Maßnahmen am Hufeisen wird versucht, die Phase des Auffußens mit der Tracht über eine Rollbewegung weich auf den ganzen Huf zu bringen. Das lang gelegte Eisen verhindert durch die veränderten Hebel den Druck auf die Trachten und ermöglicht dadurch ihr besseres Wachstum.

Sicher wenden Sie zu Recht ein, dass die Trachtenfußung in erster Linie durch das entsprechende Beschneiden des Hufes zu verbessern ist, und es drängt mich geradezu, zu schreiben, dass bei diesen Pferden sehr oft die Hufe zu spitz zum Fesselstand sind und dass sie häufig vorständig oder vorbiegig stehen – aber hier soll es nur um die Auswahl des richtigen Hufschutzes gehen.

Dieser Beschlag kann die gute Idee nur umsetzen, wenn er passgenau ausgeführt wird. Sie haben bei der Beurteilung sicher selbst festgestellt, wie überaus schwierig die genaue Einschätzung des Auffußens in der Praxis ist. Zum genauen und für das Pferd förderlichen Ausführen dieses Beschlages wäre die sehr genaue Beurteilung Voraussetzung. Dies ist in der Praxis kaum umsetzbar, sodass der oben beschriebene Beschlag selten passt und sich das Pferd die benötigte Aufrichtung am Eisen mühsam selber anlaufen muss.

Als Alternative zum Eisenbeschlag wird immer öfter ein Kunststoffbeschlag verwendet. Die Erfahrungen haben gezeigt, dass sich das Trachtenwachstum bei mit Kunststoff beschlagenen Pferden in den meisten Fällen verbessert, obwohl auch der lang gelegte Kunststoffbeschlag durch seine Flexibilität nur geringere Unterstützung bietet. Eine nachvollziehbare Erklärung für die positive Auswirkung des Kunststoffbeschlages bei der Trachtenfußung ist sicherlich das geringere Gewicht des Beschlages, das dazu führt, dass die Hufe den Boden früher berühren und die Tendenz der Trachtenfußung somit verringert ist.

Beim flexiblen Kunststoffbeschlag ist außerdem der Anspruch an die praktisch kaum umsetzbare Genauigkeit geringer als beim Eisenbeschlag und die Pferde zeigen, mit Kunststoff beschlagen durchweg schwungvollere Gänge. Damit gilt der Kunststoffbeschlag als erste Wahl, wenn nicht die Anforderungen an den Beschlag aus anderen Gesichtspunkten das Eisen bevorzugen lassen.

Etwas abweichend davon ist die einseitige Trachtenfußung zu bewerten. Hier erreicht nur eine Tracht zuerst den Boden, während die andere Tracht den Boden noch nicht berührt hat. Pferde mit dieser nicht ganz seltenen Form des Fußens laufen Gefahr, dass sich ein einseitiger Trachtenzwang bildet, das Ballenpolster zerstört wird und der Zusammenhalt der Ballen verloren geht. Sollte diese Situation schon entstanden sein, besteht dringender Korrekturbedarf. Durch den zerstörten Zusammenhalt der Ballen lässt sich der Huf in zu großem Maße vertikal gegeneinander verschieben. Ein flexibler Beschlag kann und darf somit nicht mehr zur Anwendung kommen. Da die Korrektur mit der Wiederherstellung der (meist äußeren) Tracht beginnt und diese Maßnahme recht zeitaufwendig werden kann, ist der Klebebeschlag hier eine äußerst teure Möglichkeit. Unter einer Voraussetzung würde deshalb für mich der Öllöv-Beschlag erste Wahl sein: Es ist zu überprüfen, ob sich der Beschlag nicht verbiegt. Bei schweren Pferden oder solchen, die recht heftig auftreten, wird er das tun. Das ist natürlich nicht tolerabel und Sie müssen auf ein Hufeisen mit einem Verbindungssteg am Ende zurückgreifen.

Eine in diesem Fall sinnvolle Ergänzung wäre die Anbringung eines Tragrand- und Stegleders zur Abpolsterung und Stoßdämpfung. In Verbindung mit einem Steg ist die reduzierte Haltbarkeit der Hufnägel vertretbar.

Hufschutz für Pferde mit Zehenfußung
Bei dieser Fußung berührt die Zehe beim Auffußen zuerst den Boden.
Viele Hufexperten versuchen am Huf abzulesen, wie sich das Pferd bewegt. Sie behaupten in den meisten Fällen, auf die Vorführung verzichten zu können. Genau bei dieser Art der Fußung leisten diese Experten sehr schlechte Arbeit. In zwei Situationen verschleißt das Horn des Hufes: zum einen bei der Abfußung, die an den Vorderhufen mit dem Abrollen eingeleitet wird, bevor der Huf den Boden verlässt. Bei dieser Abfußungsreibung nutzt sich vermehrt das Horn der Zehe ab. Bei der Fußungsreibung dagegen, die im Regelfall mit einer planen Fußung geschieht, verschleißt das Horn des gesamten Tragrandes gleichmäßig. In dem hier besprochenen Fall geschieht das Auffußen aber mit der Zehe zuerst. Somit ist auch bei der Auffußung an der Zehe der größte Abrieb.
Wenn man ohne intensive Vorführung des Pferdes über den Hufschutz entscheidet, wird man annehmen, dass der Abrieb der Zehe alleine aus der Abfußungsphase resultiert, und die Auswahl des Hufschutzes wird nicht passend sein. (In diesen Fällen wird die Zehenrichtung der Vorderhufe oft unzulässig stark ausgeführt, oder an den Hinterhufen eine Zehenrichtung angebracht, obwohl unangebracht.)
Die Zehenfußung ist manchmal verbunden mit stumpfen Hufen, die entweder zum Fesselstand passen oder zu stumpf zum Fesselstand sind. Weiterhin kann die Zehenfußung mit der rückständigen oder rückbiegigen Stellung verbunden sein.
Ist das der Fall, so bietet sich ein stoßdämpfender Beschlag an, da hier diesel-

ben Erwägungen gelten wie bei der Gliedmaßenführung mit einem Bogen, der seinen Hochpunkt im letzten Teil des Weges hat. Die Zehenfußung ist aber auch sehr häufig bei hoch im Blut stehenden Pferden zu beobachten – so wie der Langstreckenläufer über den ganzen Fuß abrollt, während der Sprinter nur den Ballen zum Landen nutzt.
Vollblüter, Galopper und Traber bewegen sich in der Manier des Sprinters. Eine große Anzahl dieser Pferde zeigt schon bei langsamerer Bewegung deutliche Zehenfußung (soweit bei der Fußungsbeobachtung überhaupt mit dem Auge etwas deutlich aufnehmbar ist). Für diese Pferde ist ein Hufschutz mit gutem Griff im Zehenbereich wichtig. Da die Materialien der gebräuchlichsten Hufschutzformen hier auf verschiedensten Untergründen sehr unterschiedliche Eigenschaften haben, müssen Sie nach dem am häufigsten anzutreffenden Untergrund entscheiden oder wie z. B. mit dem Dallmer Cuff eine Basis ankleben, an die Sie für den Untergrund die jeweils griffigste Lauffläche anschrauben können.
Bei den Vollblütern auf der Galopprennbahn, die zumindest im Rennen nur auf Gras laufen, werden hauptsächlich Hufeisen mit durchgängigem Falz eingesetzt. Traberbeschläge bekommen, wenn ein Gleitschutz verwendet wird, diesen meist an der Zehe montiert. Auch der schon beschriebene PP-Plast-Beschlag wurde aus diesen Erwägungen heraus entwickelt.
Unser eigener Vollblüter kommt hervorragend mit einem Hufschuh zurecht, obwohl, und das muss einschränkend gesagt werden, dieses Pferd nicht in dem Tempo,

das es leisten kann und manchmal auch will, geritten wird.

Sie sehen also, dass die Zehenfußung bei den Blütern oft nicht zwingend einen Hufschutz bedingt.

Hufschutz für Pferde bei Fußung
mit einer Seitenwand
In alten Lehrbüchern wurde die Meinung vertreten, dass die Beurteilung der Fußung des Pferdes die Voraussetzung für eine Kürzung der Hufe ist. Man hat nach der Fußung gekürzt, indem man die Stelle, mit der ein Huf den Boden zuerst berührt, vermehrt beschnitten.

Spätere Lehrmeister vertraten die Meinung, dass rein nach der Fesselstandstheorie gekürzt werden darf. Hierbei werden der Huf und die Fessel von vorne und von der Seite beurteilt und der Huf so beschnitten, dass er von allen Seiten zum Fesselstand „passt". Die heute durchgängig vertretene Meinung ist, bei der Hufkorrektur einen Kompromiss dieser beiden Kürzungsmethoden zu suchen. Viele „Meister" des Hufschutzes, die, wie schon früher erwähnt, nur im Huf zu „lesen" versuchen, suchen nach Stellen, die am Huf höher sind oder die weniger stark belastet werden.

Überlastungsbereiche sind am Horn auf verschieden Wegen zu erkennen: Überlastete Hufbereiche sind stärker abgenutzt als andere Teile; die stärker belastete Hornwand steht steiler als die gegenüberliegende; die Hornwände der Überlastungsbereiche können sich, wenn dieser Zustand anhält, konvex verformen und die minder belastete Wand wird sich konkav wölben.

So wie der Schmied, der für seine Kürzung nur den Fesselstand betrachtet, die Entstehung unterschiedlich hoher oder steiler Wände provozieren kann, so wird derjenige, welcher nur die Symmetrie des Hufes für seine Kürzung betrachtet, die Belange des Fesselstandes und der Gliedmaßenführung in der Bewegung sträflich vernachlässigen.

Wie so oft in unserem Leben liegt besonders hier die Wahrheit in der Mitte. Es ist nicht zu verantworten, dass ein Hinterhuf im Stande betrachtet recht regelmäßig steht, die äußere Hufwand aber nur noch die halbe Länge der Innenwand hat. Ein genauso großes Übel ist der symmetrische Huf, der nun deutlich verschlechterte Auffußung zeigt und bei dem die verschlechterte Gliedmaßenführung eklatant wird.

Die nicht plane Fußung, bei der ein Huf entweder mit der linken oder rechten Seitenwand zuerst den Boden berührt, ist also manchmal nicht vermeidbar. Der Hufschutz sollte in diesen Fällen in der Lage sein, einen großen Teil der anfallenden Energie aufzunehmen und korrektiv einzuwirken. Je schneller das Pferd geritten werden soll und je härter die Böden sind, umso wichtiger ist die Fähigkeit des Hufschutzes, die stärker beanspruchte Hornwand zu entlasten. Da diese Aufgabe von allen Kunststoffen in unterschiedlichem Maße wahrgenommen werden kann, sind sie bei der einseitigen Fußung geeignet.

Die Fähigkeit der flexiblen Kunststoffbeschläge, in diesen Fällen korrektiv zu wirken, ist jedoch nicht ganz so gut. Der flexible Kunststoffbeschlag kann zwar zur Korrektur gegebenenfalls bodenweit oder bodeneng geändert werden, neigt jedoch sehr bald zur Verformung, was die Wirkung der Korrektur mindert. Die einseitige Belastung führt natürlich auch zu einseitigem Verschleiß am Hufschutz. Der prinzipiell hier gut geeignete Hufschutz aus Metallkern und weicher Ummantelung muss auf den Grad des Verschleißes häufig überprüft werden, und ein frühzeitiger Wechsel des Hufschutzes wird bei diesen Pferden sehr oft nötig sein. Bei Pferden, die stark ungleich auffußen – und dies eventuell mit kräftigem Auffußen verbinden –, wäre sicherlich ein Beschlagswechsel im vierwöchigen Rhythmus sinnvoll. Da ein so häufiger Beschlagswechsel die Gefahr der Perforierung der Hufwand durch die Nägel hervorrufen kann, ist über einen Klebeschutz nachzudenken, wie den Dallmer Cuff, bei dem die Lauffläche einfach mittels Schrauben ausgewechselt werden kann und der Klebeschuh erst im normalen Beschlagsrhythmus erneut geklebt wird. Da die schlechten Auswirkungen der Überbelastung vor allem unter dem Sattel auftreten, ist auch über die Wahl eines Hufschuhes zu beraten, deren Haltbarkeit sehr gut ist, da auch hier die Lauffläche durch Kleben oder Anschrauben von z. B. dem Trotter-Kunststoffbeschlag instand gesetzt werden kann. Sehr wichtig für den Erhalt der Situation ist eine regelmäßige Hufkorrektur in kürzeren Abständen.

SPEZIELLE BESCHLÄGE BEI KRANKHEITEN UND FEHLSTELLUNGEN

Da es Thema des Buches ist, welcher Hufschutz in der jeweiligen Situation der sinnvollste ist, werde ich mich in diesem Kapitel nur auf die Auswahl eines sinnvollen Beschlages konzentrieren und die Beschreibung der entsprechenden Erkrankung auf ein Mindestmaß reduzieren.

Der orthopädische Hufbeschlag (auch wenn es gar kein Beschlag ist, wird er hier trotzdem als solcher bezeichnet) ist sicherlich „nur" eine flankierende Maßnahme zu den tierärztlichen Aktivitäten. Aber so wie der Hufschmied (oder ein anderer für diese Arbeit Qualifizierter) ohne den Tierarzt nichts ausrichten kann, ist es wohl für den Veterinär nicht anders. Und so wie sich die Zusammenarbeit dieser beiden Berufsgruppen in den letzten Jahren verbessert und verändert hat, so hat sich auch das, was sie tun, in den vergangenen Jahren weiterentwickelt.

ORTHOPÄDISCHE BESCHLÄGE

▸ Hufrehe

Die Arbeit des Hufschmieds im Feld der Hufreheerkrankung unterteilt sich in zwei Phasen.

Die akute Hufrehe

Seit langem ist bekannt, dass im Stadium der akuten Hufrehe vor allem die beiden vordersten Nägel, die Zehennägel, dem Pferd große Schmerzen zufügen. Im Stadium der akuten Rehe ist der Zusammenhalt des Aufhängeapparates im Bereich der Zehenwand verschlechtert. Lange Jahre hat man versucht, dem Pferd in dieser Phase der Erkrankung die Zehennägel zu entfernen, die Hufe so oft wie möglich zu kühlen und das Pferd in einer weichen Box mit Torfeinstreu gesunden zu lassen.

Heute geht man in vielen Fällen konsequenter an die Behandlung. Das Halten in einer weichen Box ist nicht ausreichend, um die übelste Auswirkung der Rehe, nämlich die Lageveränderung des Hufbeins in der Hornkapsel, zu verhindern. Durch den geschwächten Aufhängeapparat in der Hufzehe und den gleich bleibenden Zug der tiefen Beugesehne zerreißt der Zusammenhalt von Hufbein und Horn in der Zehe und lässt das Hufbein mit der Hufbeinspitze in Richtung Hornsohle rotieren. In dieser akuten Phase wird heute, wenn möglich, der vorhandene Beschlag entfernt und das Pferd mit seinen Vorderhufen in einen Hufschuh gestellt, der im Zehenbereich geöffnet ist und an den Trachten einen massiven Keil angebracht hat. Die so erreichte Reduzierung der Zugkräfte der tiefen Beugesehne verhindern die Rotation des Hufbeines. Das Einstellen in die Torfbox komplettiert hier die Vorkehrungen, um eine üble Auswirkung dieser Erkrankung zu verhindern.

Beim rekonvaleszenten Pferd wurde in den letzten Jahrzehnten ein Hufeisen empfohlen, dass mit Zehenrichtung und Trachtenrichtung versehen war, einen Steg etwa

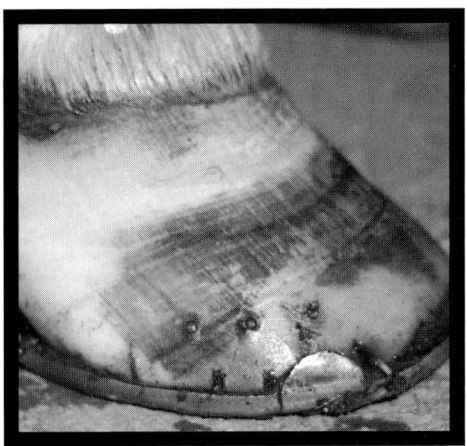

Verformter Rehehuf mit langen, gebogenen Trachtenwänden und gerade geraspelter Zehenwand: Bei geeigneten Sofortmaßnahmen kann die Bildung eines solchen Hufes verhindert werden.

einen Fingerbreit vor der Strahlspitze hatte und unter dem Steg mit Huflederkitt aufgepolstert war. Die Zehennägel wurden nicht gesetzt. Dieser sehr schwere und massive Beschlag trug der vollendeten Rotation des Hufbeins Rechnung und galt in vielen Fällen von nun ab als dauerhafter Beschlag für das betroffene Pferd.

Wenn es nun aber durch das rechtzeitige Eingreifen aller Maßnahmen gelungen ist, diese Rotation zu verhindern, so ist es heute in vielen Fällen möglich, über ein Bekleben der Hufe in der Zeit der Ausheilung das Pferd mittelfristig wieder völlig auszuheilen und zum normalen Gebrauchsbeschlag zurückzuführen. Das Pferd wird in dieser Zeit mit einem zehenoffenen Hufschuh beklebt, der mit einem Trachtenkeil versehen ist. Der Trachtenkeil wird entsprechend dem Heilungsverlauf verkleinert, bis die Hufe des Pferdes wieder eben stehen. Die Wirkung der Trachtenkeile ist nur auf das stehende oder sich langsam im Schritt bewegende Pferd ohne Reiterbelastung gut. Wenn das Pferd offensichtlich

wieder schmerzfrei laufen kann, sollten mindestens ein bis zwei weitere Beschlagsperioden mit nun an der Zehe geschlossenen Klebehufschuhen realisiert werden, denn es wird immer wieder beschrieben, dass der Einsatz von Hufnägeln in der Phase der Rekonvaleszenz die Bewegung des Pferdes deutlich negativ verändert.

▶ **Chronische Hufrollenentzündung (Podotrochlose)**

Der klassische Hufbeschlag bei der Diagnose „chronische Hufrollenentzündung" war der Beschlag mit untergelegten Kunststoffkeilen oder einem Hufeisen mit angeschweißten Hohlschenkeln oder Metallschenkeln zur Erhöhung der Trachten. Die Hufschmiede haben diesen Beschlag oft auch bei Pferden vorsorglich angebracht, wenn die Hufform und/oder der Gebrauch des Pferdes die Erkrankung an der Hufrolle befürchten ließ. (Zur Erhellung: Die „Hufrolle" ist der Teil der tiefen Beugesehne, der über das knorpelbelegte Strahlbein gleitet, mit diesem selbst und den Schleimbeuteln des Strahlbeins, die den Gleitstoff zum schadlosen Gleiten liefern.) Die Entzündung der Schleimbeutel steht am Beginn der Erkrankung, die mit dem Verschleiß des Strahlbeinknorpels weitergeht und zur Aufspaltung der tiefen Beugesehne führt. Der Beginn der Erkrankung ist kaum festzustellen. Sie wird häufig erst erkannt, wenn sie schon chronisch ist. In den meisten Fällen ist der Gebrauch als Reitpferd ausgeschlossen oder zumindest drastisch eingeschränkt. Aufgrund einer Keilprobe, bei der die Zehe des Hufes angehoben wird und der andere Huf aufgehoben ist, kann man die Krankheit erkennen und Gegenmaßnahmen einleiten.

Dieses vorsorgliche Arbeiten mit untergelegten Keilen, so haben wir heute erkannt, bietet mehr Nach- als Vorteile und dürfte heute nicht mehr angewendet werden.

Wenn der Huf zu spitz für die Fessellinie ist, weil sich die Trachten untergeschoben haben, dann wird der Plastikkeil oder der verdickte Eisenschenkel kurzfristig eine Verbesserung bringen. So wie der Stöckelabsatz am Damenschuh erhöht der höher gelegte Trachtenbereich aber auch den Druck, sodass die Hornröhrchen der Trachten sich entweder weiter nach vorne schieben oder zerstört werden. Die Situation wird sich verschlechtern.

Untersuchungen haben gezeigt, dass neben der genetischen Disposition für die Erkrankung an der Hufrolle vor allem Pferde anfällig sind, die enge, trockene oder hohe Hufe, schlechte oder untergeschobene oder übermäßig beschnittene Trachten haben und bei denen der Huf nicht zum Fesselstand passt, die stark rückständig stehen und die über lange Zeit mit zu kurzen Eisen beschlagen waren.

Bei Verdacht auf eine Erkrankung an der Hufrolle kommen heute zwei Beschläge zur Anwendung:

• Ein Hufeisen mit einem geraden Zehenteil, das die Abrollbewegung des Hufes steuert, und einem Steg über dem Strahlkörper, der mit Huflederkitt den erkrankten Strahlbeinbereich von der Sohlenfläche her unterstützt.

• Ein so genanntes H-Eisen mit einer offenen Zehe und einem Steg über dem Strahlkörper zur Unterstützung des betroffenen Strahlbeins.

Zum vorsorglichen Schutz des Pferdes vor der Hufrollenerkrankung ist die Palette der Möglichkeiten sehr weit gefächert.

Viele Tierärzte und auch zunehmend mehr Hufschmiede empfehlen heute die Anwendung eines Egg-bar-shoes, auf Deutsch eines Eiereisens. Das Eiereisen vergrößert die Auftrittsfläche des Pferdes um ca. 25 %. Diese Flächenvergrößerung fällt in den Bereich der Trachten und führt so zu einer enormen Entlastung. In vielen Fällen können sich die Trachten erholen und wachsen wieder regelmäßig. Des Weiteren kappt das Eiereisen Belastungsspitzen durch die große Unterstützungsfläche für den Fesselträger und wird daher gerne bei Springpferden empfohlen. Das Eiereisen wird seltener vom Pferd heruntergetreten, als dies bei einem konventionellen ähnlich lang gelegten Eisen der Fall wäre.

Leider vergisst man in dieser Euphorie die genaue Beurteilung der Bewegungsabläufe des Pferdes und übersieht so in einigen Fällen die durch das Eiereisen hervorgerufene Trachtenfußung des Pferdes. Neben der Zunahme der Unterstützung im Trachtenbereich kommt es auch zu einer nicht zu unterschätzenden Gewichtszunahme hier, was sicherlich diese Fußung fördert.

Ein von den Hufschmieden, Besitzern und Tierärzten selten erwogener Gedanke (obwohl doch so nahe liegend) ist die Entscheidung, dass ein so disponiertes Pferd zurzeit für den gewünschten Verwendungszweck schlicht nicht einsetzbar ist und eine Ruhepause benötigt. Man sollte nicht versuchen, während der weiteren Nutzung eine Verbesserung zu erreichen, sondern erst zu korrigieren und dann wieder auf den Springparcours zu gehen. Mein erster Lehrmeister sprach in solchen Fällen meist Klartext, empfahl den Tierarzt „Dr. Ruhe" und verweigerte die Anbringung eines neuen Beschlages.

▶ **Zusammenhangstrennungen des Hufhorns**

Zusammenhangstrennungen sind Hornspalten an den verschiedenen Bereichen der Hornkapsel, lose Wände und hohle Wände. Hornspalten werden nach der Lage und Tiefe des Eindringens unterschieden. Es gibt oberflächliche Hornspalten, die nur in den äußeren Teilen der Hornwand liegen, solche, die bis an die weiße Linie reichen, also die gesamte Hornwand trennen, und Spalten, die bis in Bereiche der Sohle vordringen. Die Letzteren nennt man durchdringende Hornspalten. Sie führen in vielen Fällen zur Lahmheit und können bei nicht schneller und fachgerechter Versorgung auch Spätfolgen wie die Entstehung von Hornsäulen haben. Hornspalten können das Ergebnis einer Kronrandsverletzung sein, sodass der Spalt von der Krone nach unten wächst, wie auch häufiger vom Tragrand ausgehend, von unten nach oben.

Viele Hufschmiede und viele Hufpfleger gehen mit dem Problem der Zusammenhangstrennungen sehr leichtfertig um. Die Hornspalten werden am Endpunkt gegengeraspelt oder mit Klebstoff zugeschmiert.

Bei der Behandlung von Hornspalten gilt es als Erstes, die Ursache für die Entstehung des Spaltes herauszufinden und abzustellen. Wie schon erwähnt sind die weiten Hufe durch ihre schlechtere Hornsubstanz häufiger vom Problem der Hornspalten betroffen, vor allem wenn diese Pferd außerdem entweder haltungs- oder jahreszeitlich bedingt trockene Hufe haben. Vernachlässigte Hufe mit zu langen Tragrändern begünstigen das Entstehen von Tragrandspalten ebenfalls. Überbelastete Hornbereiche sind auch für das Auftreten von Hornspalten gefährdet. Hier können bei konvex oder konkav gewölbten Wänden leicht Spalten in der Mitte der Wölbung entstehen.

Da Hornspalten nie heilbar sind, weil das tote Hufhorn nicht mehr zusammenwachsen kann, fällt dem Beschlag die Aufgabe zu, eine weitere Ausbreitung des Spaltes zu verhindern. Nur ein starrer Beschlag kann diese Aufgabe sinnvoll erfüllen. Da zur Verhinderung der Spaltenausbreitung Hohlräume gelegt werden müssen, ist es oft nötig, den Strahl zum Tragen des Gewichts hinzuzuziehen. Je nach Ausbreitung des Spaltes und nach seiner Lage ist auch die Verwendung des Dallmer-Klebeschuhes (z. B. Cuff) sinnvoll.

Es ist heute nicht mehr nötig, mit komplizierten Vernietungen, schwierigen Schrauben- und Drahtkonstruktionen einen Hornspalt zu fixieren. Kunsthornsubstanzen oder geklebte Pflaster bieten heute sehr haltbare und viel einfacher anzuwendende Alternativen.

Die losen Wände entstehen ebenfalls am häufigsten bei den weiten oder den halbeng-halbweiten Hufen. Hier ist der Zusam-

menhang von Hornwand und Hornsohle durch fehlendes und schlechtes Blättchenhorn gestört.

Dieses schlechte Blättchenhorn kann durch die Zernagelung der weißen Linie entstehen. Da beim weiten Huf immer nur wenig Horn zum Neubeschlag entfernt werden kann, wird die Nagellinie stärker beansprucht. Vor allem das zu lange Aufbrennen des heißen Beschlags verstärkt die Ausweitung der losen Wand. Bei schon bestehender loser Wand ist es manchmal nicht mehr möglich, das Pferd ohne Beschlag laufen zu lassen. Sand und Steinchen werden in die zerstörte Blättchenschicht eindringen und mit ihnen weitere Bakterien, die ihrerseits das Blättchenhorn zerstören. Um der Fortentwicklung Einhalt zu gebieten, ist hier ein nagelloser Hufschutz anzuraten, wobei alle auffälligen Hornteile entfernt werden müssen. Die Hohlräume müssen mit Werg oder Silikon auf Essigbasis aufgefüllt werden, und es sollten so lange Klebebeschläge verwendet werden, bis der Huf wieder unauffällig ist.

▶ Hohle Wand

Hierbei ist zwischen dem Röhrchenhorn der Hornwand und der Blättchenschicht ein großer Hohlraum entstanden. Es kann auch sein, dass der Hohlraum in der Röhrchenhornschicht liegt. Sehr häufig sind die steileren Wände eines Hufes betroffen. Bei ausgeprägten hohlen Wänden, die von der Sohlenfläche oft gar nicht in ihrem Ausmaß zu erkennen sind, kann ein Bereich bis zur Hufkrone betroffen sein. In solchen Fällen besteht die Gefahr der Lahmheit.

Ist die hohle Wand von der Sohlenfläche zu erkennen, aber in ihrem Ausmaß nicht zu beschreiben, kann man durch Abklopfen die Hohlräume aufspüren. Kleinere hohle Wände müssen gereinigt werden (die Fäulnis erregenden Bakterien müssen abgetötet werden) und werden dann am sinnvollsten mit Hufwachs aufgefüllt. Man sollte darauf achten, dass eine übermäßige Füllung zu einer Keilwirkung führt, die weitere Zusammenhangstrennungen provoziert. Ist die hohle Wand stark ausgeprägt, besteht die Gefahr von Lageveränderungen des Hufbeins ähnlich wie bei der Hufrehe. Auch hier ist der Aufhängeapparat in seiner Funktion gestört. Bei ausgeprägten hohlen Wänden muss der Hohlraum von außen aufgefräst werden. Nur so ist zu gewährleisten, dass die nachwachsenden Hornschichten wieder zusammenhalten.

Da die hohle Wand durch Schläge und Belastungen der steileren Wand entsteht, ist bei der Therapie ein gut stoßbrechender Beschlag ein Muss. Wenn Teile der Hornwand zur Freilegung der hohlen Wand entfernt wurden, ist das Nageln hier sehr schwierig und der Einsatz eines Klebe-

schuhs wohl am einfachsten. Die wegge-
frästen Hornteile werden mit Kunsthorn
wieder aufgebaut und ein geschlossener
Hufschuh wird aufgeklebt.

▶ Beschlag bei Flachhufen und Vollhufen

Bei der Problematik der Flach- und Voll-
hufe liegen oft Unklarheiten des Verständ-
nisses vor, die dann in vielen Fällen zu
einem ungeeigneten und sogar kontrapro-
duktiven Hufschutz führen.

Unter Flachhufen versteht man Hufe, deren Sohle eine sehr schwache, manchmal
keine Sohlenwölbung mehr aufweist. Der
Hornstrahl ist meist sehr gut entwickelt.
Das Horn der Sohle ist dünner als das
eines regelmäßigen Hufes. Außerdem fällt
ein zum Teil langsames Hornwachstum
auf. Es sind fast immer sehr weite Hufformen betroffen. Besonders im Bereich der
weitesten Stelle sind sehr oft lose Hornwände auffällig. Häufig, aber nicht zwingend sind spitze Hufe betroffen, die mit
schwachen oder untergeschobenen Trachten verbunden sind. Das Horn der Sohle
ist bei dieser Hufausprägung meist dünner als gewöhnlich und die Sohle ist entsprechend empfindlicher gegen Druck.
Aus dem Flachhuf kann sich bei unzurei-
chender Pflege der Vollhuf entwickeln.

Bei Vollhufen ist die Sohle entweder gleichmäßig oder nur teilweise nach unten in
Richtung Boden durchgewölbt. Die Soh-
lenseite der stärker belasteten Hornwand
ist von einer stärkeren Durchwölbung betroffen. Der Vollhuf ist immer mit schlechter, mürber Hornqualität und Zusammenhangstrennungen wie der hohlen und/
oder losen Wand verbunden. Das Hufhorn
hat ein sehr langsames Wachstum. Das

Pferd kann ohne Hufschutz nicht oder fast
nicht mehr schmerzfrei laufen. Mit der
Auswölbung der Sohle ist ebenfalls eine
entsprechende Absenkung der Lage des
Hufbeins verbunden. Es hat entsprechende Zerstörungen des Aufhängeapparates gegeben.

Der Hufschutz des Flachhufes hat die vor-
rangige Aufgabe, eine Verschlechterung
der Sohlenwölbung zu verhindern und die
langfristige Reittauglichkeit des Pferdes zu
ermöglichen. Beim Flachhuf sind die Vorgänge des Hufmechanismus verändert.
Durch die fehlende Sohlenwölbung und die
damit verhinderte Möglichkeit zur Durchwölbung bei Belastung kommt es auch auf
harten Böden bei diesen Hufformen zu
keiner oder nur zu minimalen Formveränderungen. Der kräftige Strahl ist die dem
Boden nächste Stelle und wird beim Auffußen des Hufes erhöht Druck aufnehmen.
Im Bereich des Strahls und des Strahlpolsters kommt es somit nicht wie beim regelmäßigen Huf zu einer Druckabnahme,
sondern zu einer Zunahme des Drucks.
Daraus entsteht eine schlechtere Durchblutung der Kapillaren und eine damit
verbundene Verschlechterung des Horn-
wachstums, da die Lederhäute eine Unter-
versorgung mit Blut zeigen.

Dieses sehr schlechte Hornwachstum
stellt in den meisten Fällen mittelfristig das
größte Problem des nutzbringenden Hufschutzes dar. Ein regelmäßiger Beschlag
mit Hufnägeln schädigt die Hornwand,
was sich verstärkt auswirkt, wenn im Be-
schlagszyklus nicht genug Hufhorn gewachsen ist, das die Aufnahme der neuen
Nägel ermöglicht. Da der Hufbeschlag bei
Flachhufen auch die Aufgabe hat, auf har-

ten Reituntergründen wegen des mangelnden Hufmechanismus mehr Energie zu absorbieren, wird sehr häufig mit einem Eisen und einer zusätzlichen stoßbrechenden Einlage zwischen Huf und Eisen beschlagen. Die Zwischenlage bewirkt sehr oft ein vorzeitiges Lockern des Eisens und bedingt die Notwendigkeit eines frühzeitigen Neubeschlages, was eine weitere Belastung für die Hornqualität bedeutet.

Bei diesen problematischen Hufen ist verstärkt auf die Erhaltung einer bestmöglichen Hornqualität zu achten. Durch einen Verzicht auf das warme Aufrichten des Beschlages und auf Hufnägel ist dies am ehesten möglich.

Die Verwendung eines Klebehufschutzes entspricht dieser Forderung in idealer Weise. Bei Verwendung des Dallmer Cuff ist es realisierbar, die zusätzlich oft nötige Unterstützung eines langen Hufschutzes ohne Gefährdung für den Huf umzusetzen. Das unter den Cuff geschraubte dünne Eisen wird mit kleineren Schrauben am Cuff befestigt, sodass der geklebte Teil auch dann am Huf verbleibt, wenn sich, was nie auszuschließen ist, das Pferd den Beschlag heruntertreten sollte. Die geforderte Stoßbrechung wird durch den Kunststoff des Cuff geboten.

Ist ein Vollhuf entstanden, so kann der Dallmer Cuff zum Schutz des Hufes nicht verwendet werden.

Beim Vollhuf ist die Sohle in Richtung Boden gewölbt. Da die Hornsohle in diesen Fällen sehr dünn und damit äußerst druckempfindlich ist, muss der Hufschutz von der Zehe bis über die weiteste Stelle der Auswölbung der Sohle angepasst werden. Diese Abdachung ist auf dem Kunststoff

der Innenseite nur ungenau und damit unzureichend anzubringen.

Beim Dallmer Easyschuh ist die Innenfläche aus Metall. Hier kann die Abdachung mit einfachen Mitteln sehr präzise realisiert werden. Im Bereich des Schenkelendes soll der Auflagebereich des Hufschutzes wieder eben sein. Mit der Beklebung des Vollhufes ist die langfristige Erhaltung der Reittauglichkeit in kleinerem Rahmen möglich.

An anderer Stelle habe ich schon von der Zusammenarbeit von Tierarzt, Schmied und Pferdebesitzer gesprochen. Bei dem Problem Flach- und Vollhuf gilt das wieder im besonderen Maße, da bei diesen Pferden vor allem die Nutzung an die vorhandenen Grenzen der Belastbarkeit der Pferdehufe angepasst werden muss. Der Hufschutz kann die Unvernunft des Pferdehalters meist nicht ausgleichen.

▸ **Beschlag bei Sehnenproblemen**
Im Grunde ist es immer wieder zu erwähnen, aber bei der Arbeit an Pferden mit Sehnenproblemen ist es besonders wichtig, die Hufe passend zum Fesselstand zu richten. Sie wissen, dass Pferde, die im Sehnen- und im Bänderbereich Schwierigkeiten haben, diese auf weichen, tiefen Böden in verstärktem Maße zeigen. Da diese Pferde auf harten und ebenen Böden wesentlich besser laufen, muss auch der Hufbeschlag das Ziel haben, dem Pferd eine möglichst genau definierte Lauffläche zu geben. Ein lang gelegtes Eisen, eventuell ein Eiereisen mit einer bodenweiten Ränderung und guter Zehenrichtung, wird dieser Forderung am besten gerecht. Da der Huf keinesfalls im Laufe der Beschlags-

periode zu spitz zum Fesselstand werden darf, ist sehr genau auf ein kurzes und einen möglichst konstanten Zustand der Fesselstandsverhältnisse gewährleistendes Beschlagsintervall zu achten.

▶ **Beschlag bei Knorpelproblemen**
Bei Pferden, die an Knorpelverschleiß der Gelenke leiden, ist darauf zu achten, dass die Verhältnisse der Gliedmaßenstellung möglichst konstant bleiben. Jede Umstellung verändert die Bereiche der Belastung in den Gelenken und provoziert neue entzündliche Prozesse. Auch hier ist das Beschlagsintervall kurz zu halten und eine sensible und äußerst präzise Arbeit gefordert. Da Pferde mit Problemen an den Knorpelflächen der Gelenke auf weichen Böden deutlich lieber und besser laufen, sollte auch der Hufbeschlag ein besonders weicher sein. Der Beschlag sollte andererseits den Auffußungsablauf nicht durch eine zu heftige Abstoppung stören. Flexible Kunststoffbeschläge oder starre Beschläge mit Kunststoffummantelung sind gut geeignet.

▶ **Spat**
Diese Erkrankung ist im Anfangsstadium sehr schwer zu erkennen. Ein Verdacht liegt immer dann vor, wenn sich der Beschlag der Hinterhufe im Zehenbereich sehr stark abnutzt, die Schenkelenden des Beschlages aber noch keine oder nur geringe Anzeichen eines Verschleißes haben. Der Beschlag ist bei der Erkrankung an Spat von außerordentlicher Wichtigkeit, denn ein an dieser Krankheit leidendes Pferd hat bei einem wirklich gut passenden Beschlag eine positive Zukunftsprognose.

Die enge Zusammenarbeit von Tierarzt und Hufschmied mit dem Pferdebesitzer ist hier von besonderer Wichtigkeit. Orthopädische Hufbeschläge sind ohne die Einhaltung der Anweisungen zu Haltung und Nutzung oft sinnlos.
Der klassische Beschlag für eine Spaterkrankung ist das Hufeisen nach Nyffenegger und Löhrer. Bei diesem Eisen bekommt das Pferd für die Hintereisen eine gute Zehenrichtung, und an der höher belasteten Hornwand wird der Eisenschenkel verbreitert und weit gelegt. Der Schenkel der stärker belasteten Wand wird mit einem ca. 3 mm dicken Blech unterlegt. Die Erhöhung soll vom Schenkelende bis zur Zehenmitte reichen. Der Beschlag muss über einen langen Zeitraum verwendet werden und wird dem Verlauf der Erkrankung ständig angepasst.
Mir ist bekannt, dass bei der Therapie von Spat mit großem Erfolg auch geklebte Hufschuhe zum Einsatz kommen, bei denen die Lauffläche des Klebeschuhes so lange ausgewechselt und in der Verdickung variiert wird, bis ein völlig unauffälliges Gangverhalten des Pferdes erreicht ist.

KORREKTIVE BESCHLÄGE

Von korrektivem Beschlag spricht man, wenn offensichtliche Fehler der Hornkapsel erkennbar sind, diese aber noch nicht zu Lahmheit geführt haben. Es ist jedoch wahrscheinlich, dass die Veränderungen der Hornkapsel kurz- oder mittelfristig zu einer ernsten Erkrankung führen werden, wenn über geeignete Maßnahmen keine

Korrektur eingeleitet wird. Die Probleme der Hornkapsel können als Auswirkung einer Knickung oder Verdrehung der Gliedmaße und der daraus resultierenden Über- oder Unterbelastungen des Hufes gesehen werden.

Die häufige Notwendigkeit eines korrektiven Beschlages wäre durchaus vermeidbar, denn bei verantwortungsvoll ausgeführter Pflege der Fohlenhufe und Hufe des jungen Pferdes könnten die meisten gravierenden Verstellungen mit einfachen Mitteln bekämpft werden. Die hier angesprochenen Korrekturbeschläge des erwachsenen Pferdes sind in den meisten Fällen ein Resultat entweder der zu langen Beschlagsintervalle oder der Vernachlässigung der Hufpflege und auch sehr oft von Hufbeschlagsfehlern, die über einen langen Zeitraum aus Unkenntnis oder Fahrlässigkeit ständig wiederholt werden, bis der Huf geschädigt ist.

Als klassisches Beispiel sei das über langen Zeitraum immer wieder zu kurz und zu eng gelegte Hufeisen erwähnt, das oft das Entstehen von zu engen Hufformen begünstigt, wobei sich die Trachten zusätzlich sehr oft unterschieben.

Herr Zerle, mein Lehrmeister in Schwaiganger, erzählte dazu das Beispiel eines Schmiedes, dessen Angewohnheit es war, nach der Fertigstellung des Hufbeschlages die Zehenkappen der Vordereisen immer wieder anzuschlagen. Dieser Fehler führte bei vielen der Pferde in seiner Kundschaft zum Zurückweichen der weißen Linie im Bereich der Zehenkappe. (Das Zurückweichen der weißen Linie ist hier ein Resultat einer nekrotischen Veränderung des Hufbeins). Ohne bösen Willen hatte dieser Schmied vielen Pferden einen Schaden zugefügt (der nach meiner Kenntnis aber in keinem Fall zu einer Lahmheit geführt hat). Mit dem korrektiven Beschlag will man Verbesserungen erreichen, die mit der Stellungskorrektur durch das Beschneiden nicht oder zu langsam realisierbar sind. Im Einzelnen will man:

• stärker belastete Hornwände entlasten,
• die Lastaufnahme der einzelnen Hufbereiche steuern,
• die Hornkapsel insgesamt verformen.

Im Wesentlichen kommen bei der Umsetzung dieser Beschläge zwei Materialien zur Anwendung. Die klassischen Varianten wie Breitschenkelhufeisen, Eisen mit Stegen an verschiedenen Stellen, Eiereisen, Herzeisen, Dreivierteleisen, H-Eisen usw. sollen hier nicht besprochen werden, da wir davon ausgehen, dass die Anwendung hinlänglich bekannt ist.

Sicherlich weniger bekannt sind der Einsatz und die Einsatzmöglichkeiten der Kunststoffbeschläge als korrektiv wirkender Hufschutz. Kunststoffbeschläge eignen sich hervorragend zur Regulierung zu eng gewordener Hufe. Bei der Auswahl eines weicheren PU-Beschlages und der Bearbeitung des Hufes für den Eisenbeschlag ist der Tragrand für die Anwendung des Kunststoffes im Grunde zu schmal. Der Effekt des Anlegens an die Sohlenfläche ist dadurch stärker, aber hier auch gewollt. Wenn der Beschlag ausreichend weit gelegt war, hat der Kunststoff hier dieselbe Wirkung eines abgedachten Hufeisens. Die weitende Wirkung des Beschlages ist aber auch in weichem Geläuf erhalten und die Gefahr der zu stark ausgeführten Abdachung ist durch die Dämpfung des

Kunststoffes nicht gegeben. Da sich Trachten erfahrungsgemäß beim Kunststoffbeschlag gut erholen, ist auch in dieser Hinsicht eine Besserung eingeleitet.

Sollte der Beschlag mit Kunststoff aus der Beurteilung der Pferdenutzung ausgeschlossen sein, gebe ich hier besonders zu bedenken, dass eine zusätzliche Entlastung der Trachten durch veränderte Nutzung des Pferdes über wenige Monate eine dauerhafte Verbesserung beschleunigt und ermöglicht.

Da besonders im korrektiven Beschlag eine unendliche Vielzahl an Problemen auftritt, ist es kaum möglich, alle Eventualitäten anzusprechen. Wenngleich der Einsatz des Hufeisens in diesem Gebiet vielfach die erste Wahl sein wird, sollte immer wieder individuell nach der besten Möglichkeit gesucht werden, ein Problem zu lösen oder die Verschlimmerung zu verhindern.

Und nicht immer kann es nur Eisen sein!

WAS BRINGT DIE ZUKUNFT?
Ein Ausblick auf den Hufbeschlag

Der Markt rund um den Pferdehuf steht heute wieder wesentlich besser und in bunterer Gestalt da als noch in den Fünfziger- bis Siebzigerjahren, in denen der Beruf des Hufschmiedes beinahe vom völligen Aussterben bedroht war. Kaum ein junger Mann wollte angesichts ständig zurückgehender Pferdebestände dieses brotlos erscheinende und körperlich harte Handwerk erlernen. Erst mit dem Wechsel des Pferdes vom reinen Nutztier in der Landwirtschaft zum Sport- und Freizeitkamerad und vor allem mit dem Aufschwung der Freizeitreiterei zum Breitensport hat sich das Bild seit Mitte oder Ende der Siebzigerjahre wieder völlig gewandelt.

Heute leben allein in Deutschland etwa eine Million Pferde, und zweieinhalb Millionen Menschen reiten. Die Zahl der staatlich geprüften Hufschmiede liegt aber bei nur etwa sechstausend, wovon geschätzte viertausend aktiv arbeiten. Bei diesem Zahlenvergleich wird sehr schnell klar, warum wirklich gute Hufschmiede so selten und die meisten Schmiede so hoffnungslos überlastet sind, dass sie weder genügend Zeit haben noch Lust verspüren, sich mit der ständig steigenden Zahl an Innovationen im Bereich Hufschutz auseinander zu setzen.

Da sich aber gleichzeitig immer mehr Reiter auch mit dem Thema Huf intensiver beschäftigen, sich Wissen aneignen, Seminare besuchen und Althergebrachtes hinterfragen (was im Großen und Ganzen eine sehr erfreuliche Entwicklung zum Wohle des Pferdes darstellt), ist auch ein neuer Bedarf an alternativen Hufschutzformen entstanden, der aus den erwähnten Gründen nicht immer von allen Hufschmieden abgedeckt werden kann.

In diese Nische sind die neuen Berufe der Hufpfleger verschiedener Richtungen, Huforthopäden und Huftechniker gesprungen, die sich ausschließlich mit dem unbeschlagenen Pferdehuf oder Alternativen zum Eisen auseinander setzen. Eigentlich sollten sich beide Berufsgruppen also ideal ergänzen, sollte man meinen – dem ist in der Praxis leider nicht so. Konkurrenzdenken und zum Teil eine sogar streng weltanschaulich gefärbte Idealisierung oder Ablehnung bestimmter Hufschutzformen sind entstanden, bei denen es um alles Mögliche geht – um Profitdenken, Profilierungssucht, Gruppenzwang und so weiter –, aber bestimmt nicht um das Wohl des Pferdes.

Hinzu kommt, dass sowohl unter den Hufschmieden als auch unter den Vertretern der „neuen" hufpflegenden Berufe, die zum Teil als reine Autodidakten ihre Dienste anbieten, leider auch viele durch die Lande ziehen, die ihr Handwerk schlecht oder gar nicht verstehen. Dem Pferdebesitzer ohne tiefer gehendes Spezialwissen zum Thema Huf bleibt dies oft so lange verborgen, bis sich bei seinem Tier die ersten sichtbaren Probleme einstellen. Hiervon sind die „Barhufpfleger" genauso betroffen wie die „Eisenschmiede" oder die „Kunststoff-Huftechniker".

Der Markt ist größer und bunter geworden, aber bestimmt nicht überschaubarer. Zum einen wäre es dringend notwendig, dass neue und verbindliche staatliche Richtlinien für die Ausbildung von Hufexperten (nennen wir sie einmal so, um sowohl Hufpfleger als auch Hufschmiede mit einzubeziehen) geschaffen werden, die den gewachsenen Anforderungen an diesen Beruf wieder gerecht werden. Zum anderen sind die Hufbeschlagsschulen, aber auch die Lehrmeister gefragt, die junge Jahrespraktikanten und -praktikantinnen beschäftigen, damit sie die Zulassung zur Hufbeschlagsschule erreichen, von der Schmalspurausbildung wegzukommen und den angehenden Hufexperten ein wirklich komplettes Bild der heutigen Hufschutzlandschaft bieten zu können. Wenn man sich die Unterrichtspläne deutscher Hufbeschlagsschulen aus den Dreißiger- und Vierzigerjahren ansieht, wird man mit Erstaunen feststellen, dass die Ausbildung damals noch wesentlich vielseitiger und umfassender war, als das heute im Allgemeinen der Fall ist. Geraume Zeit wurde auf die Bearbeitung und Korrektur von Fohlenhufen verwendet, auf das Zubereiten unbeschlagener Hufe und auf das Anfertigen der verschiedensten Beschläge.

Die heutige Ausbildung entspricht in viel zu vielen Fällen immer noch dem Stand, auf den man den gesamten Hufbeschlag in den Sechzigerjahren mangels Nachfrage und Notwendigkeit zurückgefahren hat.

Es wäre heute schon viel gewonnen, wenn man dahin zurückfände, wo man in Deutschland schon einmal war: nämlich den Hufbeschlag wieder zu einem eigenen Lehrberuf zu machen und ihn von dem Status „Zusatzausbildung für Metallbauer", der der Sache längst nicht mehr gerecht wird, zu befreien.

Anstelle der Nur-Eisenschmiede oder der Nur-Barhufpfleger sollte es Experten geben, die das gesamte Spektrum der Hufschutzvarianten kennen und deren Anwendungen beherrschen – und die vor allem vernünftige Entscheidungen zum Wohle des Pferdes treffen und sich frei machen können von Vorurteilen jeglicher Art.

Bis es eines schönen Tages hoffentlich so weit ist, bleibt den Reitern und Pferdebesitzern nicht viel anderes übrig, als sich selbst so weit fortzubilden, dass sie gute von schlechter Arbeit unterscheiden können. Dann können sie nicht nur „ihren" Experten auswählen, der gute Arbeit abliefert und die Pferdehufe über lange Jahre gesund und einsatzfähig erhält, sondern durch ihre Fragen und Kritik den Schmied oder Hufpfleger zu besseren Leistungen anspornen. Die bequemsten Kunden für einen schlechten Schmied sind die, welche das Pferd zum Beschlagstermin einfach abliefern und sich ins Reiterstübchen zurückziehen, bis die Arbeit an den Hufen getan ist.

Sie als Pferdebesitzer und Reiter können viel tun, um den Hufbeschlag wieder besser dastehen zu lassen: Denken Sie mit, fragen und fordern Sie Ihren Schmied, aber bleiben Sie fair. Überfallen Sie ihn nicht mit Neuerungswünschen und Forderungen, sondern tragen Sie Ihre Vorstellungen und Überlegungen, die Sie vielleicht bei der Lektüre dieses Buches gewonnen haben, diplomatisch und freundlich an ihn heran, fragen ihn nach seiner Meinung und sichern ihm zu (notfalls schriftlich), dass Sie ihn nicht für einen eventuellen Misserfolg des neuartigen Hufschutzes verantwortlich machen werden. Denn der staatlich geprüfte Hufschmied arbeitet nach wie vor auf der Grundlage eines Werkvertrages, aufgrund dessen er seinem Auftraggeber vom juristischen Standpunkt aus nicht nur die Arbeit, sondern auch den Erfolg schuldet. Das heißt konkret, dass Sie ihn schadensersatzpflichtig machen können, wenn ein Beschlag (oder Bekleb) nicht über die übliche Dauer hält oder sich aus dessen Verwendung gar ein Unfall herleiten lässt (z. B. Ausrutschen des Pferdes im Springparcours aufgrund eines ungeeigneten Beschlages). Davor haben viele Schmiede verständlicherweise Angst, wenn sie sich (beispielsweise mit Kunststoffbeschlägen) auf neues, unbekanntes Terrain begeben. Bei den Hufpflegern ohne staatliche Prüfung sieht die Haftungsfrage wiederum anders aus, aber das wäre ein Kapitel für sich und soll hier nicht weiter ausgedehnt werden.

Wirken Sie als Multiplikatoren, indem Sie Reiter, die sich bisher überhaupt keine Gedanken um die Hufe ihres Pferdes gemacht haben, gezielt darauf ansprechen. Es lässt sich nur dann zugunsten der Pferde etwas verändern, wenn die Kunden der Schmiede es verlangen.

Die Ausbildung und das Können der Schmiede und das gestiegene Wissen der Reiter sind aber nur die eine Seite. Die andere, mindestens ebenso wichtige sind diejenigen, die hinter den neuen (oder auch nur erneuerten) Hufschutzformen

und innovativen Ideen stehen – die Produzenten. Auch wenn der Bereich Huf/Hufbeschlag/Hufpflege heute einen Jahresumsatz von etwa 790.000.000 DM erwirtschaftet, somit einen ernst zu nehmenden Wirtschaftsfaktor darstellt und auch große Konzerne wie die Bayer AG wieder in den Bereich „Pferde" zurückgekehrt sind, werden doch die Innovationen im Bereich Hufschutz, von wenigen Ausnahmen abgesehen, nicht von großen Industriebetrieben, sondern von engagierten Einzelkämpfern vorangetrieben, von oftmals liebenswert-spleenigen Individualisten, Menschen mit Durchhaltevermögen und einer Idee, die oft aus eigener Unzufriedenheit erwachsen ist. Für viele dieser Leute liegt der Gedanke, mit dem eigenen Produkt reich zu werden, genauso weit entfernt wie der, einen Sechser im Lotto zu landen.

Wie im Kapitel über die Geschichte des alternativen Hufschutzes bereits erläutert, sind viele dieser Ideen nicht wirklich neu. Die Leistung der heutigen „Wiederentdecker" besteht darin, die Erfahrungen aus den alten Ideen auszuwerten und zu entscheiden, durch welches Material oder durch welche Detailverbesserungen das Verändern einer Idee aus der Vergangenheit sinnvoll ist und das Wohlergehen und die Leistungsfähigkeit einiger Pferde nachhaltig zu verbessern vermag. Auch wenn es uns schwer fällt, aus der großen Zahl an Pionieren im alternativen Hufschutz jemanden herauszuheben, so muss in diesem Zusammenhang doch das Engagement des Herrn Dallmer lobend erwähnt werden. Auf der wirtschaftlichen Basis seiner Kunststofffabrik für Zubehörteile aus dem Sanitärbereich gönnte sich Herr Dallmer aufgrund eigener Erfahrungen mit einem an Hufrehe erkrankten Pferd und dem Eisenbeschlag den Luxus einer eigenen Hufschuhfabrikation. Dallmer entwickelte, forschte, produzierte und verbesserte, vor allem aber tat er eines: Er zahlte. Ohne ihm zu nahe treten zu wollen – zum Geldverdienen hat er sich sicherlich eines der schlechtesten Gebiete überhaupt ausgesucht.

Bei vielen Menschen, die sogar nebenberuflich ihre Hufbeschläge produzieren, drängt sich der Verdacht auf, dass sie ihr Angestelltenverhältnis benötigen, um sich das „Hobby" der Beschlags- oder Hufschuhfabrikation leisten zu können.

Viele der Entwicklungen geschahen und geschehen auf der Basis von Versuch und Irrtum, Sammeln und Auswerten von Erfahrungen. Und genau an diesem Punkt liegt das Problem: So wichtig das Engagement der Einzelkämpfer ist, hier bleiben sie irgendwann hängen.

Es fehlt an der Zahl und der systematischen Auswertung der Rückmeldungen von Verbrauchern, deren persönlichem Reit-, Nutzungs- und Pferdeprofil, es fehlt die Feldforschung, es fehlt die Seite der tierärztlichen Erkenntnis, es fehlt das ingenieurwissenschaftliche Know-how und das Equipment, um die neuen Erkenntnisse denn auch nutzbringend umzusetzen. Anders gesagt: Es fehlt das Geld!

Um den Bereich Hufbeschlag auch in Zukunft voranzutreiben und zu verbessern, ist eigentlich nur ein einziger Weg denkbar: weg von den Einzelkämpfern (die im Übrigen fast ausnahmslos aus Freizeit-, Wander- und Distanzreiterkreisen stammen),

die zwar den entscheidenden Anstoß zur neuen Idee gegeben haben, aber nun in der Weiterentwicklung ihrer Produkte stecken bleiben, hin zu einer breit angelegten und effektiven Zusammenarbeit von Forschung an den Universitäten und Industrie, wie sie in anderen Branchen längst gang und gäbe ist.

Zwar bemühen sich einige tierärztliche Hochschulen, allen voran Berlin, Hannover und Wien, immer wieder um das Thema Pferdehuf, doch dringt nur weniges von den dort gewonnen Erkenntnissen nach außen – bestenfalls verirrt sich einmal der Hinweis auf eine kürzlich erschienene Dissertation zum Thema Hufbeschlag in eine Reiterzeitschrift (die wieder nur die Einzelkämpfer lesen). Andererseits versuchen sich auch Industriebetriebe, denen jegliches Hintergrundwissen zum Thema Pferdehuf fehlt, in der Herstellung von Hufbeschlägen, in der Hoffnung, damit leicht ein paar Mark nebenher verdienen zu können.

Der optimale Weg würde also beschritten, wenn den Universitäten oder tierärztlichen und technischen Hochschulen Gelder aus der Industrie oder staatliche Fördermittel zur Verfügung gestellt würden, um wirklich breit angelegte und repräsentative Studien durchführen zu können, und wenn diese Erkenntnisse dann auch wieder zu den entsprechenden Produzenten zurückgelangen würden. Die Universitäten wiederum dürften sich nicht auf Forschungen und Experimente unter Laborbedingungen verlassen, sondern müssten Rückmeldungen zur Praxistauglichkeit einzelner Produkte erhalten, um diese Erkenntnisse in die weitere Forschung mit einzubeziehen.

Zukunftsmusik? Ich denke nicht. Der Bereich Pferdesport mit all seinen Unterbranchen ist inzwischen zu einem Wirtschaftsfaktor angewachsen, an dem man nicht mehr vorbeisehen kann. Und je mehr Menschen es gibt, die denken wie Sie und solche Bücher lesen, wie Sie es gerade tun, desto dringender wird die Nachfrage nach ständiger Verbesserung der Produkte und nach qualifizierter Arbeit der Hufexperten. Schön, wenn letzten Endes eines dabei herauskommt: ein verantwortungsvoller Umgang mit dem Lebewesen Pferd, der ihm unter anderem das ermöglicht, wozu es von der Natur geschaffen ist: das Laufen!

„... und diese beiden Pferde sollen gleich beschlagen werden?"

SERVICETEIL
Herstelleradressen

GENAGELTE BESCHLÄGE AUS VERBUNDWERKSTOFFEN

▶ **Öllöv Original**
Generalvertretung für Deutschland:
Franotex GmbH
Berblingerstr. 16
71254 Ditzingen
Tel. 0 71 56 / 95 15 14
Fax 0 71 56 / 75 15
Internet: http://www.ollov.com

▶ **Mustad Nail Shu**
Mustad Hoofcare SA
2, rue de l'Industrie
CH-1630 Bulle
Tel. 00 41 / 2 69 19 15 80
Fax 00 41 / 2 69 19 15 85
In Deutschland über den Hufbeschlags-
fachhandel. Liste deutscher Händler auch
unter http://www.mustadhoofcare.com

▶ **Preco System**
Precotec AG
Sihlbruggstr. 105
CH-6340 Baar/Sihlbrugg
Tel. 00 41 / 4 17 66 70 50
Fax 00 41 / 4 17 66 70 51
Internet: http://www.preco.ch

KUNSTSTOFFBESCHLÄGE

▶ **Haflex**
Hans Hahn Kunststoff- und Sportartikel
GmbH
Am Fichtenkopf
36469 Oberrohn
Tel. 0 36 95 / 82 42 01
Fax 0 36 95 / 82 42 00

▶ **Hippoflex**
Cera HandelsGmbH
Am Bärenwald 4
87600 Kaufbeuren
Tel. 0 83 41 / 96 61 20
Fax 0 83 41 / 9 66 12 33
Internet: http://www.hippoflex.de

▶ **Hippotech**
Wilden Handelsgesellschaft mbH
Hirtenstr. 52
92536 Pfreimd
Tel. 0 96 06 / 8 75 76
Fax 0 96 06 / 8 74 19

▶ **Lafos**
Martin Hirsch GmbH
Talstraße 16
66440 Blieskastel-Alschbach
Tel. 0 68 42 / 5 13 55
Fax 0 68 42 / 49 21

▶ **Marathons**
Fischlein Design
Breitenstr. 6
36199 Rotenburg/F
Tel. 06623/919990
Fax 06623/919992
Internet: http://www.marathons.de

▶ **Panthers**
Alternativer Hufschutz GbR
Narzissenweg 6
87662 Kaltental
Tel 08345/1679
Fax 08345/952309

▶ **Sagimex**
Sagimex GmbH
Liebigstr. 5
85551 Kirchheim
Tel. 089/9021060
Fax 089/9043394

▶ **Trotters**
Dagmar Kucher
Im Nassen Garten 1
54426 Naurath/Wald
Tel. 06509/354
Fax 06509/543
Internet: http://www.trotters.de

HUFSCHUHE

▶ **Easyboots**
Generalvertretung für Deutschland:
Gray's Hufschuhe
Hauptstraße 38
55743 Kirschweiler
Tel. 06781/901884
Fax 06781/901885
Internet: http://www.easyboot.de

▶ **Swiss Horse Boot**
Hubert Rohner-Schlegel
Ritterstutz 4
CH-7012 Felsberg
Tel. 0041/812522773
Fax 0041/812505741
Internet: http://swiss-horse-boot.com

Deutsche Vertretung:
Manfred Duchscherer
Nettelbeckstr. 23
65195 Wiesbaden
Tel. 0611/405155 oder 400818
Fax: 0611/6114515

Vertretung für Österreich:
Reitsport Zwerlin
Weblingerstr. 35
A-8054 Graz

▶ **Dallmer Clog**
Dallmer GmbH
Alte Landstraße 3
21376 Salzhausen-Putensen
Tel. 04172/5100
Fax 04172/7294
Internet: http://www.dallmer.de

► Marquis Supergrip
Marquis Tiermedizintechnik
Toräckerstraße 19
89542 Herbrechtingen
Tel. 0 73 24 / 96 35 40
Fax 0 73 24 / 96 35 30
Internet: http://www.marquis-tech.com

► Old Mac's Allzweckhufschuh
Krämer Pferdesport-Versandhaus
Industriestraße 1+2
D-68764 Hockenheim-Talhaus
Tel. 01 80 / 5 94 94 00
Fax 0 62 05 / 94 94 88
Internet:
http://www.kraemer-pferdesport.de

KLEBESCHUHE

► Ibex All-Terrain Glue-on
Ibex Equine Ltd., Preston, Großbritannien

Liste deutscher Händler unter
Internet: http://www.ibexequine.com
Oder
Kerckhaert
Rapenburg 74–78
NL-4581 AE Vogelwaarde
Tel. 00 31 / 1 14 67 13 61

► Dallmer GmbH
Alte Landstraße 3
21376 Salzhausen-Putensen
Tel. 0 41 72 / 51 00
Fax 0 41 72 / 72 94
Internet: http://www.dallmer.de

► Mustad Easy Glu
Mustad Hoofcare SA
2, rue de l'Industrie
CH-1630 Bulle
In Deutschland über den Hufbeschlag-
fachhandel.
http://www.mustadhoofcare.com

► Einhorn Verbundhufeisen GmbH
Hundestraße 62
23552 Lübeck
Tel. 04 51 / 3 96 85 88
Internet:
http://www.einhorn-verbundhufeisen.de

▶ **Horsetec Sigafoos I:**
Horsetec AG
Hornusserstr. 5
CH-5079 Zeihen
Tel. 00 41 / 6 28 76 20 00
Fax 00 41 / 6 28 76 20 10
Internet: http://www.horsetec.com

▶ **Hufbeschlagsfachhändler, die viele der beschriebenen Produkte führen**
(Verkauf nicht an privat)
(Liste ohne Anspruch auf Vollständigkeit)

Andreas Strohm
Bockumer Straße 188
Wittlaer
40489 Düsseldorf
Tel. 02 11 / 40 12 24
Fax 02 11 / 40 42 58

Hans Neuper
Rennbahnstraße 52
81929 München/Daglfing
Tel. 0 89 / 93 94 10 80
Fax 0 89 / 93 94 10 88

Ernst Niemerg
Grevener Straße 13
48149 Münster
Tel. 02 51 / 29 32 65
Fax 02 51 / 27 03 01

RS Hufbedarf GmbH
Oberhölterfelder Straße 5
42857 Remscheid 1
Tel. 0 21 91 / 8 02 55
Fax 0 21 91 / 8 01 57

PL-Huftechnik
Friedhelm Leifeld
Ludgeristraße 12
46282 Dorsten
Tel. 0 23 62 / 2 33 32
Fax 0 23 62 / 2 57 14

KSH Schramm + Hirsch KG
Großhandel für Hufbeschlagartikel
Fronländer 22
72072 Tübingen-Bühl

Schweiz:
Eurotrade Urs Meier AG
Gewerbestr. 18
CH-4105 Biel-Benken

Österreich:
Weiss Hufbeschlags- und
Reitsportartikel
Bahnstr. 7
A-2111 Harmannsdorf
Tel. 00 43 / 0 22 64 64 75
Fax. 00 43 / 0 22 64 64 75 12
Internet: http://www.weiss.huf.at

Literaturverzeichnis

Stashak, T. S. Adams: Lahmheit bei Pferden; 4. Auflage, Verlag M.&H. Schaper, Hannover 1989

Anich, J.: Der Hufbeschlag mit partikelverstärktem Aluminium; Dissertation, Veterinärmedizinische Universität Wien, Wien 1996

British Patent Office: Patents for Inventions. Abridgements of Specifications; Class 67, Horse-Shoes, Period A.D. 1855–1866, London 1905

Carnat, Germain: Das Hufeisen in seiner Bedeutung für Kultur und Zivilisation; Zürich 1953

Daul, A.: Illustrierte Geschichte des Hufeisens; Verlag Moritz Perles, Wien, 1893

Dominik, Fr.: Lehrbuch über Hufbeschlag; 6. Auflage, Berlin 1891

Fröhlich, Wolfgang: Zuordnung der Dehnungen des Hufhornes zur Bewegung und Belastung des Hufes bei Pferden; Dissertation Vet. med., Veterinärmedizinische Universität Wien, Wien 1996

Görte, C.: Leitfaden des Hufbeschlages für die Schmiede der berittenen Truppen; 2. Auflage, Verlag August Hirschwald, Berlin 1912

Groß, J. C.: Lehr- und Handbuch der Hufbeschlagskunst; Verlag Th. Schäfer. Hannover 1996 (Reprint nach dem Original der dritten Auflage von 1861)

Helsingius, S.: Der nagellose Hufbeschlag in geschichtlicher und chirurgisch-kritischer Beleuchtung; Dissertation Vet. med., Universität Leipzig. Wien 1927

Hill, A.: Geschichte des Hufbeschlags; Verlag P. Löwe, Hainichen 1911

Knezevic, P. F.: Die Ungulographie mit Dehnungsmeßstreifen bei Großtieren. Kongreßbericht des Welttierärztekongresses, Hannover 1963, S. 1367–1368

Knezevic, P. F. et. al.: Belastungsmessungen an Hufen und Klauen beim Pferd und Rind mit Mehrkomponentenkraftmeßplatte, Kraftmeßdosen und Dehnungsmeßstreifen; in: Kongreßbericht des XXI. Welttierärztekongresses, Moskau 1979

Leisering, A.: Der Fuß des Pferdes in Rücksicht auf Bau, Verrichtungen und Hufbeschlag; 3. Aufl., Verlag Schoenfeld, Dresden 1870

Leschke-Ramcke, Birgit: Zusammenstellung der deutschen Patente im Hufbeschlag; Dissertation Vet. med., Tierärztliche Hochschule Hannover, Hannover 1985

Lungwitz, A.: Lehrmeister im Hufbeschlag, FN Verlag, Warendorf 1987 (Reprint der Ausgabe von 1940)

Moser/Gutenäcker: Beschlag und Pflege von Huf und Klaue; 15. Auflage, Verlag Schickhardt & Ebner, Stuttgart 1933

Rödder, Fritz: Ohne Huf kein Pferd; Fritz Mueller Verlag, Rüschlikon 1977

Rosenkranz, G.: Gleitschutz und Hufbeschlag im Wandel der Zeiten; Dissertation Vet. med., Universität Leipzig, Leipzig 1936

Ruthe, H. et. al.: Der Huf; 5., überarbeitete Auflage, Ferdinand Enke Verlag, Stuttgart 1997

Schebitz, H.: Versuche mit einem Kunststoffbeschlag; in: M-Hefte Vet. med. 6, 1951

Schwäblein, H.: Versuche zur Verwendung moderner Kunststoffe im Hufbeschlag; Dissertation Vet.med., Freie Universität Berlin, Berlin 1960

Seiser, M.: Vergleichende Dehnungsmessungen an der Hufwand von Pferden im Trab auf unterschiedlichen Bodenverhältnissen und unter unterschiedlichen Belastungen; Dissertation Vet. med., Veterinärmedizinische Universität Wien, Universitätsklinik für Orthopädie bei Huf- und Klauentieren, Wien 1994

Xenophon: Über die Reitkunst; Erich Hoffmann Verlag, Heidenheim an der Brenz 1997.

Zum Weiterlesen

Bartz, Jürgen: Bis der Tierarzt kommt; Erste Hilfe für Pferde, Stuttgart 2001

Binder, Sibylle / Kärcher, Gabriele: Horse Feelings; Die Welt der Pferde frei, geheimnisvoll, faszinierend, Stuttgart, 2001

Gohl, Christiane: Pferde verstehen; Im Umgang und beim Reiten: Körpersprache richtig deuten, Stuttgart 2001

Hoffmann, Marlit: Marlit Hoffmanns Trickkiste; Profi-Tipps zum besseren Reiten, Stuttgart 2000

Hoffmann, Marlit: Marlit Hoffmanns neue Tricks; Profi-Tipps für Pferdehalter, Stuttgart 2001

Ludwig, Grischa / Breuer, Gabi: Das Quarter Horse; Herkunft, Zucht, Freizeit, Show, Stuttgart, 2001

Neumann-Cosel, Isabelle von: Reitersitz und Reiterhilfen; Korrekt sitzen, gefühlvoll einwirken, Stuttgart 2001

Penquitt, Claus: Die neue Freizeitreiter-Akademie; Reiten nach altklassischen, altkalifornischen und iberischen Vorbildern, Stuttgart 2001

Schäfer, Michael: Handbuch Pferdebeurteilung, Stuttgart 2000

Schmid-Neuhaus, Angelika: Das große Fitnessprogramm für Pferde; Die drei Elemente zum Erfolg: Massage, Gelöstes Reiten, Sattelcheck, Stuttgart 2000

Schuhmacher, Jochen / Krämer, Monika: Reiten lernen mit allen Sinnen; Reken – Reiten, Pferdehaltung, Horsemanship, Stuttgart 1999

Süess Schröttle, Doris: Pferde longieren; Ausrüstung, Körperhaltung, gymnastizierende Übungen, Stuttgart, 2001

Register